# 离婚自由与限制论

夏吟兰 著

中国政法大学出版社

# 总　序

　　中华民族具有悠久的学术文化传统。在我们的古典文化中，经学、史学、文学等学术领域都曾有过极为灿烂的成就，成为全人类文化遗产的重要组成部分。但是，正如其他任何国家的文化传统一样，中国古典学术文化的发展并不均衡，也有其缺陷。最突出的是，虽然我们有着漫长的成文法传统，但以法律现象为研究对象的法学却迟迟得不到发育、成长。清末以降，随着社会结构的变化、外来文化的影响以及法律学校的设立，法学才作为一门学科而确立其独立的地位。然而，一个世纪以来中国坎坷曲折的历史终于使法律难以走上坦途，经常在模仿域外法学与注释现行法律之间徘徊。到十年文革期间更索性彻底停滞。先天既不足，后天又失调，中国法学真可谓命运多舛、路途艰辛。

　　70年代末开始，改革开放国策的确立、法律教育的恢复以及法律制度的渐次发展提供了前所未有的良好环境。10多年来，我国的法学研究水准已经有了长足的提高；法律出版物的急剧增多也从一个侧面反映了这样的成绩。不过，至今没有一套由本国学者所撰写的理论法学丛书无疑是一个明显的缺憾。我们认为，法学以及法制的健康发展离不开深层次的理论探索。比起自然科学，法学与生活现实固然有更为紧密的联系，但这并不是说它仅仅是社会生活经验的反光镜，或只是国家实在法的回音壁。法学应当有其超越的一面，它必须在价值层面以及理论分析上给实在法以导引。在建设性的同时，它需要有一种批判的性格。就中国特定的学术背景而言，它还要在外来学说与固有传统之间寻找合理的平衡，追求适度的超越，从而不仅为中国的现代化法制建设提供蓝图，而且对世界范围内重大法律课题作出创造性回应。这是当代中国法学家的使命，而为这种使命的完成而创造条件乃是法律出版者的职责。

"中青年法学文库"正是这样一套以法学理论新著为发表范围的丛书。我们希望文库能够成为高层次理论成果得以稳定而持续成长的一方园地，成为较为集中地展示中国法学界具有原创力学术作品的窗口。我们知道，要使这样的构想化为现实，除了出版社方面的努力外，更重要的是海内外中国法学界的鼎力推助和严谨扎实的工作。"庙廊之才，非一木之枝"；清泉潺潺，端赖源头活水。区区微衷，尚请贤明鉴之。

中国政法大学出版社

# 内容摘要

离婚自由及其限制是离婚制度的基础理论问题。本书以自由与正义的衡平为线索，通过法历史学、法社会学、比较法学、法哲学、经济学等多学科的研究方法，追寻离婚自由制度发展的轨迹，分析离婚自由在现代社会中所面临的挑战与问题，探讨离婚自由在婚姻自由制度中的价值与理念，论证离婚制度中自由与正义的关系。在比较法的框架内，对不同国家的离婚程序、离婚条件、离婚财产清算、离婚后的亲子关系体系进行了较为全面地考察与研究。同时，对我国的相关制度进行了冷静而理智地体系化、制度性思考，有针对性地提出了要在中国建立全面、系统的离婚衡平机制，为完善中国的离婚制度设计了具体路径和制度架构。

全书分为七个部分，共六章。

"导论"：介绍了笔者对离婚自由"度"产生兴趣的缘由，及因此兴趣在写作本书之前对离婚制度研究的基本情况。通过对离婚自由制度在中国现状的基本描述和系统分析，论证了以"离婚自由与限制"作为选题进行研究的重大理论价值和社会现实意义。对写作基本思路和写作方法的介绍，则明晰了本书涵盖的主要内容，写作维度与论域。

第一章"离婚自由探源"：通过对离婚自由制度演进史的描述，分析现代离婚自由制度的历史起点与历史脉络，论证了自由离婚主义在人类社会不断演变进程中所具有的历史必然性及其进一步发展的趋势和方向。

第二章"离婚制度中的自由与正义之辩":以论证离婚自由在婚姻自由制度中的重要地位为前导,从社会学与经济学的角度对自由离婚主义制度下离婚率上升的必然性、社会原因以及因此而产生的负面影响和社会成本进行了深度分析,提出绝对的离婚自由与实行无过错的自由离婚主义不相契合,问题的实质在于离婚自由与社会正义之间关系的定位。个人自由包含于社会正义原则所要分配的对象之中,社会正义要保障平等的个人自由,但当这种自由造成不平等的实质后果时,应当对弱者施以救济。因此,为了社会正义,应当建立离婚自由的衡平机制。在保障离婚自由的前提下,对离婚自由在程序上进行适当限制,并通过对离婚当事人中的弱势一方和利益受损害一方给以法律救济,最终达到各方利益的平衡。

第三章"婚姻关系模型理论对离婚自由模式的影响":在传统的婚姻关系理论之后,现代西方国家以婚姻关系契约理论为基础,提出了婚姻关系盟约论、合伙论、公司论、伙伴论、特许论等不同学说。根据对不同学说所构建的婚姻关系模型理论的分析,推导出婚姻关系理论对个人自由与社会正义的具体认识会在离婚标准、离婚财产分割模式和离婚救济模式三个方面决定或影响离婚制度的设计。

第四章"对离婚自由适当限制的路径":比较法的研究显示,在无过错的自由离婚主义原则下,各国法律对婚姻身份关系解除之重要性仍予以高度重视。对离婚自由限制的路径以追求程序正义为目标,包括调解程序前置、设立离婚考虑期或和解期,限制未成年子女的父母通过行政程序离婚,在诉讼程序中,允许法官根据困难条款裁决不准离婚。而我国离婚制度的设计理念则特别强调当事人意思自治,自己责任原则。目前的离婚制度呈自由充分、限制不足之态,应借鉴外国法之规定在离婚程序与裁判离婚法定标准方面予以完善。

第五章"在离婚财产清算体系中体现对离婚自由的衡平":广

义的离婚财产清算体系涵盖离婚财产分割制度与离婚救济制度。20世纪末以来，两大法系在夫妻共同财产的范围与分割原则的学说与立法上均出现相互融合态势，夫妻共同财产的范围逐渐扩展至无形财产，均等分割与公平分割原则界限模糊。离婚经济帮助制度与离婚损害赔偿制度因其对当事人的救济功能不同，在中国目前的国情下，不应简单地以外国法的离婚扶养制度取而代之，而应针对存在的问题作进一步完善。

第六章"子女本位立法理念与父母离婚自由的利益均衡"：子女本位是现代亲子关系立法的基本原则，其核心是确认父母子女法律地位平等，子女具有独立的主体地位。父母离婚，其对子女监护权的变化必须尊重子女的意愿，实现子女的最大利益是处理离婚后亲子关系的准则。许多国家的司法实践表明，共同监护符合子女的最大利益。我国的婚姻立法在离婚亲子关系中规定了保护子女利益原则，明确规定在确定离婚后子女直接抚养方及子女抚养费时必须充分考虑子女的利益。但我们应当意识到，我国的保护子女利益原则是以家长和社会利益为视角的，没有承认子女的独立主体地位，没有将他们作为真正的权利主体。因此，在制度架构和具体规定中我们仍然可以发现父母本位的立法痕迹。在父母离婚时，如何均衡父母离婚自由与子女最大利益之间的关系，将是21世纪中国亲子关系修法之重点所在。

结论：离婚自由是离婚制度的核心价值，但在保障离婚自由的同时，应以社会正义之名对离婚自由在程序上予以适当限制，在夫妻共同财产分割制度和离婚救济制度中体现正义理念，并以子女本位为原则，实现保障子女利益与父母离婚自由的利益均衡。

# 目　录

|  |  |
|---|---|
| 1 | 导　论 |
| 6 | **第一章　离婚自由探源** |
| 6 | 　第一节　夫权制度下的"片意"离婚自由 |
| 13 | 　第二节　欧洲中世纪的禁止离婚主义及其影响 |
| 20 | 　第三节　限制离婚主义到自由离婚主义的跨越 |
| 32 | 　第四节　中国式离婚自由之发展与现状 |
| 48 | **第二章　离婚制度中自由与正义之辨** |
| 48 | 　第一节　离婚自由与离婚率的上升 |
| 68 | 　第二节　离婚制度中自由与正义的关系 |
| 86 | **第三章　婚姻关系模型理论对离婚自由模式的影响** |
| 86 | 　第一节　婚姻关系模型理论 |
| 94 | 　第二节　婚姻关系模型理论对构建离婚制度的影响 |
| 103 | **第四章　对离婚自由适当限制的路径** |
| 105 | 　第一节　协议离婚制度的自由与限制 |
| 129 | 　第二节　裁判离婚程序的特征及发展趋势 |
| 149 | 　第三节　裁判离婚法定条件之选择 |
| 157 | 　第四节　对中国裁判离婚法定标准的思考 |
| 193 | **第五章　在离婚财产清算体系中体现对离婚自由的衡平** |
| 194 | 　第一节　"均等分割原则"与"公平分割原则"呈相互交融态势 |
| 214 | 　第二节　家务劳动及无形财产在离婚财产分割中的意义 |

| 226 | 第三节 离婚救济制度中的衡平理念 |
| 269 | **第六章 子女本位立法理念与父母离婚自由的利益均衡** |
| 270 | 第一节 离婚亲子关系立法的演进 |
| 283 | 第二节 共同监护在离婚亲子关系中体现了子女最大利益原则 |
| 298 | 第三节 中国离婚亲子关系立法之观念变革与制度完善 |
| 312 | 结 论 |
| 315 | 参考文献 |
| 323 | 后 记 |

# 导 论

离婚制度是婚姻制度的重要组成部分，也是争议较多、问题比较复杂的部分。对离婚的条件、离婚的程序、离婚的效力等规定在各国始终都有不同的声音，但归根到底是人们对自由与正义的追问。在无过错离婚浪潮席卷全球之后，对离婚自由是否需要限制、如何限制以及在实现离婚自由的同时如何体现法律的正义是我们必须要思考的问题。

自 20 世纪 90 年代修订婚姻法始，关于离婚自由与限制的争论在国内就从未停息，"法律对离婚自由的限制是一种倒退"[1] 的呼声颇为盛行，并直接或间接地影响到了立法机关，"保护离婚自由，崇尚个人意思自治，实行自己责任原则成为修订婚姻法特别是婚姻登记条例的思维模式"[2]。由此引起了笔者对离婚自由"度"的兴趣，离婚自由是当事人的个人自由吗？它与社会正义之间是何关系？社会与个人为离婚自由付出的成本有多大？法律对其予以规制的制度价值何在？外国法对离婚自由作出了哪些限制？它们的立法理念及制度化设计对我国有无借鉴意义？为此，2002 年到 2005 年笔者先后主持和参与主持了中国法学会的两个课题，一是《婚姻法执行状况调查》。针对 2001 年《婚姻法》修订后的实施情况，在北

---

[1] 李银河、马忆南主编：《婚姻法修改论争》，光明日报出版社 1999 年版，第 177～191 页。
[2] 丁锋："《婚姻登记条例》的新思维"，载《婚姻登记条例知识问答》，法律出版社 2003 年版，第 1 页。

京、厦门、哈尔滨三大城市进行了较大范围的实证研究，了解和探寻离婚制度特别是离婚救济制度在司法实践中的运行状况，以及是否达到了预期目的。二是《民法典之离婚制度》研究。对离婚制度在理论上进行梳理研究，通过比较分析的方法、经济分析的方法、历史分析的方法试图建立离婚制度中个人自由与社会正义之间的衡平机制。在这两个项目研究过程中，笔者先后发表了《民法典婚姻家庭编之我见》、《离婚救济制度之实证研究》、《在国际人权框架下审视中国离婚财产分割方法》、《离婚衡平机制研究》、《论离婚妇女权益的保障》、《对夫妻共同财产范围的社会性别分析》、《婚姻关系模型理论与离婚法律制度之间的关联性研究》等数篇论文，大多被《社会科学文摘》或人大复印报刊资料《民商法学》、《妇女研究》转载，并在许多网站转帖。这本专著就是在这两个项目的基础上，经过笔者认真思考，反复研究论证后形成的。[1]

对离婚自由及其限制进行理论研究意义重大，它是来自社会实践的呼唤，是建设社会主义和谐社会的需要，是婚姻家庭法学基础理论研究的需要，是完善婚姻家庭立法的需要。

和谐家庭是和谐社会的基础，所谓"家和万事兴"，"天下之本在国，国之本在家"。英国大法官，上议院院长艾威在欧洲家庭法会议上的讲话中也表达了同样的思想：家庭生活是我们的社区、社会和国家赖以建立的基础。对于政府所设想的一个安全、公正和有凝聚力的社会来说，家庭是核心。我们创设和维持有效政策去保护家庭生活是至关重要的。[2]

尽管我们不能说离婚率升高必然导致社会不和谐，但我们应当以史为鉴，以他国已经付出的社会代价为鉴，绝对不能忽视离

---

[1] 我要特别感谢我的同仁田岚、何俊平、蒋月、王歌雅教授，我的学生邓丽、高蕾、孙威在这两个项目中曾经作出的努力与贡献！
[2] 英国大法官，上议院院长艾威，在1999年6月伦敦召开的欧洲家庭法会议上的讲话。

婚率升高对社会和谐和社会稳定的影响。进入新世纪以来，特别是新的《婚姻登记条例》颁布以来，我国离婚数量持续走高。从民政部每年的民政事业统计数据我们可以清楚地看到，离婚的绝对数量大幅度增加：2002 年我国离婚总量为 117.7 万对，2003 年为 133.1 万，2004 年为 166.5 万对，2005 年为 178.5 万对，2006 年已经达到 191.3 万对。与 1978 年的离婚总量 28.5 万对相比，28 年后的离婚绝对值增长了 162.8 万对。2005 年结婚对数为 823.1 万对，与离婚对数相比，粗离结率为 21.69%，与总人口相比，粗离婚率为 2.73‰。[1] 这个数字与西方发达国家的离结率大多超过 30% 以上开始接近。[2] 而我国一些大城市的离结率早在几年前已经达到了 30%，如 2003 年北京市的结婚对数为 9.3 万对，离婚对数为 3.1 万对，离结率达到 33.3%。同年，上海市结婚对数为 10.5 万对，离婚对数为 2.8 万对，离结率为 31.4%，[3] 也就是说，这一年在这两个大城市，平均每不到三对结婚的夫妻中，就有一对夫妻离婚。面对新一波的离婚高潮，在有些人认为"简化了离婚登记手续，提高了工作效率，极大地方便了当事人办理离婚登记，使我们的离婚制度更加人性化，更受人民群众欢迎和拥护的时候"，[4] 我们还必须考虑问题的另一面，离婚制度的人性化是否仅指离婚自由，自由是否是法律正义的全部。笔者认为，在中国这样一个人均 GDP 刚刚达到 1 000 美元的发展中国家，社会保障体系还相当不完善，社会福利水平也比较低下，离婚率的上升将意味着更多的低收入或无收入的夫妻一方，特别是女性一方离婚后将陷入

---

[1] 关于离婚率有两种计算方法：一种是统计部门常用的粗离婚率，即在一定时间内，离婚人口占总人口的千分比；另一种计算方法被称作离结率，即在某段时间内，通常为当年离婚对数与结婚对数之比。
[2] 巫昌祯："当代婚姻新潮"，载《当代中国婚姻家庭问题》，人民出版社 1990 年版，第 124 页。
[3] 国家统计局编：《中国统计年鉴》，中国统计出版社 2004 年版，第 23、24 页。
[4] 2003 年、2004 年、2005 年、2006 年《中国民政事业发展统计报告》。

生活贫困化，意味着他们曾经的付出没有得到预期的利益，意味着更多的孩子将生活在相对贫困的单亲家庭，当然也意味着整个社会将要付出更高的社会成本和经济成本。

因此，作为学者应当对我国的离婚制度进行冷静而理智的体系化、制度性思考和探究。离婚制度是婚姻家庭制度中的基本制度，是婚姻家庭法学中的显学，但过往的研究更多注重于注释法学，对离婚制度的基础理论研究不够。笔者期冀通过对离婚自由的探源，对离婚制度中自由与正义关系的辨析，对中国离婚状况的实证分析，在深化对离婚制度理论探究的同时，构建起符合中国国情的离婚衡平机制，为未来民法典中的离婚篇设计既保障离婚自由，又予以适当限制的路径与制度进行理论架构。

离婚制度是一个内容相当广泛的课题，无论是离婚的程序、离婚的条件、离婚的效力，甚至是离婚财产分割、离婚经济帮助、离婚救济方式、离婚后对子女的抚养等具体制度都可以单独写一部专著。但经过反复的思考，笔者认为，能够支撑起离婚制度的基础、贯穿于整个离婚所有具体制度的基本问题是离婚自由与限制理论，是在保障离婚自由的同时，如何体现法律的公平与正义理念。

本书以追寻人类离婚自由之源开篇，简述了离婚自由在人类社会中的艰难行进旅程以及它对人类社会发展的重大作用；从社会学、经济学、法学的角度全面分析了离婚自由制度在现代社会所遇到的问题与挑战；论证了离婚自由与社会正义之间的相互关系，提出了建立离婚自由衡平机制的观点；探究了现代社会婚姻关系理论与离婚制度之间的本质关系，试图在反思婚姻关系理论的基础上揭示离婚法律制度的发展进路；本书的后三章对离婚的具体制度予以研究，进一步分析论证了对离婚自由适当限制的路径、在离婚财产清算体系中如何体现对离婚自由的衡平以及如何在实现父母离婚自由的同时最大限度地保障子女的利益。

本书的写作方法包括法历史学、比较法学、法哲学、社会学、经济学以及实证研究、交互研究、分析研究等多种研究方法。法历史学、比较法学是法学研究的一般方法，运用历史分析的方法，可以发现离婚自由制度的发展规律和在其不断演进中所形成的不同学说与理论，以及它对当时社会形态所产生的不同历史作用，为研究现代离婚自由制度提供理论研究的历史起点与法学逻辑链。而比较法学的研究，则通过对不同国家离婚法学理论与法律规定的比较研究，交互研究，分析其相同与区别，推导出一般规律与发展趋势，探究其理论精髓。自由与正义是法哲学的论域，笔者借助法哲学的方法论证离婚自由与正义的关系，虽有力不从心之感，但也自觉收获颇丰。

作为一本研究离婚问题的学术专著，其研究方法不可能囿于法学研究的一般方法，首先必须对社会现象有深刻的了解。所以，实证研究是本书的基点，这包括笔者本人所作的具体的实证研究及借鉴与使用其他学者所作的各种相关实证研究的成果。而运用社会学与经济学的研究方法则是离婚问题涉及领域宽广所决定的，笔者试图通过运用这些学科已有的研究成果及其成熟的研究方法，使本书研究的主题更具深度与广度。

# 第一章 离婚自由探源

离婚制度作为婚姻家庭制度的重要组成部分,是一个历史的范畴,经历了长期的历史演变。它与社会形态的变迁相适应,有其产生、发展和变化的演进过程。在这一过程中,它既要受到社会物质生产条件及其生产关系制约,又要受到社会政治、法律、宗教、道德、艺术等上层建筑、意识形态的影响。因此,在不同的历史时期,在同一历史时期的不同时空下,不同国家和不同地区的离婚制度会表现出不同的模式和特点。

## 第一节 夫权制度下的"片意"离婚自由

无论在古罗马、古日耳曼、古印度还是古代中国,男尊女卑、夫权统治都是婚姻家庭制度中的重要特征,与之相对应的男性专权离婚主义,在夫权制度下就表现为丈夫的"片意"离婚自由。

### 一、从罗马法的有夫权婚姻谈起

人类早期的婚姻制度是以男尊女卑、男权文化为基础,与家族利益、传宗接代联系在一起的,东西方的法律文化概莫能外,这从各自对婚姻的定义中即可看出。罗马早期法学家莫德斯汀认为:"结婚是男女间的结合,是生活各方面的结合,是神法与人法的结合。"[1]《礼记·昏义》称:"婚礼者,将合两姓之好,上以祀宗庙,下以继后世也。"[2] 日耳曼习惯法认为:婚姻的目的不是个人感情的满足,而是合法继承人的再产生。[3] 因此,亲属立法必须以保障家族利益为能事,婚姻解除的理由自然与此相关。在许多国家的古代社会,只有丈夫有要求离婚的权利,且离婚的理由主要是与传宗接代有关的不生育或不利于家族血统纯正的重大过错。这正是专权离婚主义下男性"片意"离婚制度的语境。无论是古罗马的《十二表法》、古印度的《摩奴法典》、古巴比伦的《汉谟拉比法典》、伊斯兰教的《古兰经》均明确规定只有男性享有离婚的权利与自由,女性是没有任何离婚权利与自由的。

在古罗马法的有夫权婚姻中,只有丈夫有权提出离婚,提出离婚一方的意思表示无须对方同意即可生效。有夫权婚姻建立在权利支配之上,享有夫权的丈夫或他的家长可以片面地休妻。《十二表法》第4表第4条规定:"夫得向妻索回钥匙,令其随带自身物件,把她逐出。"[4] 有夫权的片意离婚根据不同的离婚原因,又分为无过失的片意离婚,即因女方失踪或患精神病而使婚姻目的无法达到而离婚;有正当原因的片意离婚,即因女方有不能生育或有其他重大过失而离婚;无因片意离婚,即男方无故与妻子离婚,在罗马法不同时期要受到财产上或亲子关系方面的制裁。[5] 有夫权婚姻的离婚,一般必须采用和结婚相反的方式。在共食婚,则用拒食的仪式。离婚时,仍由夫妻在大祭司、神官和十证人前,用麦饼祭天神,但拒绝共食麦饼,

---

[1] [意]桑德罗·斯奇巴尼选编:《婚姻·家庭和遗产继承》,费安玲译,中国政法大学出版社2001年版,第31页。

[2] 法学教材编辑部《婚姻法教程》编写组:《婚姻立法资料选编》,法律出版社1983年版,第16页。

[3] 贺卫方:"天主教的婚姻制度和教会法对世俗法的影响",载《世界宗教研究》1986年第1期。

[4] 周枏:《罗马法原论》(上册),商务印书馆1994年版,第205页。

[5] 江平、米健:《罗马法基础》,中国政法大学出版社1987年版,第110、111页。

并作离婚的声明，使妻子脱离丈夫家的宗祀。在时效婚与买卖婚，则用再卖和解放的程序，由丈夫以妻子的所有人的资格，将其所有权转移给第三者予以解放，从而达到离婚的目的。[1] 在买卖婚姻与时效婚中，妻不过被视为物而已，故得以同一方式解除之。[2]

古印度《摩奴法典》规定，妇女没有独立的地位和权利，应该始终从属于男子。"妇女在童年时期应该从父；在青年时期应该从夫；夫死应该从子；无子应该从丈夫的近亲族，没有近亲族就应该从国王，妇女始终不应该随意自主"（《摩奴法典》第5卷第148条）。因此，在任何情况下，妻子均无离婚自由权。而丈夫则有"片意"离婚的权利，且条件相当宽松："不生育子女的妻子，可在第8年更换；生了儿子死掉的，可在第10年更换；只生女儿的妻子，可在第11年更换；妻子说话尖刻爱吵闹的，可以立即更换"（《摩奴法典》第9卷第81条）。

在古巴比伦，《汉谟拉比法典》第138条规定，倘自由民离弃其未生子的原配偶，则应给她以相当于聘金数额的费用，并应将其从父家带来的嫁妆还给她，然后才能离弃。[3]

在一些宗教势力特别强大、实行政教合一的古代国家中，宗教经典就是法典，其中有不少关于离婚的原则和具体制度。例如，犹太教《摩西法典》中把离婚规定为男子专有的权利，故丈夫可以休妻，而妇女只能处于被动等待的附属地位。

伊斯兰教的《古兰经》为丈夫"片意"离婚制定了详尽的规则。它提出："离婚是一切可以容许的事情中最可憎恶的事情"，因此主张极力加以限制。《古兰经》规定："休妻是两次，此后应当善

---

[1] 周枏：《罗马法原论》（上册），商务印书馆1994年版，第205页。
[2] 江平、米健：《罗马法基础》，中国政法大学出版社1987年版，第112页。
[3] 法学教材编辑部《婚姻法教程》编写组：《婚姻立法资料选》，法律出版社1983年版，第143页。

意的挽留，或者以优礼解放她们"。[1] "如果你们休一个妻室，而另娶一个妻室，即使你们已给过前妻一千两黄金，你们也不要取回一丝一毫"。[2]

## 二、中国古代"七出"、"三不去"中的自由与限制

### （一）"七出"——休妻的方式与条件

我国古代的离婚制度是与宗法家族制度相适应的。封建礼教提倡女子"从一而终"，封建法律实行男子专权离婚制度。所谓"七出"，即男子出妻、男家出妇的理由，又称出妻、休妻，是中国古代最原始、沿用时间最长、也是最主要的离婚方式。"七出"最早见于周礼，《大戴礼·本命篇》曰："妇有七去：不顺舅姑去，无子去，淫去，妒去，有恶疾去，多言去，盗窃去。[3]"自汉律以后，"七出"被封建统治者以法律形式固定下来，成为出妻的法定理由。《唐律疏义·户婚》疏："七出者，依令，一无子，二淫逸，三不事舅姑，四口舌，五窃盗，六妒忌，七恶疾。"凡妇女触犯"七出"之一，不需经过官府，丈夫一纸休书即可离弃妻子。因此，出妻是丈夫的特权，离婚系男方的"片意"自由。但与其他一些国家丈夫"片意"离婚的不同在于，中国的"片意"离婚，在一些情况下，不一定是夫之本人意愿，甚至是丈夫情非所愿，只是迫于父母之命，所以也称之为男家出妇、或男性家族休妻制。但在程序上离婚仍须由丈夫提起，故仍可归之为丈夫"片意"离婚。

婚姻的目的既以祖宗嗣续为重，以家族利益为中心，不能达到这种目的的婚姻，自须解除。所以，"七出"的条件均与家族利益，男性权威相关。以下逐一析之：

---

[1] 李志敏主编：《比较家庭法》，北京大学出版社1988年版，第125、126页。
[2] 法学教材编辑部《婚姻法教程》编写组：《婚姻立法资料选》，法律出版社1983年版，第131页。
[3] 董家尊：《中国古代婚姻史研究》，广东人民出版社1995年版，第286页。

不顺舅姑[1]，为其逆德也[2]。宗庙的奉事，广义言之，应包括活的祖宗在内，所以侍奉、孝顺舅姑，乃子妇的天职，而不事舅姑则为离婚的条件之首。古人说："子妇孝者敬者，父母舅姑之命勿逆勿怠。""子妇未孝未敬，勿庸疾怨，姑教之，若不可教而后怒之，不可怒，子放妇出而不表礼焉。"[3] 而是否孝顺舅姑则以其主观感受为准，也可以说不顺舅姑即为不得舅姑欢心，即使丈夫喜欢也须被休，所谓："子甚宜其妻，父母不悦，出；子不宜其妻，父母曰：是善事我，子行夫妇之礼焉。"[4] 故自古就有《孔雀东南飞》里的兰芝，陆游之妻唐婉因不得公婆欢心而丈夫被迫休妻的故事。

无子，为其绝世也。传宗接代，下以继后世是宗法社会婚姻的重要目的之一，妻子结婚后生育男性继承人是其当然天职。孟子说"不孝有三，无后为大"。[5] 娶妻无子，自然是没有尽孝，依礼可以再娶，但依律不得双妻并嫡，故只能休妻以全孝，确保子嗣香火，承继祖先，这就是无子出妻的逻辑。为了防止过多的妻子因无子被出，到《唐律疏议》时即明确规定，以无子而出妻者，妻之年龄须达50岁以上。即妻子在育龄期间均有可能生子，不得适用出妻之规定。

淫，为其乱族也。古代社会认为"万恶淫为首"。淫作为出妻的不可更改的理由在于它有可能改变家族子嗣的血统，生育出他人的子女，这不仅引起家族内部秩序混乱，而且影响家族血统的传承及整个家族的利益，所以被称为乱族。在中国古代社会，尽管丈夫

---

[1] 所谓舅姑，今解应为公婆。
[2] 以下对"七出"的简短解释均源自《大戴礼记》。
[3] 瞿同祖：《中国法律与中国社会》，中华书局1981年版，第127页。
[4] 瞿同祖：《中国法律与中国社会》，中华书局1981年版，第127页。
[5] 法学教材编辑部《婚姻法教程》编写组：《婚姻立法资料选》，法律出版社1983年版，第48页。

可以三妻四妾，甚至可以嫖娼宿妓，但为了确保生育出血统纯正的丈夫的子女，妻子必须保守贞操，否则即为淫佚，构成被休的绝对理由，且不受"三不去"之限制。

妒，为其乱家也。妒忌是指妻子在言语、行为上阻止丈夫纳妾或者与婢女有染，影响夫妻关系，危害家族利益。三妻四妾是丈夫的权利，是为了家族多子多孙，传承后续之目的，作为妻子不仅必须支持，甚至应当帮助，不可妒忌。否则就是侵犯了丈夫纳妾的权利，破坏了一夫一妻多妾制的家庭秩序，甚至影响了家族的兴旺发达，自然罪不容赦，应当被休。

有恶疾，为其不可与共粢盛也。所谓恶疾，应指重大不治之病，在古代，主要指疠病。《说文》："疠，恶疾也"。所谓疠，古同癞，指麻风病、瘟疫、恶疮等[1]。因病症凶险，丈夫与妻不可同吃同住，不可供奉宗庙。因而，不仅有传染之虞，且不能达成"上以事宗庙"之目的，故与淫同属不适用"三不去"之限制，凡妻有恶疾者，必须出之。

口多言，为其离亲也。所谓多言，即搬弄是非，造成家庭不睦。多言是形式，因语言不慎而离亲才是本质。故口多言之所以构成七出之一，"很显明的是由于家族主义的关系，其目的在于维持家族间秩序，防止家族内人口之冲突"[2]。

窃盗，为其反义也。古代社会妇女毫无财产权利，《礼记·内则》说："子妇无私货、无私蓄、无私器"。凡是妇女未经丈夫同意，擅自处分夫家财产，包括"私假"、"私与"，即构成"窃盗"。因而，此处所谓"窃盗"，并非对他人财产所有权的侵害，其所以"反义"，只是指因未经丈夫同意，处分家庭财产，即为侵害了夫家的财产所有权。

---

[1] 中国社会科学院语言研究所词典编辑室编：《现代汉语词典》，商务印书馆1983年版，第697页。
[2] 瞿同祖：《中国法律与中国社会》，中华书局1981年版，第128页。

妻子如具备上述"七出"之任何一条，丈夫即有权提出休妻，其程序极为简单，只要丈夫写份休书即可。如不会写字，请人代写，自己画押亦可。必须明确的是，中国古代社会的"七出"是一种可选择的离婚方式，礼与法规定了休妻的要件，但具备条件者，并非必须离婚，离婚的自由权属于丈夫方，他可以选择离婚，也可以选择不离，因此，我们称之为夫权制度下的"片意"离婚自由。

(二)"三不去"——休妻的限制条件

休妻的限制条件称之为"三不去"，即古代礼法规定的不能休妻的三项条件：《大戴礼记·本命》曰："妇有三不去：有所取，无所归，不去；与更三年丧，不去；前贫贱，后富贵，不去。"《公羊传·庄公二十七年》解注："尝更三年丧，不去，不忘恩也；贱取，贵不去，不背德也；有所受，无所归，不去，不穷穷也。"尝更三年丧，指子妇曾为舅姑服过三年孝，为妇之道，此为已甚，去之忘恩。前贫贱，后富贵，指结婚时丈夫卑贱，而后富贵，身份提高而出妻，则属"背德"，"糟糠之妻不下堂"即为此意。"有所受，无所归"，乃指出妻后，女方娘家无亲属的，将使弃妇无以生存，有悖"仁"的要求，穷穷之举，理不可为。

《唐律疏议·户婚》疏："三不去者谓：一，经持舅姑之丧；二，娶时贱后贵；三，有所受无所归。"唐律规定："虽犯七出，有三不去而出之者，杖一百，追还合。"但妻犯义绝、淫佚、恶疾者，则不受"三不去"的限制，仍可休妻。

清末著名法学家薛允升在《唐明律合编》一书中说："七出者，义之不得不去；三不去者，情之不得不留，总以全夫妇之伦也。"[1] 所谓情之不得不留，并非仅指夫妻感情，而是指社会伦理人情。"三不去"在考虑家族利益，夫权利益的同时，也考虑到被出妇女的利益和社会公共利益，目的是为了维护封建社会的稳定。

---

[1] 陶毅、明欣：《中国婚姻家庭制度史》，东方出版社1994年版，第254~257页。

## 第二节 欧洲中世纪的禁止离婚主义及其影响

禁止离婚主义是禁止一切离婚的主张，它产生于基督教的寺院法，盛行于欧洲中世纪。教会视婚姻为神作之合，人不可离异之。由于禁止离婚极不符合人性，教会法创设了婚姻无效[1]制度与别居制度[2]，以作为双方无法共同生活的救济。直至十五六世纪婚姻还俗运动之后，婚姻才由"神事"回归"民事"。

### 一、婚姻神圣性的绝对化与禁止离婚主义

欧洲中世纪是宗教婚姻发展的鼎盛时期，成为各国占统治地位的婚姻方式。当基督教成为国教之后，寺院法即凌驾于世俗法之上调整婚姻家庭关系。寺院法又称教会法，它是基督教教义及罗马法与日耳曼法的综合。

欧洲中世纪以来，基督教教义在人们的思想行为中占据极其重要的地位。基督教浸染着我们的制度，为法律设立道德规范，形成我们的观念。尽管被分成不同的派别，但耶稣的教导和《新约》的言说中有关婚姻的态度影响了整个西方人。[3]

基督教婚姻观的核心是婚姻的神圣性与不可离异性。教会是反感性欲的，它把性欲视为在造人的过程中撒旦（魔鬼）对人进行控制的主要工具。在基督教的教义中，独身要比结婚可取这种观点在4世纪的神职人员中得到了制度化。根据这一教义，婚姻只适用于

---

[1] 因教会法上的障碍，如血缘关系或有婚约在先，婚姻自始无效。
[2] 双方分床分食，不共同生活，但婚姻关系依然存在。
[3] Vern L. Buongh, Brenda Sheltong and Sarah Slavin, eds, *The Subordinated Sex: A History of Attitudes Toward Women*, Jeorje University Publishing limited, 1973, p. 89.

那些不能保持禁欲的人。为此，教会从《圣经》中保罗的教诲中找到了解决的办法。保罗指出："……但为辟邪淫，每个男人都要有自己的妻子，每个女人都要有自己的丈夫。"又说，"没有婚配和居寡的人，最好不要结婚，但若守不住，就该婚配，因为与其被情欲煎熬，不如结婚更好。"[1]

在教会看来，婚姻与性是分不开的，所以婚姻的主要目的之一就是为性能力旺盛的男女提供一个稳定的性关系，作为对淫欲的一种限制。而且无论在何种情况下，合法的性欲总是在婚姻范围之内，超出了这一范围，任何性行为都是通奸，而通奸是应受诅咒的。因而，性行为的目的就是为了生儿育女、传宗接代，否则就应当被排除。

尽管结婚的人被降到完善境界的最低等级，但婚姻本身却是一种圣礼，是上帝和他的创作物之间、基督与其教会之间联合的一个标志。基督教将婚姻视为"神作之合"，是神圣的"圣礼"。因而，基督教规定，一个合法的婚姻是不能解除的。以这种教义为依托，教会建立了自己的教会法庭，处理宗教和世俗事务。有关婚姻的法律包括在教会的法律中，由教会及其自己的法庭对基督徒行使。[2] 即使在宗教改革之后1917年制定的《天主教教会法典》第1055条仍然规定："婚姻契约是男女双方藉以建立终身伴侣的结合，此契约以其本质指向夫妻的福祉，以及生育和教养子女，而且两位领洗者之间的婚姻被主基督提升到圣事的尊位。为此，两位领洗者的有效婚姻契约，必然同时也是圣事。"为保障婚姻的神圣性，教会法强调在婚姻中两个心的联合，重视双方的合意，反对父母或其他第三人的强迫，并为此创设了一套结婚的宗教仪式，凡结婚者必须依照举行。包括结婚前须向当地教会申请，婚事须经教会公告，由教

---

[1]《格林多前书》，第7章，第2、8、9节。
[2] Gwynn Davis and Mervyn Murch, *Grounds for Divorce*, Clarendon Publishing limited, 1988, p. 2.

会的神职人员主持婚礼并给以祝福,当事人须在神职人员面前宣誓。婚姻既然是标志着基督与教会结合的一种宗教性契约,它便是不可解除的和永恒的。这正像基督与他的教会不可分离一样。这样,不准离婚便成为教会所独创并始终坚持的一项原则。即使配偶一方死亡导致夫妻生活终结,但婚姻关系并未消失,它将永远存在,寡妇改嫁被视为背约。[1]《马太福音》(19:4—6)记载了法利塞人提出的问题:"无论什么缘故,都可以休妻吗?"对此,基督回答说:"那起初造人的,是造男造女,因此,人要离开父母,与妻子连合,二人成为一体。既然如此,夫妻不再是两个人,乃是一体的了;所以神配合的,人不可分开。"因此,夫妻在生存期间不论出于何种原因均不得离婚。[2]

直至宗教改革和婚姻还俗运动之后,宗教婚才逐渐为法律婚所代替。宗教改革运动的领导人马丁·路德提出:婚姻是"世俗之事",没有不可离异的必然性,应该尊重"人的权利"。他在《圣经》中寻找准许离婚的根据,认为通奸和恶意遗弃应当作为离婚的原因。之后,教会法庭和特别法庭准许离婚,但须符合一方与他人通奸或一方对另一方恶意遗弃等法定条件。[3]在16世纪教会与罗马教廷决裂的欧洲国家中,德国、瑞士、荷兰、丹麦、挪威、瑞典、冰岛和苏格兰等新教国家都以这样或那样的形式允许离婚,而且大部分都采纳了典型的过错离婚理由,即通奸和遗弃。当时,各教会普遍认为通奸构成了离婚的理由,因为通奸使人对谁是孩子的父亲产生怀疑,会造成血统的混乱,并破坏了婚姻的纯洁性和神圣性。而遗弃也是不可饶恕的,婚姻应使一个人一辈子都得到帮助和

---

[1] 贺卫方:"天主教的婚姻制度和教会法对世俗法的影响",载《世界宗教研究》1986年第1期。
[2] [加]罗德里克·菲利普斯:《分道扬镳——离婚简史》,李公昭译,中国对外翻译出版社1998年版,第9页。
[3] 谈大正:《性文化与法》,上海人民出版社1998年版,第152页。

好处，使其终身有靠，在他们看来，和谐美满固然好，但这并不是婚姻的基本要素。[1]只有英国没有放弃婚姻不可解除的教义，也没有制定离婚条款。英国圣公教没有排斥天主教关于婚姻不可解除的教义，对人们的生活仍起规范作用。但从17世纪开始，尽管在英国仍然坚持禁止离婚主义，但出现了国会私人法案离婚，以在一定程度上解决因禁止离婚所产生的社会弊病。这是一种在获得教会法院分居判决和普通法院通奸判决之诉的基础上，由国会通过立法程序实现离婚的特殊方式。其认定离婚的理由与分居理由类似，且程序繁杂，费用昂贵。从1700年至1856年，共计317个离婚法案通过，即有317对夫妻离婚，年均2对。[2]国会私人法案离婚方式的出现为英国的禁止离婚主义敲响了丧钟。

1791年法国宪法第一次明确规定，婚姻关系是民事契约，并在《法国民法典》中确立了近代离婚制度。1792年，法国颁布法律，取消了教会对婚姻案件的管辖权，承认三种离婚方式：一是夫妻双方自愿达成协议的离婚；二是夫妻一方根据法定事由提出的离婚；三是夫妻一方提出的双方性格不合的离婚。1804年颁布的《法国民法典》坚持采取许可离婚主义，继续承认协议离婚，但规定了限制条款，有下列情形之一者不得协议离婚：①结婚未愈两年；②丈夫不满25岁或妻子不满21岁；③结婚已经20年或妻子超过45岁；④未经父母或其他直系尊亲属许可。取消了夫妻一方提出的双方性格不合的离婚方式，规定判决离婚的法定事由包括：①妻子通奸；②丈夫通奸而且于夫妻共同住所实行姘居；③夫妻一方有重大暴行、虐待或侮辱；④夫妻一方受徒刑或名誉刑的宣告。至此之后，禁止离婚主义在各国的离婚法中逐渐被淘汰，为许可离

---

[1] [加]罗德里克·菲利普斯：《分道扬镳——离婚简史》，李公昭译，中国对外翻译出版社1998年版，第31页。
[2] 李喜蕊："论英国离婚法的改革"，载《聊城大学学报（社会科学版）》2006年第1期。

婚主义所替代。

尽管如此,禁止离婚主义仍然有相当大的影响。受基督教传统影响深远的意大利到 1970 年、西班牙到 1980 年代初才废除了禁止离婚的法律规定。1986 年 8 月,阿根廷议会批准了可离婚法案;1995 年 11 月,爱尔兰以全民公决的方式删除了宪法中禁止离婚的条款,在家庭法中引入离婚制度。时至今日,仍有巴拉圭、菲律宾等极少数国家坚持采禁止离婚主义。

## 二、对禁止离婚主义的救济——无效婚姻与别居

禁止离婚主义可以从制度上禁止一切离婚,但却无法禁绝现实社会当事人之间婚姻关系的破裂和破裂之后摆脱婚姻束缚的要求。对此,教会不得不作出妥协,创设了无效婚姻制度和别居制度,以缓和法律与现实之间的矛盾。无效婚姻和别居的判决提供了让人们从已变得难以忍受的婚姻中逃脱出来的合法方式。[1]

依照教会的一贯主张,婚姻是一种圣礼,它是不可以解除的;可以解除的不是婚姻,而只是那种呈现着婚姻外观的非婚姻关系。在 9 世纪之前,即使在教会制定的法规中,婚姻的不可解除原则仍有一些例外。这些例外包括妻子通奸、丈夫患麻风病或者不能性行为、一方进修道院、妻子图谋杀害其夫、当丈夫要离开本省而妻子不跟随等。为了解除这些不适当的男女结合,教会设计了两种法律程序:一是从婚姻中的分离,即近现代的无效婚姻;二是不共寝食式的"离婚",即近现代的别居。

婚姻中的分离,是由教会当局——教皇或其代理人——声明由于教会法上的障碍,诸如血缘关系或有婚约在先,婚姻从一开始便无效。教会法学家设置的婚姻障碍复杂之至,这种解除婚姻的方法常常被加以灵活的解释,用来作为与国王和领主进行周旋最终达到

---

[1] S. M. Cretney and J. M. Masson, *Principles of Law*, 6ed., 1997, p. 39.

离婚目的的手段。这里要注意的是,按照教会法,从技术上讲,婚姻是不可解除的,能够解除的便不是婚姻。这样的区分产生了一个重要后果:这种结合所生子女是非法的。1917年制定的《天主教会法典》规定了导致婚姻无效的各种情况。大致上可以分为三类:第一类是无效障碍,包括未及适婚年龄、不能性交、重婚、异宗婚、圣职人员以及在神圣仪式上宣誓奉献给宗教者、掠夺诱拐、血亲、姻亲等;第二类是意思的积极欠缺,包括婚姻意思的积极欠缺、婚姻目的的不知、认错人等;第三类是方式的欠缺,即没有举行作为婚姻有效要件的在祭司和两名证人面前举行仪式的婚姻。[1]同时,教会既要尽可能地使婚姻有效化,又要维护婚姻圣事的神圣性,在确立无效婚姻条件的同时,教会确立了宣告无效的原则:一项婚姻未经法律诉讼便不能宣布无效。教会法的这些制度与规定被视为无效婚姻法律制度之滥觞,对后世各国无效婚姻制度的设立与发展影响重大。

承袭罗马法法律学说的《法国民法典》,进一步完善了婚姻无效制度,并将无效婚姻分为绝对无效和相对无效。违反公益要件的为绝对无效婚姻,当事人、利害关系人和检察官均得为婚姻无效的请求权人。违反私益要件的为相对无效婚姻,只有当事人和其他有请求权的特定人可以请求确认婚姻无效。1896年的《德国民法典》,在无效婚姻之外,根据违反婚姻成立要件的原因不同,创设了可撤销婚姻,在亲属法中,首次兼采无效婚和撤销婚两种制度。此后,瑞士、日本、英国等一些国家在其亲属法中相继设立了无效婚和撤销婚制度。

在现代社会,离婚与无效婚姻的主要区别为:第一,离婚解除的是合法婚姻,婚姻无效则是违反婚姻成立要件的法律后果。第

---

[1] 贺卫方:"天主教的婚姻制度和教会法对世俗法的影响",载《世界宗教研究》1986年第1期。

二，离婚的原因一般发生在婚姻成立之后，无效婚姻的原因则是发生在结婚之前或结婚之时。第三，离婚自登记离婚或调解、判决离婚生效之日起解除婚姻关系，无溯及既往的效力。无效婚姻为自始无效，具有溯及既往的效力，自双方结合之日起即不产生法律效力。第四，离婚的请求权仅限于当事人本人，其他人无权代理，无效婚姻之诉则除当事人之外，利害关系人也可提出请求。

不共寝食式的"离婚"，也被称为从饭桌和床（*a mensa thoro*）的分离，如其名称所示，是将夫妻从共同生活中分开。按照教会法的规定，同居是夫妻的义务，但在有正当理由时，也可以免除这一义务。这就是别居，即为分床分食。由于当事人之间的婚姻关系仍然存在，尽管不生活在一起，也不能与他人结婚，否则构成重婚。子女的合法身份不受影响，仍是婚生子女。教会法规定，别居分为永久别居和暂时别居。申请别居的理由包括通奸、背教、罪恶的生活方式或严重的残酷行为。别居须经教会法庭裁决，双方协议别居不产生法律效力。1917年制定的《天主教会法典》规定了别居程序、别居的效果以及别居后子女的教育和监护等问题。

宗教改革与婚姻世俗化运动以来，禁止离婚主义已相继退出历史舞台，许多西方国家在允许离婚的同时，为适应社会发展的需要，在保留别居制度的同时，也对其具体内容和形式进行改革，普遍采用离婚与别居并存或别居先置制。即将别居作为离婚的预备阶段，凡欲离婚者，须先经过一段时间的别居。如别居后双方关系仍未改善，再考虑是否允许离婚的问题。因此，这类别居已演变为离婚制度的一种过渡和补充形式。近现代别居可分为裁判别居，协议别居和事实别居。

裁判别居是由当事人申请，经法院裁决，从而解除夫妻同居的义务，但仍保留婚姻关系的法律行为。裁判别居在程序上与离婚有相似之处，但二者的法律效力不同，其主要区别表现为：第一，裁判别居只解除夫妻同居义务，婚姻关系依然存在。别居期间双方均不能再婚，否则视为重婚。而离婚则为完全解除婚姻关系的行为，离婚后，双方均获得再婚的权利，享有结婚自由。第二，裁判别居后夫妻互负贞操义务。一方与他人的性行为，构成通奸。离婚后，双方不再互负贞操义务。第三，裁判别居后夫妻间仍有财产上的权利义务关系。夫妻间有相互继承遗产的权利，且必须尽相互扶养的义务。离婚后，夫妻间的权利义务关系完全解除。

## 第三节 限制离婚主义到自由离婚主义的跨越

许可离婚主义是允许解除婚姻关系的主张，它与禁止离婚主义相对，是人类从古至今始终存在的有关离婚的理念与立法例。许可离婚主义包括专权离婚主义，限制离婚主义和自由离婚主义。限制离婚主义经历了相当漫长的历史演进，从过错离婚主义到自由离婚主义，穿越了人类几千年的文明史，书写了人类对离婚自由的向往与追求。

### 一、限制离婚主义的发展

限制离婚主义是指当事人要求离婚，必须符合法定的理由且经法院裁决始许离婚的制度。限制离婚主义从古至今始终存在，但法定的离婚理由经历了由严格到宽松，由主观到客观，由列举到例示的发展历程。

#### （一）有责离婚主义

限制离婚主义在早期表现为有责离婚主义。早期的离婚立法将离婚的理由限制为可归责于当事人的原因，如重婚、通奸、遗弃、虐待、企图杀害对方或一方受刑之宣告等，故学者称之为有责离婚主义；又因各国离婚立法列举的可归责于当事人的离婚原因均为各种过错，故又称之为过错离婚主义；因此类离婚必须经过诉讼程序,亦称诉讼离婚或裁判离婚。

有责离婚主义视离婚为惩罚有过错一方的手段,故有过错一方无权提出离婚,只有无过错的一方才有请求离婚的权利,并以获得离婚扶养费或损害赔偿费作为救济。因此,有责离婚主义具有对有责配偶的制裁与对无责配偶的救济的思想。如早期的《法国民法典》以通奸、夫妻一方受刑之宣告或名誉刑宣告、暴行、虐待或重大侮辱作为离婚理由。如离婚被判为过错全属夫妻一方,则该方得被判赔偿损害,以补偿他方因解除婚姻而遭受的物质或精神损失,并完全丧失其配偶在结婚时或在结婚后曾允诺给与的全部赠与及全部特别赠与(该法典第266、267条)。

(二)无责离婚主义

随着离婚的法定理由逐渐扩大,限制离婚主义从有责离婚主义进一步发展为无责离婚主义。出于不可归责于当事人的理由,亦可请求离婚,如生理缺陷、重大不治之症、生死不明、分居达一定期限等。无责离婚也称之为目的主义,即因上述的客观原因而非当事人的主观原因致使婚姻的目的无法达到,法院亦应准予离婚。显然,无过错因素已经开始导入离婚法定理由。如第二次世界大战后,西德于1946年2月20日颁布的《德意志联邦共和国婚姻法》第42~48条规定的离婚理由是:①通奸或其他严重违反婚姻义务或从事不名誉、不道德的行为;②配偶一方精神错乱或患有精神病,以致无法恢复双方共同的精神生活;③配偶一方患有严重的传染病或令人厌恶的疾病而无法治愈;④家庭共同生活中断已达3年,婚姻关系破裂无可挽回。

除了离婚的法定理由外,从有责离婚主义向无责离婚主义发展的另一个重要标志就是当事人双方均可提出离婚。有责离婚主义将对离婚有过错、有责任的一方排斥在离婚请求权人之外,只有无过错,无责任的一方才可以提出离婚。而无责离婚主义则赋予婚姻关系双方均享有离婚诉权,但须符合离婚法定理由,凡符合离婚法定理由者，可以离婚，不符合离婚理由者，不能离婚。[1]

随着无责离婚主义的发展，离婚理由的立法模式也由列举主义向例示主义发展。列举主义是指法律将离婚的法定理由一一列举，明确规定，除此之外的任何其他情形不能作为离婚理由。上述法国及德国的立法即属此类。例示主义是指法律除明确列举一定的离婚理由外，另外增加一个抽象性、伸缩性的条款，以弥补列举理由之不足。如现行《日本民法·亲属编》第770条在列举的4条离婚理由（不贞行为、恶意遗弃、生死不明、精神病）外，又规定："有其他难以继续婚姻关系的重大事由时，法院也可以判决准予离婚。"显然，例示性的规定较之列举主义更具灵活性和更符合婚姻之本质。

（三）我国的有责离婚主义

我国的专权离婚主义向有责离婚主义过渡始自清末《民法草案·亲属编》。主持立法的法律馆认为，古有七出、义绝，有两愿听离。如果恩绝应离，也势难强合。对于当时各国的三种离婚制度——两愿离婚、呈诉离婚及禁止离婚，法律馆和礼学馆认为，应采取相对自由离婚，即两愿离婚和呈诉离婚（《亲属法草案》第43条）两种制度。该两种制度，史有先例，且相对于自由离婚，不会助长离婚之风，但两愿离婚有年龄的限制，男未满30岁，女未满25岁者须经父母同意方可（《亲属法草案》第44条）。离婚的法定理由为：重婚；犯奸；侵害他造身体、精神或生命；虐待或重大侮辱夫之尊亲属或受夫之尊亲属虐待或重大侮辱；遗弃；生死不明3年以上（《亲属法草案》第46条）。对于离婚的效力，该草案规定了4条（《亲属法草案》第50～53条），离婚后妻仍可获得其特有财产，如果是因为夫之过错而离婚的，夫应暂给妻以生计程度相当之赔偿。而亲权，只能在孩子不满5岁或审判官认为有利于孩子的理由时才能获得，否

---

[1] 王战平主编：《中国婚姻法讲义》，全国法院干部业余法律大学婚姻法教研组，1986年，第137～139页。

则，除非丈夫同意，妻子不能获得对孩子的监护权。对于因离婚而产生的亲属关系和家属关系，皆因离婚而归于解消。尽管清末《民法草案·亲属编》未能实施，但它作为中国婚姻法律近代化转型的前奏，奠定了中国近代离婚制度改革的框架。[1]

1930年12月26日颁布的中华民国政府《民法·亲属编》中的离婚制度是我国的专权离婚主义向有责离婚主义发展的重要标志。民国政府立法院在离婚制度的设计上，斟酌了我国传统法律及德国、日本、瑞士、荷兰、英国等各国当时的施行法律，在离婚程序上适用两愿离婚和裁判离婚两种制度，以保证一定程度的离婚自由，但对离婚理由采用列举主义，以防止当事人滥用离婚权利。第一，两愿离婚。婚姻可因双方当事人的合意而解除，但未成年人须得法定代理人同意。两愿离婚为要式契约，应以书面形式订立，并有两个以上证人的签名（《中华民国民法典》第1050条）。第二，裁判离婚。法院根据当事人的起诉，依法判决解除其婚姻关系。其法定理由为：重婚者；与人通奸者；夫妻一方受他方不堪同居之虐待者；妻对于夫之直系亲属为虐待；或受夫之直系尊亲属虐待至不堪为共同生活者；夫妻之一方以恶意遗弃他方在继续状态中者；夫妻之一方意图杀害他方者；有不治之恶疾者；有重大不治之精神病者；生死不明逾3年者；被处3年以上之徒刑或因犯不名誉之罪被处徒刑者（中华民国《民法典》第1052条）。离婚时，无论夫妻原用何种财产制度，各取回其固有财产，如有短少，由夫负担（中华民国《民法典》第1058条）。夫妻之一方因判决离婚而受有损害者，得向有过失之他方请求赔偿。前项情形，虽非财产上之损害，受害人亦得请求赔偿相当之金额，但以受害人无过失为限（中华民国《民法典》第1056条）；夫妻无过失之一方，因判决离婚而陷于生活困难者，他方纵然无过失，亦应给与相当之赡养费（中华民国《民法典》第1057条）。这一制度在我国台湾地

---

[1] 王新宇：《民国时期婚姻法近代史研究》（博士论文），中国政法大学图书馆2005年。

区一直沿用至1985年亲属法修订。[1]

## 二、从自由离婚到"杯水主义"——苏俄时代革命式的探索

1917年十月革命胜利后,苏维埃政权先后颁发了《关于实施民事婚姻、子女及身份登记的布告》、《关于离婚的布告》、《关于教会与国家分离、学校与教会分离的布告》,彻底废除了宗教对婚姻的干涉,实行民事婚姻。1918年10月22日颁布了第一部《苏俄身份登记、婚姻、家庭、监护法典》,明确规定了离婚的两种程序,即协议离婚与诉讼离婚。根据这一法律,离婚可以根据夫妻双方或一方的愿望予以批准,不考虑任何一方的过错问题。按照最简单的离婚程序,一方要求离婚,只须向地方法院或行政登记机关提起口头或书面的离婚诉讼或离婚请求,无论对方是否同意,均可准予离婚。地方法院的任务是对有关子女的监护、教育和抚养等问题作出裁决。用一位评论家的话来说,法官往往会将监护权判给最最具有"无产阶级同情心"的父母。为了进一步解除宗教婚姻对人们思想的束缚,1926年11月,苏俄修改并颁发了新的《婚姻、家庭和监护法典》,进一步简化了离婚手续,取消了诉讼离婚的程序,实行单一的登记离婚制度。即不管双方协议离婚,还是一方要求的单意离婚,只须到户籍部门提出要求,即可登记离婚,而无任何限制。故西方学者将之称为自由离婚主义。在苏联建国早期办理离婚不仅容易、快捷,还省钱。事实上离婚比结婚还容易,因为离婚只需夫妻一方同意即可,而结婚则需双方同意。具体的离婚数字难以统计,但20年代在欧洲部分的苏联城市人口中,每22对婚姻中就有10对是以离婚告终的。而在莫斯科,每13对婚姻中竟有10对离

---

[1] 刘素萍主编:《婚姻法学参考资料》,中国人民大学出版社1989年版,第469、470页。

婚。[1]列宁曾经严厉批评过这种对婚姻不慎重的行为是"杯水主义",他在1920年秋与蔡特金的谈话中指出:"你一定知道那著名的理论,说在共产主义社会,满足性欲和爱情的需要,将像喝一杯水那样简单和平常。我认为,这个出名的杯水主义完全是非马克思主义的,并且是反社会的。""喝水当然是个人的事情,可是恋爱牵涉到两个人的生活,并且会产生第三个生命,一个新的生命。这一情况使恋爱具有社会关系,并产生对社会的责任。"[2]到30年代中期,苏联政府对此问题作出了反应,出台了限制离婚的规定,颁布了《关于禁止堕胎、加强对产妇的物质帮助、加强对拒付抚养费的处罚以及关于离婚立法的若干修改的决定》。该决定指出,结婚与离婚虽属个人的事情,但国家决不允许侮辱妇女,使儿童流浪街头。结婚应该是一件负有责任,严肃认真对待的事情。为此,对离婚登记费用,改用累进制:第一次离婚,收费50卢布;第二次离婚,收费150卢布;第三次离婚,收费300卢布。[3]以此遏制草率离婚的势头。1944年7月,苏联最高苏维埃主席团发布命令,对离婚制度作了两项重大修改:第一,恢复离婚的诉讼程序,把一方要求离婚的行政程序撤销,改为经诉讼程序,由法院判决;第二,把行政程序不要当事人提供离婚理由的规定,改为一方要求离婚的,须提供离婚理由,并经查证属实,才准予离婚。这样使离婚自由与国家的监督结合起来,使当事人既能行使离婚自由的权利,又不违反社会利益。至此,苏俄时代革命式的探索——实行无条件的自由离婚主义,因与社会发展利益不相一致而正式偃旗息鼓,代之以实行有条件的离婚自由,"法院确认

---

[1] [加]罗德里克·菲利普斯:《分道扬镳——离婚简史》,李公昭译,中国对外翻译出版公司1998年版,第260页。
[2] [德]蔡特金:《列宁印象记》,马清槐译,三联书店1979年版,第69~70页。
[3] 法学教材编辑部《婚姻法教程》编写组:《婚姻立法资料选》,法律出版社1983年版,第291、292页。

夫妻双方已无法继续共同生活和维持家庭时，应准予离婚"。[1]

### 三、当代自由离婚主义的产生及其发展趋势

#### （一）自由离婚主义与破裂主义离婚标准

当代自由离婚主义的特征是尊重当事人的离婚意愿，以无过错离婚理由取代过错离婚理由。20世纪60年代末始自美国的离婚革命，以无责离婚主义取代了有责离婚主义，将"婚姻无可挽回的破裂"作为离婚的唯一理由，故也被称为破裂主义离婚标准。破裂主义离婚立法始自1966年加利福尼亚政府委员会建议将离婚的理由确定为"婚姻关系无可挽回地破裂"和"精神错乱"。[2] 这一建议在1969年成为加州的法律。美国州法律全国统一委员会在1970年制定了《统一结婚离婚法》（Uniform Marriage and Divorce Act），将"婚姻已无可挽回的破裂"作为离婚的唯一理由。1974年美国律师协会批准了这一法律并向各州推荐。《统一结婚离婚法》第302条规定，法院经查明婚姻已是无可挽回地破裂应当准予离婚。该法进一步规定，双方分居或分离达180天以上或存在严重的婚姻分歧，就足以说明一方或双方对婚姻的态度。此后，破裂主义离婚标准就成为各国离婚立法改革的重要内容。但完全实行破裂主义离婚标准的国家并不多见。

目前，无过错离婚之法定离婚理由的立法模式主要有三种：一是实行抽象的破裂主义。如美国一些州仅将婚姻关系已经无可挽回的破裂作为唯一离婚理由，没有任何附加条件。二是推定破裂主义，如英国、德国在离婚中将婚姻关系破裂作为离婚的唯一理由，以分居一定期间推定婚姻破裂。如《德国民法典》第1565条规定，婚姻如果破裂，可以离婚。第1566条规定，如果婚姻

---

[1] 任国钧：《婚姻法通论》中国政法大学出版社1988年版，第283、284页。

[2] [美]威廉·杰·欧·唐奈、大卫·艾·琼斯：《美国婚姻与婚姻法》，顾培东、杨遂全译，重庆出版社1986年版，第150页。

双方分居1年并且双方均申请离婚或者申请相对人同意离婚,则推定婚姻破裂;如果婚姻双方自3年以来一直分居生活,则推定婚姻破裂,上述推定均为不可驳回之推定。三是兼采破裂主义与有责主义,如法国、瑞士、日本。《法国民法典》既规定了合意离婚、破裂离婚,又规定了过错离婚(《法国民法典》第230~240条)。《法国民法典》第237条规定:如夫妻事实上分居生活已达6年,一方配偶得以共同生活持续中断而请求离婚。

以破裂主义离婚标准为特征的自由离婚主义符合社会的发展和时代的要求,为世界各国所推崇,具有重要的意义。

1. 自由离婚主义是典型的平权离婚主义,即享有离婚请求权的主体在法律上地位是平等的。夫妻任何一方,无论是男方还是女方,均有权提出离婚,彻底摒弃了传统的对男女双方的双重性道德标准和男性专权离婚主义。自由离婚主义是完全的无过错离婚主义,无论是有过错一方还是无过错一方,均可依照法定程序提出离婚,而不会因犯有过错被剥夺诉权。自由离婚主义在确定离婚理由时以破裂主义取代了有责主义和无责主义,以婚姻关系已经破裂至无法继续共同生活为唯一的离婚标准。在裁判离婚的法定理由方面真正实现了自由离婚主义的理念。自由离婚主义在离婚的效力方面也不考虑过错的因素,离婚后的财产分割适用均等主义,离婚后一方对另一方的扶养完全以被扶养方的需要为依据。

2. 自由离婚主义的实质是由对离婚行为的道德评判向道德中立转变。传统的过错主义离婚是以离婚的当事人一方具有一定的过错,离婚是对有过错一方的惩罚为要旨的,只有在一方有过错的情况下才准予离婚。随着自由离婚主义的发展,离婚理由从过错原则向破裂原则发展,个人的离婚自由为社会与国家所承认,离婚逐渐失去了其制裁、惩罚过错行为的作用,而被看成是对已经破裂的婚姻关系的确认,看成是为处于婚姻困境的当事人提供的救济手段。自由离婚主义允许对已经死亡破裂的婚姻予以解除,使当事人双方得以从痛苦的婚姻中获得解脱和补救,病变的家庭得以救治,社会也因此得以稳定健康地发展,从而不带有任何惩罚或制裁主义的离婚痕迹。即使因当事人过错需要得到惩戒,也是诉诸道德或其他法律手段,而不再借助是否准予离婚。[1] 正如恩格斯所说:"如果说只有以爱情为基础的婚姻才是合乎道德的,那么也只有继续保持爱情的婚姻才合乎道德。……如果感情确实已经消失或者已经被新的热烈的爱情所排挤,那就会使离婚无论对于双方或对于社会都成为幸事。"[2] 奥古斯都·倍倍尔也认为:"已经破裂的婚姻,如果不顾夫妻内心的疏远和相互的反感,强迫他们留在一起,也是难于恢复的,这种靠法律来维持的状态根本不合乎道德。"[3]

3. 自由离婚主义符合婚姻的本质,是现代离婚立法的发展趋势。自由离婚主义在离婚时不需要当事人提供具体的离婚理由,这就减少了当事人在法庭上的相互指责,减少了举证责任,同时也减少了当事人作伪证,或双方联手共同欺骗法庭的情形。自由离婚主义对离婚的原告不设限,当事人的任何一方,无论是否有过错,均有权起诉离婚,且无须经过对方同意。自由离婚主义不追究当事人的过错,离婚是对有过错方惩罚的观念已被抛弃,而代之以在离婚时对处于弱势一方救济的理念。

自 20 世纪 60 年代末以来,世界上已有许多国家逐渐采纳了自由离婚主义。自由离婚主义破裂原则的采用,不仅超越了法系,也超越了社会制度体系,成为离婚法定标准发展的世界性共同趋势。如英国在 1969 年,荷兰在 1971 年,瑞典在 1973 年,比例时在

---

[1] 陈小君主编:《海峡两岸亲属法比较研究》,中国政法大学出版社 1996 年版,第 153 页。

[2] 恩格斯:《家庭、私有制和国家的起源》,中共中央马克思恩格斯列宁斯大林著作编译局译,人民出版社 1972 年版,第 80 页。

[3] [德] 奥古斯都·倍倍尔:《妇女与社会主义》,葛斯等译,中央编译出版社 1995 年版,第 112 页。

1974年，法国、意大利、澳大利亚在1975年、奥地利在1978年，中国在1980年，越南在1986年，俄罗斯在1995年均相继修改了离婚法定标准。

(二) 自由离婚主义的发展趋势

从各国离婚立法的发展趋势看，在逐步推广和完善无过错的破裂主义离婚标准，保障自由离婚的同时，将进一步建立和完善离婚自由的衡平机制，强化对婚姻关系中弱势一方和子女利益的保护和救济手段，在制定国家的家庭政策和法律规定时，采取各种措施，降低离婚的社会成本。

现代世界上的许多学者倾向于以破裂主义作为离婚的标准。即当婚姻发生了无法弥合的破裂和不可调和的矛盾，不能共同生活下去，应该允许离婚。他们认为，家庭解体的原因不是离婚本身而是婚姻发生了不可挽回的破裂。法律通过否定离婚来防止家庭破裂是法律的伪善，只会激化矛盾，给当事人双方造成更大的伤害。回顾当代离婚法改革的历程，笔者认为，以破裂主义的无过错离婚取代过错离婚是历史发展的必由之路。理由有三：

1. 破裂主义离婚标准能减少离婚当事人的敌意与痛苦。婚姻破裂本身就是一个痛苦的过程，过错离婚制度使原本已经很痛苦的双方当事人处于诉争状态，更加增添双方的敌意和痛苦。历史已经证明，过错作为离婚的理由是无效的，正如主张无过错离婚者所言，以过错为基础的离婚程序，使家庭进入敌对的讼争状态，夫妻冲突加剧，以致达到不可调和的地步，这不利于找到一条平静的途径，达到无过错离婚的目的。[1]

2. 破裂主义离婚标准使事实上已经破裂的婚姻得到了确认。在实行破裂主义的离婚法之前存在许多事实上已经破裂的夫妻，即双方同意离婚，但是由于找不到一方有过错的理由，离婚的问题得

---

[1] 薛宁兰："无过错离婚在美国的法律化进程"，载《外国法译评》1998年第4期。

不到圆满的解决，夫妻长期分居大有人在，成为很严重的社会问题。实行破裂主义的离婚制度之后，这些问题得到了解决，同时减少了为达到离婚目的在法庭上作伪证的现象。

3. 破裂主义离婚标准更适合当代婚姻的状况。当婚姻关系已经破裂，并且双方都同意离婚且没有涉及到第三人利益时，离婚是私人的事情，法律没有必要禁止离婚或者给离婚增添不合理的负担。而破裂主义离婚标准，无须双方举证，如果双方一致认为婚姻关系确已破裂，就不必公开婚姻生活中最隐秘的、使人尴尬的细节，无需公开婚姻失败的内因来证明谁对谁错。可以防止双方陷入不必要的痛苦和尴尬。

但值得注意的是，自由离婚主义只关注了婚姻关系当事人，甚至是一方的感受，它使得婚姻关系的解除过于简单，没有充分考虑无生活来源或收入低微的配偶一方的利益，其结果导致这些人在离婚后生活水平大大下降，造成了新的不公平。而且，自由离婚主义没有充分考虑婚姻的最重要利害关系人——子女的利益。研究表明，如果离婚前父母的冲突比较激烈，离婚对未成年子女有利。但是如果离婚前父母的冲突不是很激烈，离婚对未成年子女不利，一些以离婚告终的婚姻对未成年子女来说可能是非常好的婚姻。不少国外学者提出对这样的婚姻要尽量挽救。在冲突程度低的婚姻中，如果父母能够认识到保持婚姻对未成年子女的成长更有好处，和解的可能性是非常大的，不会轻率离婚。[1] 美国学者 L. D. 瓦德尔教授在《无过错离婚和离婚难题》一文中指出：当代无过错离婚法是建立在一些似是而非的前提基础上的。当代离婚难题的核心是如下几种紧张关系：①当婚姻失败时，减轻离婚程序的压力和预防、修补失败婚姻的政策之间的紧张关系；②平等的公平原则与爱情的公

---

[1] Elizabeth S. Scott, "Children's Welfare and the Culture Wars", *Virginia Journal of Social Policy & the Law* 2001, 9.

平原则之间的紧张关系;③离婚中存在的个人利益和社会利益之间的紧张关系。无过错离婚法忽略了相互冲突利益间的平衡,只倾向于使离婚变得容易,不重视夫妻冲突的事实,以及需要时间培植过正常婚姻生活的技巧等问题。不成熟的无过错离婚法造成离婚容易和婚姻无义务可言的假象。离婚不完全是个人的选择,当代无过错离婚损害了双方及相互间的隐私,忽视了个人选择的社会后果,尤其是对孩子的伤害。强制性的、单方的和不成熟的无过错离婚法难以平衡相互对立的个人利益,也难以协调离婚中现实存在的社会利益。现行的无过错离婚法通常在四个方面对某些个人和社会产生特定的有害结果。当离婚正在瓦解一个有未成年子女的家庭时,单方面的无过错离婚、不健全的离婚程序、强制性的离婚理由,以及缺乏实体上和程序上的保护措施,都造成了不应有的不公平和困难。有充分的理由表明应对今天的无过错离婚法进行四个方面的改革:①保护夫妻双方的隐私;②反对草率结束婚姻,对那些没有破裂的婚姻要做挽救工作;③对受害夫妻提供适当的法律途径,让他们表达失去的情感,认可他们在婚姻中正确的方面;④要求双亲延缓离婚,或提供强制性、保护性的法律程序。[1]

20世纪末以来,一些实行自由离婚主义采纳破裂主义离婚标准的国家正在对离婚的条件和程序进行修正,比如,建立离婚的和解程序,制定破裂离婚条件下的困难条款,建立可选择的盟约婚姻,限制有未成年子女的父母通过行政程序离婚等[2]。法律应当关注的是,离婚的条件和程序是否合理并能在正义和自由中间寻找一个平衡点。在婚姻关系存续期间,夫妻要互相扶养并抚育未成年子女,这不仅涉及个人幸福,也是社会公共利益,因此国家有必要维护家庭的完整。但是当婚姻实际上已经破裂,无法继续维持时,法律应当允许夫妻摆

---

[1] 薛宁兰:"无过错离婚在美国的法律化进程",载《外国法译评》1998年第4期。
[2] 为避免赘述,具体内容将在下文展开。

脱不幸，并解决有关经济和财产问题，鼓励当事人忘掉过去，不受已经破裂的婚姻的影响，重新开始新的生活。这是当代婚姻法的目的之一。维持而不破坏婚姻的稳定性，但是如果婚姻已经不幸破裂并且不可挽回的话，就应该摧毁那个空有其表的法律外壳。

实际上，现代各国离婚立法的改革均面临着如何才能既保证实现离婚自由，又能够支持婚姻制度，避免离婚的仓促和草率，尽量降低离婚对当事人和子女的伤害。笔者认为，自由离婚主义的发展趋势不会是走向无限制的自由，而应当是逐渐从追求离婚自由发展到在保障离婚自由的前提下支持婚姻制度的回归；从追求离婚程序的快捷简化发展到离婚程序的严谨科学化；从忽视离婚关系中的儿童利益，发展到充分考量儿童权益，实现儿童利益优先；从依赖诉讼和法官的意志发展到注重调解，追求和谐，全面保障当事人利益。

## 第四节　中国式离婚自由之发展与现状

### 一、新中国离婚自由制度的创设与发展

新中国离婚自由制度初创于中国共产党领导下的革命根据地。中国共产党非常重视婚姻家庭问题，并将解放妇女、实现婚姻自由、男女平等、改革婚姻家庭制度作为自己革命的任务。中国共产党人认为婚姻和妇女痛苦的根源在封建制度，"在封建统治之下，男女婚姻野蛮到无人性，女子所受的压迫与痛苦，比男子更甚。只有工农革命胜利，男女从经济上得到第一步解放，男女婚姻关系才随着变更而得到自由。"[1] "男女在社会上、政治上、经济上、家

---

[1] "1931年中华苏维埃共和国中央执行委员会第一次会议关于暂行婚姻条例的决议"，载韩延龙、常兆儒主编：《中国新民主主义革命根据地法制文献选编》（第四卷），中国社会科学出版社1984年版，第788页。

庭地位上，一律平等，实行严格的一夫一妻制，这是边区新民主主义社会的一种表现。在殖民地、半殖民地、半封建的社会里女子被当作一种商品而买卖，被当作一种奴隶而奴役，'三妻四妾'成为一些特殊阶级的权利；'男尊女卑''夫唱妇随'成为封建人物奴役妇女的'天经地义'。所有这些，随着边区新民主主义政治经济的建设，都被粉碎着！妇女解放是社会解放的一个内容，而妇女也只有在社会解放当中才能求得自己的彻底解放。"[1] 因此，婚姻家庭革命的目标与民主革命的目标是一致的，成为共产党改造中国社会的一部分。在第一次国内革命战争时期，虽然没有制定成文的婚姻法规，但通过党的若干会议，已经确立了新民主主义的婚姻家庭基本原则。在根据地时期，每当革命成果被巩固在一定的土地和人口之后，新的婚姻法令就会被确定下来。这些法令一以贯之的精神是废除封建主义婚姻制度，实行婚姻自由和妇女解放的婚姻制度。

早在1930年至1949年，中国共产党领导的苏区、抗日根据地、解放区先后颁行了许多有关婚姻家庭的规范性文件，[2] 对离婚问题作出了明确的规定，创立了中国历史上全新的离婚模式，为新中国的离婚制度奠定了基础。作为中国现代离婚制度的雏形，其主要内容有：

创立离婚自由原则，将离婚自由作为婚姻自由的一个重要内容；坚持男女享有平等的离婚权，破除了数千年来男子专权离婚的传统习俗。1934年《中华苏维埃共和国婚姻法》第10条规定：确定离婚自由，男女一方坚决要求离婚的即可离婚。

---

[1] "1941年晋察冀边区行政委员会指示信，'关于我们的婚姻条例'"，载韩延龙、常兆儒主编：《中国新民主主义革命根据地法制文献选编》（第四卷），中国社会科学出版社1984年版，第816页。
[2] 主要有：1931年《中华苏维埃共和国婚姻条例》，1934年《中华苏维埃共和国婚姻条例》，1942年《晋冀鲁豫边区婚姻暂行条例》，1942年《晋冀鲁豫边区婚姻暂行条例施行细则》，1943年《晋察冀边区婚姻条例》，1946年《陕甘宁边区婚姻条例》。

确立了登记离婚与诉讼离婚双轨制，将离婚问题纳入行政或司法管理之内；对诉讼离婚原因进行或概括、或列举、或例示的规定。1946年《陕甘宁边区婚姻条例》第8条规定：男女双方自愿离婚者，须向当地乡（市）政府领取离婚证。第9条规定：男女之一方因他方有下列情形之一者，得向县政府请求离婚：①感情意志根本不合，无法继续同居者；②重婚者；③与他人通奸者；④图谋陷害他方者；⑤患不治之恶疾者；⑥不能人道者；⑦以恶意遗弃他方在继续状态中者；⑧虐待他方者；⑨男女之一方，不务正业，屡经劝改无效，影响他方生活者；⑩生死不明已过3年者；⑪有其他重大事由者。尽管列举的理由与国民党民法亲属编的离婚理由有相似之处，但最后一条的概括性规定使之跨入了例示主义的立法门槛，最终棋高一着。

离婚时，对妇女、未成年子女权益予以特殊照顾；对离婚后未成年子女的抚养归属和抚养费的负担也有详细的规定；在离婚问题上，对革命军人予以特殊保护。1934年《中华苏维埃共和国婚姻法》第11条规定：红军战士之妻要求离婚须得其夫同意。但在通信便利的地方，经过两年其夫无信回家者，其妻可向当地政府请求登记离婚。在通信困难的地方经过4年其夫无信回家者，其妻可以向当地政府请求登记离婚。第14条规定：离婚后女子如果移居到别的乡村，得依照新居乡村土地分配分得土地。如新居乡村已无土地可分则女子仍领有原有的土地，其处置办法或出租或出卖或与别人交换，由女子自己决定。第15条规定：离婚后女子如未再行结婚，并缺乏劳动力，或没有固定职业而不能维持生活者，男子须帮助女子耕种土地或维持其生活。

1950年《婚姻法》是新中国成立后颁布的第一部基本法。其历史使命就是要在全中国破除旧的封建主义的婚姻家庭制度，建立新的新民主主义的婚姻家庭制度。"婚姻制度是社会细胞的家庭制度底基础，是整个社会制度底一个组成部分。它随着社会的变化而变化，伴着社会整个经济基础和上层建筑的发展而发展。在它底基础上建立起来的作为社会经济单位和社会文化教育单位的家庭制度，在一定程度上也严重地影响到社会生产力底发展。中国人民解放战争和人民革命的伟大胜利，中华人民共和国的光荣诞生，'中国人民政治协商会议共同纲领'的实施，尤其是土地改革的实行，使中国社会发生了一个根本的变化——由半封建半殖民地社会发展为新民主主义社会的变化。……作为半封建半殖民地的旧中国社会组成部分的旧婚姻制度，不但成了家庭痛苦的一种根源，而且成了社会生活的一条锁链；它不但把占人口半数的绝大多数的妇女投入奴隶生活的深渊，而且也使大多数男子遭受无穷的痛苦。它真正成了新生的社会肌体上已经衰败的细胞，阻碍着新社会健全有力的发展。为着新社会在政治上、经济上和文化上建设力量的增长，特别是为着解开一切束缚生产力发展的枷锁，随着全部社会制度的根本改革，必须把男男女女尤其是妇女从旧婚姻制度这条锁链下也解放出来，并建立一个崭新的合乎新社会发展的婚姻制度。"[1]据统计，1949年上半年华北地区婚姻案件占民事案件46%，其中因不堪丈夫或公婆虐待，或因不满包办买卖婚姻而要求解除婚姻关系的占2/3以上。

　　1950年《婚姻法》彻底废除了封建主义的离婚制度，建立起一套全新的离婚制度。确立了保障离婚自由，保护弱者利益的原则。首先，1950年《婚姻法》充分保障离婚自由，明确规定，双方自愿离婚的，可以离婚，一方坚决要求离婚，调解无效的，也可以离婚（1950年《婚姻法》第17条）。其次，对于离婚后的弱势一方，制定了保障性措施。离婚时，除女方婚前财产归女方所有外，其他家庭财产如何处理，由双方协议；协议不成时，由人民法院根

---

[1] "1950年中央人民政府法制委员会关于中华人民共和国婚姻法起草经过和起草理由的报告"，载刘素萍主编：《婚姻法学参考资料》，中国人民大学出版社1989年版，第45页。

据家庭财产具体情况，照顾女方及子女利益和有利发展生产的原则判决（1950年《婚姻法》第23条）。离婚后，一方如未再行结婚而生活困难，他方应帮助维持其生活（1950年《婚姻法》第25条）。离婚时，原为夫妻共同生活所负担的债务，以共同生活时所得财产偿还，如无共同生活时所得财产或共同生活所得财产不足清偿时，由男方清偿。

在离婚程序上，针对双方自愿离婚和一方要求离婚设立了离婚的行政程序和诉讼程序。行政程序采取行政登记制度：男女双方自愿离婚的，双方应向区人民政府登记，领取离婚证；区人民政府查明确系双方自愿并对子女和财产问题确有适当处理时，应即发给离婚证（1950年《婚姻法》第17条）。诉讼程序为法院审理离婚案件的程序，并根据婚姻关系的特质设置了婚前调解程序：男女一方坚决要求离婚的，得由区人民政府进行调解；如调解无效时，应即转报县或市人民法院处理；区人民政府并不阻止或妨碍男女任何一方向县或市人民法院申诉（1950年《婚姻法》第17条）。

1950年《婚姻法》颁布后，出现了中国第一次也是最迅猛的离婚潮。1953年法院受理的离婚案件高达117万件，据当时对京、津、沪三大城市800件离婚案件的调查，女方提出离婚的占68%，山西文水、宁武、代县三县763件离婚案件中，原告为女方的有705件，占92.4%。这一次的离婚高潮标志着我国封建主义婚姻家庭制度的崩溃，是我国妇女解放的重要步骤之一，推动了社会主义经济建设的发展。

1980年《婚姻法》是在结束"十年动乱"，实行改革开放这样重要的历史关头颁布的。巩固和完善社会主义婚姻家庭制度，保障公民的婚姻家庭权益，促进社会文明进步是其重大的历史使命。一方面，建国三十多年来，封建主义的婚姻家庭制度已被摧毁，婚姻家庭关系发生了深刻变化，社会主义的婚姻家庭制度已经建立。另一方面，封建主义的婚姻观念根深蒂固，影响很大，其残余还远没有被根除。特别是经过十年浩劫,是非颠倒,一些封建的恶习又在一些地区传播蔓延,侵蚀我国社会主义的婚姻家庭制度。在1980年离婚制度的修改中,既考虑了司法实践经验和当时出现的新情况新问题,也充分借鉴了其他国家的离婚立法,明确规定准予离婚的法定理由采破裂主义,可以说,20世纪70年代在各国风起云涌的无过错离婚革命也对我国的离婚立法改革产生了重要影响。正如武新宇同志在《关于中华人民共和国婚姻法修改草案的说明》中所指出的,在我们社会主义国家中,要提倡夫妻互相帮助,建立民主和睦的家庭,大力宣传共产主义道德,反对那种对婚姻关系采取轻率态度和喜新厌旧的资产阶级思想。但是,我们也不能用法律来强行维护已经破裂的婚姻关系,使当事人长期痛苦,甚至使矛盾激化,造成人命案件,对社会、对家庭、对当事人都没有好处。由于我国废除封建婚姻时间不太久,经济、文化水平还较低,有些社会舆论对提出离婚的一方往往不表同情,问题比较复杂。多年来,法院在处理离婚案件时掌握偏严,就反映了这种社会情况。根据一些地方和部门的意见,草案改为"如感情确已破裂,调解无效,应准予离婚",增加了"如感情确已破裂"这个条件。这样规定,既坚持了婚姻自由的原则,又给了法院一定的灵活性,比较符合我国目前的实际情况。[1]

1980年《婚姻法》完善了离婚制度,明确了离婚的法定条件,细化了离婚的具体程序。与1950年《婚姻法》相比,1980年《婚姻法》旗帜鲜明地将破裂主义作为裁判离婚的法定标准,而且采取彻底的无因破裂,实行自由离婚主义。该法第25条规定,人民法院审理离婚案件,应当进行调解;如感情已破裂,调解无效,应准予离婚。在离婚程序上,也充分体现了离婚自由的原则,在坚持行政程序与诉讼程序双轨制的同时,明确规定,男女双方自愿离婚

---

[1] 刘素萍主编:《婚姻法学参考资料》,中国人民大学出版社1989年版,第10页。

的，准予离婚。双方须到婚姻登记机关申请离婚。婚姻登记机关查明双方确实是自愿并对子女和财产问题已有适当处理时，应即发给离婚证。在离婚效力方面，仍然坚持了照顾女方和子女利益的原则。第31条规定，离婚时，夫妻的共同财产由双方协议处理；协议不成时，由人民法院根据财产的具体情况，照顾女方和子女权益的原则判决。第33条规定，离婚时，如一方生活困难，另一方应给予适当的经济帮助。

1980年《婚姻法》颁布后，引发了对离婚法定理由的大讨论，有叫好的，认为这一规定符合婚姻的本质，反映了我国多年司法实践的经验；也有反对的，认为是为"陈世美"抛弃"秦香莲"提供了法律依据，并出现了"秦香莲上访团"[1]等坚决反对实行破裂主义离婚理由的极端事件。但不容否认的是，二十多年来法律的变化的确引导了人们离婚观念的变化。那种"宁拆十座庙，不破一门婚""生是夫家人，死是夫家鬼"的传统观念，逐渐被"好离好散，友好分手"所取代，无过错的离婚自由理念深入人心。

1980年《婚姻法》颁布以来，我国从计划经济走向市场经济，更加注重保障公民权利，民事法律制度也愈加完善，公民的民主意识、权利意识空前提高，婚姻家庭观念也发生了前所未有的变化。一方面，婚姻更加自由开放，生活节奏加快，生活方式便捷，家庭更加平等民主，"五好家庭"、"文明家庭"、"平安家庭"成为婚姻家庭的主流；另一方面，我国的婚姻家庭价值体系正在经受严重挑战，"闪婚"、"闪离"，重婚、纳妾、家庭暴力等新老问题侵蚀着我国的婚姻家庭关系。根据婚姻家庭出现的新情况，新问题，为了进一步完善婚姻家庭法律体系，全国人大对1980年婚姻法进行了修订，2001年4月28日颁布了《婚姻法修正案》。《婚姻法修正案》

---

[1] 20世纪80年代中，20余名来自全国各地的妇女，组成"秦香莲上访团"，到全国妇联、最高法院、各大报社上访，称她们的丈夫是"陈世美"，要求修改《婚姻法》第25条的规定。

在坚持离婚自由的同时,强调了法律的可操作性,强化了对弱势一方利益的保护,反映了20世纪末以来世界各国对离婚自由制度反思的成果。诉讼离婚的法定理由,采取概括性规定与例示性规定相结合的立法技术,对1980年《婚姻法》诉讼离婚的破裂主义法定理由补充了例示性规定,《婚姻法修正案》第32条第2、3款规定:"人民法院审理离婚案件,应当进行调解;如感情确已破裂,调解无效,应准予离婚。""有下列情形之一,调解无效的,应准予离婚:①重婚或有配偶者与他人同居的;②实施家庭暴力或虐待、遗弃家庭成员的;③有赌博、吸毒等恶习屡教不改的;④因感情不和分居满2年的;⑤其他导致夫妻感情破裂的情形。"在保障离婚自由的同时,为离婚的弱势一方提供救济手段,使其获得法律上的公平正义,也是此次离婚法修订的重要内容。《婚姻法修正案》充实和完善了离婚救济制度,规定了离婚损害赔偿制度,离婚家务劳动补偿制度,离婚经济困难帮助制度。该修正案第46条规定:"有下列情形之一,导致离婚的,无过错方有权请求损害赔偿;①重婚的;②有配偶者与他人同居的;③实施家庭暴力的;④虐待、遗弃家庭成员的。"第40条规定:"夫妻书面约定婚姻关系存续期间所得的财产归各自所有,一方因抚育子女、照料老人、协助另一方工作等付出较多义务的,离婚时有权向另一方请求补偿,另一方应当予以补偿。"第42条规定:"离婚时,如一方生活困难,另一方应从其住房等个人财产中给予适当帮助。具体办法由双方协议;协议不成时,由人民法院判决。"

## 二、中国离婚现状之实证分析

(一) 中国离婚现状及其特征

自1980年婚姻法采用破裂主义离婚标准以来,中国的离婚在27年之间呈逐年上升之势。1978年至2006年间,除了1983年、1998年和2002年略有下降外,其余每年分别比上一年同期增长2~

15万对不等,特别是2004年较2003年增长了33万对离婚。2005年我国大陆离婚总量已经高达178.5万对,与1978年改革开放之初离婚总量28.5万对相比,27年后的离婚绝对值增长了150万,增长率高达526%。如果以一定时间内,离婚人口占总人口千分比的粗离婚率来看离婚率的发展变化趋势,也同样呈明显上升之势。1980年,我国的粗离婚率为0.35‰,1990年为0.71‰,1992年为0.73‰。进入新世纪之后,粗离婚率大幅上升,2002年为1.8‰,2003年为2.1‰,2004年为2.56‰,2005年为2.73‰。[1]

随着婚姻观念的变化,协议离婚比例也随之逐渐增长。我国登记协议离婚与法院调解协议离婚之和占离婚总和的绝对多数。从全国范围来看,在1984年至2001年的17年之间,两者之和分别占当年离婚总数的平均值为86%。离婚当事人通过行政程序在民政部门登记离婚的绝对值,逐年明显递增。2005年行政程序登记离婚绝对数字是118.4万对,较1978年登记离婚17万对,增长了101.4万对,其增长率高达596%,高于离婚率的整体增长数字。自1984年至2003年19年间,登记离婚比例平均值占各年离婚总数的40%左右。2004年、2005年登记离婚比例则已经分别高达当年离婚总数的62%和66%。[2]

有社会学家提出当代中国式的离婚具有如下特征:第一,我国离婚现象的发展不是一个平稳的过程,其间多次上下起落,幅度也不小。如1953年第一次离婚高潮时的粗离婚率是60年代低谷水平的4倍,而"文革"期间的粗离婚率则只有90年代初期的1/3。第

---

[1] 以上数字分别来自曾毅主编:《中国八十年代离婚研究》,北京大学出版社1995年第1版,第8页;田岚著:"中国'厄尔尼诺'离婚潮及其缓解对策",载《中国法学会婚姻家庭法学研究会2006年年会论文集》;《中国民政事业统计报告》2002~2005年。

[2] 田岚:"中国'厄尔尼诺'离婚潮及其缓解对策",载《中国法学会婚姻家庭法学研究会2006年年会论文集》。

二，在国际大家庭里，我国仍然是一个离婚水平较低的社会，1991年我国粗离婚率不及美国的1/6。但值得注意的是，与目前世界各国离婚水平基本保持平稳的情况相反，这些年我国的离婚率在逐年上升，而且近年来，呈快速上升的态势，在一些大城市，已经直逼欧美的高离婚率。第三，我国离婚人口的绝对规模十分庞大。1990年我国离婚人口数为160万，分别是法国的15倍，日本的10倍和美国的1.4倍；1993年我国离婚人口总数上升为182万，已居世界各国之首。第四，离婚率的城乡分布不平衡，城镇妇女的离婚概率比农村妇女高出58%左右。另外，我国建国后出现的离婚率变化，在城乡之间也有明显的差别。城市的增长一般高于乡村，1979年至1989年的10年里，上海和北京离婚率分别提高了5.2倍和3.9倍，而同期全国离婚率只上升了2.1倍。第五，我国离婚当事人的再婚率较高，近些年约为70%以上，略比美国低一些，80年代美国人离婚者再婚比重，男的为83%，女的为80%，表明离婚率的上升并不意味着人们要否定婚姻本身。第六，我国潜在的离婚增长势头很大。

原因有三：①逐步加快的城市化进程势必把原来是低离婚风险的农村人口转变为高离婚概率的城镇居民，对离婚率的继续上扬发挥推波助澜的重要作用；②这些年经济迅猛发展和物质生活水平的全面提高，引导人们更加重视婚姻生活的精神构成和情感追求，对以往只见物不求情的婚姻带来更为严重的挑战；③新中国成立以来，在极左思潮指导的社会道德宣传中维持下来的所谓"低质量高稳定"的婚姻赖以生存的社会文化氛围发生变化，约占我国婚姻家庭60%的凑合家庭，具有潜在的破裂危机。[1] ④进入21世纪以来，我国第一代独生子女开始进入婚姻，他们的成长受到家长及家

---

[1] 叶文振、林擎国："当代中国离婚趋势和原因分析"，载《人口与经济》1998年第3期。

庭其他成员众星捧月般的高度关注,大多习惯于以自我为中心,不擅家务,不会处理家庭关系和夫妻矛盾,对待婚姻也比较随性,具有高离婚率的潜在危险。可以预计,按照目前的状况发展下去,如果法律和社会任其自行发展,未来中国的离婚率将持续走高,并极有可能很快逼近西方社会的水平。

(二) 当代中国诉讼离婚状况

为了探求中国离婚现状,笔者曾经参与主持了中国法学会的《婚姻法执行中的问题》课题,对北京、厦门、哈尔滨三个城市的法院审理离婚案件的情况进行了调查。这三个城市各具代表性,北京是中国的首都,是政治、文化中心;厦门是中国最早对外开放的经济特区之一,经济发达;哈尔滨是中国北方的重要工业城市,受经济体制改革的影响较大,经济发展相对滞后。调查组在这三个城市当地的中院或一审法院进行调查,其时间跨度主要是《婚姻法修正案》颁布时(2001年4月)至2002年12月[1]。在调查之前,首先设计调查问卷,进行试调查,并在试调查的基础上对问卷进行了修改补充。在正式调查时,采取了以阅读卷宗材料、填写调查问卷为主、召开小型座谈会、个案研究为辅的调查方法。三个分项目共计阅卷1 869份。可以说基本反映了当代中国诉讼离婚的状况。

调查的内容主要包括离婚当事人的年龄、婚姻关系存续时间、离婚原因、夫妻财产状况以及适用离婚救济制度的状况。

离婚当事人的年龄集中在26岁到55岁之间。从调查的统计数据可以看出,当事人离婚的年龄主要是26岁到55岁之间,如在哈尔滨的调查中该年龄段的离婚数量占被调查案件离婚总数的79%[2]。其中,男女的离婚年龄与男女结婚年龄的婚龄差成正相

---

[1] 由于各地情况不同,分项目在具体执行时时间跨度略有不同。

[2] 本报告所称各类数字的百分比,除特别标注外,均为被调查案件的百分比,下文不再特别说明。

关关系，男性离婚年龄集中在30～50岁之间，女性离婚年龄集中在26～45岁之间。值得注意的是，这一年龄段正是大多数夫妻在养老育幼的同时，须努力工作、打拼天下，工作、生活负担均较为沉重的阶段。

离婚当事人的婚姻关系存续时间以1年～15年为多。如在厦门的调查中占离婚案件的78%，而婚姻关系存续25年以上的，离婚率较低，婚姻存续26年～30年的，离婚率仅占1%。北京市民政局婚姻管理处的数据分析显示：2006年北京共有24 952对夫妻办理了离婚登记，其中结婚7年以内离婚者占40.2%，而在这其中，结婚3年就分手的达2 259对，居首位。换言之，在婚姻的激情期、磨和期、平淡期内，离婚率均较高，而当婚姻持续25年以上，激情已为亲情所替代之后，婚姻开始处于相对稳定状态，离婚率大幅下降。在行使离婚经济帮助请求权的案件中，双方的婚姻存续时间大多集中在7年～20年，北京的调查显示这一阶段占要求经济帮助案件的69%。这说明，结婚生育以后，特别是人到中年，子女尚未成年的这一阶段是夫妻的多事之秋，身体状况及经济状况均易出现问题。双方共同生活多年之后，大多有一方因为家庭贡献较多从而牺牲了自己学习、提高，甚至就业或更好就业的机会。由于年龄、身体、精力、受教育水平等各方面的原因，一旦离婚，奉献较多的一方就有可能陷入没有收入来源或导致生活水平急剧下降的境况。对于这样一个基本事实立法及司法人员应当予以重视。

离婚原因呈多元化趋势。解读感情确已破裂，除《婚姻法》列举的一方重婚或与他人同居，实施家庭暴力、虐待、遗弃家庭成员、夫妻因感情不和分居达2年以上之外，还出现了一些与信息时代和现代社会相关的离婚理由，如上网聊天不理家事，一切以自我为中心，草率结婚、草率离婚，或双方均另有所爱等。但引人关注的是，主要的离婚理由与20年前的调查结果有惊人的相似之处，即性格不合仍然是离婚的首要原因[1],在北京的调查中占到60.5%。其他的原因则与法定理由相同或相似,如感情不和长期分居;家庭暴力;一方与他人通奸或同居;双方因经济问题、生活琐事、生活困难等发生矛盾;虐待、遗弃对方;不抚养子女等。这说明,尽管人类已进入新的世纪,社会的经济文化均发生了重大变化,但人们对和谐幸福生活的追求、对夫妻之间应当互敬互爱、相互理解、相互支持的愿望没有改变。

适用婚后所得共同制者占大多数。在离婚的夫妻中,绝大多数对其财产未作任何约定,适用法定的婚后所得共同财产制,在北京此类财产制占被调查案件总数的97.4%。但也有少数夫妻对其财产进行了约定,在厦门的调查中,适用分别财产制的有2%,适用限定共同制的有3%。这一方面说明我国的法定共同财产制符合我国国情,已深入人心,对约定财产制的规定尽管适用者较少,仍有其存在的价值导向作用。但另一方面,调查的结果也提醒立法者和研究者,当我们制定与财产制度相关的规定时,必须面对我国的国情,以现实为基础,远离现实的法律规定是难以落到实处的。

夫妻拥有房屋产权者已超过半数。随着我国经济的发展,人民生活水平的提高,特别是由福利分房向福利购房和按揭购房过渡,公民拥有个人住房所有权的比例有所提高,但贫富差距拉大,解决居住需要的情况也较以往更为复杂。厦门分项目的调查结果显示出这一趋势:在离婚当事人中,2000年,拥有1套公寓房的当事人占60%;拥有2套公寓房的当事人占16%;只拥有无产权的房屋的当事人占13%;通过承租房屋满足居住需要的当事人占8%;拥有祖传房产的当事人占3%。2001年,拥有1套公寓房屋的当事人占49%;有2套公寓房的当事人占14%;拥有无产权的房屋的当事人占20%;通过承租房屋满足居住需要的当事人占8%;拥有祖传房

---

[1] 曾毅主编:《中国八十年代离婚研究》,北京大学出版社1995年版,第95页。

产的当事人占 6%；另有 3% 的当事人拥有 3 处以上房产。到了 2002 年，有 1 套公寓房屋的当事人占 55%；拥有 2 套公寓房屋的当事人占 4%；拥有无产权房屋的当事人占 22%；通过承租房屋满足居住需要的当事人占 7%；拥有祖传房产的当事人占 4%；而拥有 3 处以上房产的当事人已达 8%。哈尔滨分项目的调查也印证了这一趋势：2002 年，有将近 50% 的离婚当事人拥有房屋产权，其中，有 1 套公寓房屋的占 34%；有 2 套公寓房屋的占 15%，有 3 套以上的占 8%；无独立房屋所有权的占 38%。这一趋势一方面为解决离婚后双方的房屋居住问题提供了更多的途径，使双方分割房屋产权或为无房一方提供住房成为可能，但同时也给司法实践提出了如何更好地保护当事人合法权益，特别是更好地保护妇女儿童合法权益的课题。

离婚救济制度未能有效适用。我国的离婚救济制度包括离婚损害赔偿、离婚经济补偿、离婚经济帮助。调查显示，在离婚时提出损害赔偿的案件数量较少，获得赔偿的数量更少。在哈尔滨 100 件二审离婚案件中，尽管有 24 件提出损害赔偿，但因举证等问题，无一例获得赔偿。厦门分项目的 400 件一审案件中只有 4 例提出损害赔偿，其中，仅有 1 例获得赔偿。从请求权行使的主体看，以女性为多，厦门 4 例均为妻子。要求赔偿的理由除《婚姻法》规定的 4 种法定理由外，还有一方通奸等其他理由。显然，法定的离婚损害赔偿理由偏少，当事人举证困难造成了在司法实践中适用离婚损害赔偿的比例低，获得赔偿的可能性也低的状况。结果使这样一项为保护无过错方设立的意在填补损害、抚慰精神、惩戒过错方的制度，无法达到应有的效果。至于提出离婚经济补偿者数量更少，厦门的 400 件案例中只有 1 例，女方以抚养子女较多，对家庭做出贡献较大为由要求对其予以经济补偿，但因双方未实行分别财产制而终未获法院批准。如前所述，在我国目前夫妻适用分别财产制的比例很低，不到 5%，而法律却以此作为实行一项制度的前提条件，这就不得不使人质疑设定这一前提条件的合理性,甚至质疑这一制度存在的价值。从调查的结果可以看出,经济帮助仍然是老百姓最经常适用的离婚救济方式。

从上述离婚现状的实证分析可以看出,在我国,离婚自由无论在法律规定上还是在现实生活中均已基本实现。在离婚率大幅上升并将持续走高的情况下,如何在设定离婚程序、离婚财产分割制度和离婚救济制度时更加符合法律公平正义的理念,保障婚姻中弱势一方的利益以及子女的利益,是非常值得我们进一步探讨的重大问题。

自人类进入文明社会以来,离婚制度大体可分为两大立法主义,即许可离婚主义和禁止离婚主义。禁止离婚主义是欧洲中世纪基督教教会法所适用的立法原则,具有背景的特殊性和历史的阶段性。许可离婚主义是世界大多数国家从古至今普遍适用的离婚立法原则,具有普适性和发展性。各国许可离婚主义的发展大都经历了从严到宽的历程。就具体而微的立法主义而言,这一历程可以归纳为:从专权离婚主义到平权离婚主义;从限制离婚主义到自由离婚主义;从过错离婚主义到无过错离婚主义;从有责离婚主义到无责离婚主义;从离婚惩罚主义到离婚救济主义。尽管这几大主义的演变并非是截然分开的不同历史阶段,他们常常是扭结在一起,共同存在于某一历史阶段的,但从中我们仍然可以发现,人类追寻离婚自由与社会正义的脚步是明晰可见、从未间断的。自由离婚主义的产生与发展具有历史的必然性。中国自古以来即采取许可离婚主义,其发展进程与各国相近,只是中国的封建社会历史漫长,专权离婚主义与过错离婚主义对中国社会影响深远。在现代社会,特别是新世纪以来,我国的离婚率大幅上升,并呈进一步持续上升的态势。对中国离婚现状的实证分析可以看出:我国目前的离婚制度具有离婚自由充分、对其限制不足,法律平等充分、实质平等不足,形式救济充分、实际保障不足的特点。

　　从各国离婚立法的发展趋势看,在逐步推广和完善无过错的破裂主义离婚标准,保障自由离婚的同时,各国正进一步建立和完善离婚自由的救济体系,强化对婚姻关系中弱势一方和子女利益的保护和救济手段,在制定国家的家庭政策和法律规定时,采取各种措施,降低离婚的社会成本,促进婚姻家庭的回归与社会的公平正义。

# 第二章 离婚制度中自由与正义之辨

"自由"和"正义"都是重要的法律价值、法律理念，是人类社会不懈追求的终极目标。在婚姻家庭领域如何具体地把握这两大理念所蕴涵的深刻内涵是本章所要探讨的问题。如果说离婚自由本身实现了当事人的个人自由，那么离婚所带来的后续问题则可能关系到社会正义。显而易见，当事人之所以能够选择离婚、提出离婚并实现离婚，是因为在现代离婚制度中法律赋予他们实现这种自由的权利。而不容否认的是，一方离婚自由的实现有可能会导致婚姻关系的另一方或者利害关系人受到某种形式的损害，这种损害需要以"正义"的名义加以救济和补偿，以此来平复离婚事件给当事人和社会带来的震荡。于是，在处理离婚问题的过程中，个人自由和社会正义就成为相互联系、不可分割的价值标准。

## 第一节 离婚自由与离婚率的上升

### 一、离婚自由在婚姻自由制度中的地位

婚姻自由，是指婚姻当事人按照法律的规定在婚姻问题上所享有的充分的权利，对此，任何人不得强制或干涉。婚姻自由包括结婚自由和离婚自由两个方面的内容，二者具有同等重要的地位，不

可偏废任何一个方面。结婚自由是指婚姻当事人有依法缔结婚姻关系的自由。当事人是否结婚、与谁结婚,是其本人的权利,任何人无权干涉。离婚自由,是指夫妻有依法解除婚姻关系的自由。当婚姻关系确已破裂,双方无法继续共同生活时,解除这痛苦的婚姻关系,是当事人的权利和自由。意思表示真实自愿是实现婚姻自由的前提,无论缔结婚姻关系,还是解除婚姻关系,均须以意思表示真实为要件。意思表示真实,是指行为人的意思表示是其自由决定的内心意思的真实反映,即行为人内心意思的形成是自由形成的真实意思,表示出来的发生民事法律后果的意思与其内心真意是一致的。[1] 因此,任何强制、胁迫、欺诈等妨碍婚姻自由的行为均将影响婚姻缔结或解除的效力。

如前所述,离婚自由是人类经过多年的不懈追求而逐步实现的。在现代社会,它已经为国际人权公约所确认,是重要的人权之一;为各国亲属法所确认,是婚姻自由制度中的重要内容;同时,它也为各国离婚法所肯认,成为离婚制度的核心价值。许多国家的离婚制度都是以离婚自由为中心而设计具体的离婚理由,离婚的财产分割制度,离婚后的子女抚养制度,离婚的救济制度。

20世纪70年代以来,西方社会对离婚自由的态度已经发生了急剧的变化。前耶鲁大学校长蒂莫西·德怀特在19世纪初说过的一段话,代表了当时的离婚观,个人受点苦楚比代表人类利益的社会制度发生动摇或遭受危险,要好得多。但西格里塔和塔夫里在评论意大利1970年的离婚法时则明确表明:不能说离婚动摇了以前存在的稳定的家庭关系,甚至加速了原来具有约束力的婚姻关系的公开解体,只能说,离婚制度为那些无法共同生活的夫妻,特别是那些因为无法解除痛苦的婚姻而遭受困苦的人们提供了救济办法。离婚与婚姻破裂的关系如同葬礼与死亡的关系,离婚是死亡的婚姻

---

[1] 江平主编:《民法学》,中国政法大学出版社2000年版,第197页。

的葬礼，而不是死亡的原因。为防止婚姻破裂而否定离婚，就好比为消灭死亡而禁止举行葬礼一样。[1]

在我国，婚姻自由是法律赋予公民的一种权利。我国《宪法》第49条第4款规定："禁止破坏婚姻自由。"《婚姻法》第2条规定："实行婚姻自由"。第3条第1款规定："禁止包办、买卖婚姻和其他干涉婚姻自由的行为。"婚姻自由是由法律所规定并受法律所保护的一种权利。任何人，包括当事人的父母和其他亲属在内，都不得侵犯这种权利；否则就是违法行为。同时，婚姻自由的行使必须符合法律的规定。婚姻自由和公民的其他任何权利一样，不是绝对自由，而是相对自由。《宪法》第51条规定，公民在行使自由和权利的时候，不得损害国家的、社会的、集体的利益和其他公民的合法的自由和权利。因此，行使婚姻自由权，必须在法律规定的范围内进行，我国《婚姻法》明确规定了结婚的条件与程序，离婚的条件与程序，这些规定就是在婚姻问题上合法与违法的界限。凡符合法律规定的，即为合法行为，受法律保护，不符合法律规定的，即为违法行为，不受法律保护。

在结婚自由与离婚自由的关系方面，传统的婚姻家庭法学理论认为，结婚自由是普遍行为，是婚姻自由的主要方面；离婚自由是特殊行为，是对结婚自由的重要补充，因此，在两者的关系中，结婚自由处于主导地位，离婚自由处于附属地位。[2] 笔者认为，这种理论受到过错离婚主义的影响，没有充分评价离婚自由在人类婚姻制度中的重要作用。离婚自由是婚姻自由体系中的独立权利，它有自身的价值功能和价值判断，它是婚姻家庭制度中婚姻关系建立、发展与终止的必然要求与深刻体现。离婚自由与结婚自由共同构成了婚姻自由的完整内涵，没有离婚自由就没有真正意义上的婚

---

[1] 张贤钰主编：《外国婚姻家庭法资料选编》，复旦大学出版社1999年版，第391、399页。

[2] 杨怀英主编：《中国婚姻法论》重庆出版社1989年版，第157、158页。

姻自由，二者的关系是相辅相成、互为补充的。离婚自由是当事人婚姻自由权利的一种体现。如果在同等的法律条件下，权利主体所拥有的权利是不完整的，权利主体间就不具有平等性。因此，离婚自由应与结婚自由处于并列地位，而不是从属地位，如果处于从属地位，则权利的完整性就难以体现，婚姻自由的自由度也必将受到限制。[1] 哪里没有结婚自由，就没有离婚自由；而没有离婚自由，也不会有真正的结婚自由。保障结婚自由，是为了使当事人能够完全按照自己的意愿结成共同生活的伴侣；保障离婚自由，则是为了使感情确已完全破裂，无法共同生活的夫妻能够通过法定途径解除婚姻关系。尽管在实践中，结婚是普遍行为，它是婚姻自由的主要方面，离婚是非普遍行为，数量相对要少（指中国的状况），似乎处于对婚姻自由的补充地位，但就其在婚姻自由制度中的重要性而言，无论数量多少，离婚自由都应在婚姻自由制度中与结婚自由处于同等重要的地位。

《婚姻法》有关结婚法定条件和离婚法定条件的规定，体现了婚姻问题上的自由与限制的统一，指明了婚姻自由的范围，划清了婚姻问题上合法与违法的界线。这些必要的约束，并不意味着对婚姻自由的限制，恰恰相反，它是对当事人行使婚姻自由权的切实保证。因此，离婚自由是相对自由，是法律范围内的自由。一方面，法律明确规定了离婚的条件和程序，不符合法定条件和程序的离婚不产生法律效力。换言之，未经法定程序的自由离婚是不受法律保护的。另一方面，离婚作为民事法律行为，须符合实施民事法律行为的条件。正如德国著名法学家迪特尔·梅迪库斯所说"就许多行为而言，每个人都有权自由地决定（jedermann frei entscheiden）是否去从事。比如，他可以自由地决定是否去散步，或是否戒烟。不过，如要做出具有法律行为性质的决定（如订立一项买卖合同），

---

[1] 白洁、李富申："试论离婚自由"，载《政法论坛》1997年第1期。

决定者就必须具备特别的资格,即他必须具有行为能力。"[1]而离婚作为解除身份关系的重要法律行为,当事人不仅应当具备一般的民事行为能力,还应当承担起因离婚所产生的相应的法律责任——对弱势一方的救济与帮助,对子女的抚养与教育。

### 二、对离婚率上升的社会学分析

(一)离婚率上升是离婚自由发展的必然

人类社会经过漫长岁月的不懈努力,终于完成了离婚理由从过错主义向无过错主义转变的进程,实现了离婚自由的理想,继之而来的是各国离婚率的普遍上升。

20世纪以来,特别是自60年代末实行"离婚革命"之后,美国的离婚率激升。根据当年的离婚数与总人口相比,1900年离婚率为0.7‰,1946年为4.4‰,1981年离婚率达到最高点,为5.3‰,仅从1970年到1980年,美国的离婚数即上升了2倍。目前,每年有100多万对夫妻离婚,占当年结婚总数的一半以上。[2] 70年代以后,西方其他国家也先后出现了离婚率急剧上升,结婚与离婚之比超过30%以上的现象。在20世纪90年代,斯堪的纳维亚各国,总离婚率高达40%~50%。英格兰和威尔士紧随其后,其他西欧国家的离婚率在32%~38%之间。据联合国统计,近年来,世界许多国家的离婚率都有迅速上升的趋势。美国和欧洲许多国家的离婚率长期居高不下,亚洲许多国家的离婚率已有接近欧美国家的趋势,如韩国的离婚率已经上升至排名世界第3,印度的离婚率在近10年间也翻了一倍。[3]

---

[1] [德]迪特尔·梅迪库斯:《德国民法总论》,邵建东译,法律出版社2001年版,第47页。

[2] [加]罗德里克·菲利普斯:《分道扬镳——离婚简史》,李公昭译,中国对外翻译出版公司1998年版,第245页。

[3] 《环球时报》2006年5月17日。

1. 西方学者的社会学分析理论。对于离婚率普遍上升的原因，社会学者作出了自己的解释，在西方主要有三种比较有代表性的观点[1]：

（1）社会聚合论。该论认为，一个价值观念趋同，人际互动良好以及社会联结强固的社会环境会起到稳定婚姻关系、降低离婚水平的作用。相反，社会聚合力弱化将导致离婚率的上升。

（2）经济社会结构论。该论提出，离婚率的高低主要由社会的经济结构和人口结构决定。如经济不景气时，离婚率下降，经济复苏时离婚率上升。就业压力比较大的地区，离婚率也比较高。还有的学者发现，性别比与离婚率之间存在着负相关关系。但也有研究表明，人口的性别结构与婚姻发展之间的关系是不稳定的，研究的地区不同，所表现出来的相关性质也不一样，如在美国性别比与离婚水平成正相关关系，而在瑞士二者之间却是负相关关系。

（3）婚姻司法影响论。如一些学者通过对美国50个州的离婚水平差异分析，认为20世纪六七十年代美国离婚率的州际差异至少在一定程度上归因于各州对无过错离婚法不同的执行力度。

2. 离婚率上升原因的社会学分析。如果我们仅仅采用上述的任何一种观点来解释现代离婚率上升的原因，均有偏颇之嫌。离婚率上升是一个复杂的社会现象，它是一个社会政治、经济、民族文化、家庭结构、立法规定、司法控制、伦理道德观念、人口结构等多元因素交互影响的复合机制，是这些社会现象和社会道德观念的发展变化在婚姻关系中的综合反映。笔者认为，现代社会离婚率的上升主要有以下几个原因：

（1）社会聚合力的弱化。城市化、工业化程度越高的地区，离婚率相对就会提高，也可以说离婚率的提高是都市化、工业化的社会效应之一。20世纪60年代以后，西方欧美国家进入后工业社会

---

[1] 徐安琪、叶文振："中国离婚率的地区差异分析"，载《人口研究》2002年第4期。

阶段，离婚率大幅度提高。而 90 年代以后，亚洲国家随着经济的发展，城市化、工业化程度的提高，离婚率也随之提高（具体数据见前文）。城市化程度较高，社会较开放的地区，人们的价值观和生活方式相对开放和多元化，职业和地域流动也比较频繁，因人口迁移、两地分居所导致的家庭亲和力减弱，使夫妻关系甚至亲子关系均受到影响。同时，家庭结构的核心化，以及生育率的下降，减少了亲属网络对夫妻冲突的缓冲作用，以及大家庭的凝聚力。而这些都会弱化社会聚合力，增加夫妻关系破裂的风险，导致离婚率上升。

（2）婚姻观念的变化。婚姻观念的变化是全方位、多角度的。无论东方西方，传统的婚姻都是以娶妻生子，传宗接代为目的的。但随着西方社会自由、博爱、平等的人文主义思想的传播，随着社会生产力的提高，甚至是避孕技术的产生，追求浪漫爱情和个人享乐主义的婚姻已经在相当程度上改变了传统的以单纯满足生理和传宗接代需要的互助式婚姻。在我国，"搭伙过日子"的婚姻模式正在逐渐退出历史舞台。随着社会生活的多元化趋势，现代社会的夫妻双方更强调感情的融合、志趣的相投、生活的幸福，人们已经不再满足于高稳定、低质量的"维持会"式婚姻。现代年轻人对婚姻质量的期望值远远高于上一辈，一旦婚后的现实与婚前的期望产生矛盾且不可调和，离婚就是必然的选择。2003 年《婚姻法》执行状况调查显示，以性格不合为由起诉离婚的仍是离婚的第一大原因，占离婚案件的 60%。[1] 这与过去"生是夫家人，死是夫家鬼"的观念有天壤之别。而在性格不合之后的潜台词可能有许多内容，诸如婆媳不和、经济纠纷、一方不顾家，甚至是性生活不协调。据调查，性生活满意度下降，是导致夫妻感情破裂，最终走向离婚的重要原因。安全套制造商杜蕾斯公司在全球 41 个国家进行的一项

---

[1] 巫昌祯主编：《婚姻法执行状况调查》，中央文献出版社 2004 年版，第 4 页。

"2005年全球性生活调查"中,"在中国接受调查的89 018人中,只有22%的人对自己的性生活感到满意,而全球的平均满意率是44%。"其原因可能与"这一地区(指亚洲)的生活节奏和压力有很大关系。"[1] 既然婚姻的目的是享受爱情、享受快乐,当爱情变成亲情,婚姻生活被"柴米油盐酱醋茶"的琐事所充斥的时候,婚姻就成为爱情的坟墓,冲出围城就不需要其他理由了。当这种观念为社会所接受,自然就会得出离婚率上升是社会进步的结果,是社会文明的体现,是人文主义精神胜利的结论。而婚姻观念的变化必然会引起社会对离婚制约作用的减少。把离婚看成绝对的坏事,并把离婚行为机械地同个人思想品质联系在一起的做法也得到了纠正。由于社会舆论对离婚采取更为理解和宽容的态度,由于相关单位领导逐步减少甚至完全不再对离婚行为进行行政干预,离婚的社会影响和个人的政治前途甚至名誉上的损失都明显地减少了,其结果不仅消除了离婚当事人的政治顾虑,而且还降低了因婚姻生活的正常变动而付出的不正常代价或成本。[2] 在中国,自1980年《婚姻法》确立破裂主义离婚原则的二十多年来,民众对于离婚的态度由过去的一概否定,逐渐演变为既有否定、又有理解和肯定,演化至今,已由否定变为肯定,甚至被一些人视为时尚了。对离婚行为从厌恶、鄙视到宽容、理解,从势不两立到好离好散,这些观念上的转变,使离婚完全成为个人私事,而不再受到社会舆论和道德观念的制约。正是在这种宽容和多元化的社会环境下,当夫妻关系出现问题时,更多的人直接选择了离婚,而不是设法解决问题。

(3)离婚立法的变化。尽管有学者提出影响婚姻稳定的是整个社会风气,自由离婚法是反映而不是产生了这种风气;离婚只是死

---

[1]《环球时报》2005年11月11日,第7版。
[2] 叶文振、林擎国:"当代中国离婚态势和原因分析",载《人口与经济》1998年第3期。

亡婚姻的葬礼，而不是死亡婚姻的原因。[1] 但西方国家的高离婚率出现在离婚革命之后已是不争的事实，正如美国学者 L. 魏茨曼所说："无过错离婚的重要规则之一，无须同意的后果是鼓励——或者至少大大地推进了——离婚。此外，新法通过授权给寻求离婚的当事人可以单方面地作出决定的形式，大大地增加了离婚在事实上发生的可能性。最后，无须同意规则与无过错制一起使离婚变得更容易，支付更少的费用，从而排除了离婚的另一重要障碍。"[2] 里奥拉·弗里德伯格通过对美国自无过错离婚以来各州的离婚率水平的比较后指出：一个州所实行的单方离婚法律制度是离婚率升高的症结所在。最严格意义上的单方离婚法律制度是指法律上没有法定别居期的规定，在分割财产时也不考虑任何一方的过错。这一制度使每 1 000 人中，离婚率增加了 5.49 个百分点。这意味着，在同时期，当全国离婚率增长的平均水平为 4.6% 的情况下，该州的增长率为 11.9%。她估计，法律改革使 1968 年到 1988 年美国离婚率增长了 17%。[3] 在中国，每一次婚姻立法的改革变动都会导致离婚率的上升。1950 年新中国第一部《婚姻法》颁布之后，1953 年人民法院受理的离婚案件高达 117 万件，在被封建婚姻束缚数千年的古老中华大地上出现了第一次离婚"井喷"。1980 年《婚姻法》首次将"夫妻感情确已破裂"作为判决离婚的法定标准后，1981 年离婚绝对数即大幅上扬，较 1980 年增长了 4.8 万件，1 年间离婚增长率高达 14.1%。2001 年 4 月《婚姻法（修正案）》颁布施行后，2001 年较 2000 年离婚绝对数上升了 3.7 万对；2003 年 8 月国务院颁布的《婚姻登记条例》大大简化了在民政部门办理登记离婚

---

[1] 谈大正：《性文化与法》，上海人民出版社 1998 年版，第 155 页。
[2] [美] L. 魏茨曼："离婚法革命——美国的无过错离婚"，陈小伶译，载《外国婚姻家庭法资料选编》，复旦大学出版社 1991 年版，第 413 页。
[3] [美] 安东尼·W. 丹尼斯、罗伯特·罗森编：《结婚与离婚的法经济学分析》，王世贤译，法律出版社 2005 年版，第 246、272 页。

的手续,[1] 这一方面保障了离婚自由,另一方面也给那些冲动型离婚或草率型离婚打开了方面之门。2003 年当年的离婚绝对数字就达到自 1949 年建国以来的顶点——133.1 万对,2004 年为 166.5 万对,2005 年已经达到 178 万对[2],2 年间增长了近 45 万对。

(4) 妇女地位的提高,使她们有能力挑战传统的性别分工模式。就世界范围而言,在离婚案件中,由女性作为原告的,约占60%～70%左右。随着父权制家长社会的解体,机械化大生产的发展,特别是第二次世界大战之后女权运动的高涨,为妇女走出家庭、走向社会创造了良好的外部社会条件,妇女就业率大幅提高。到 1980 年,女性受雇者人数占全部受雇者人数的比例,瑞典最高,为 45.17%,美国为 41.86%,英国为 39.17%,日本为 38.67%。[3] 中国妇女自 1949 年新中国成立之后,获得了极大的解放,成为社会主义建设真正的"半边天"。2004 年底,中国城乡女性就业人数为 3.37 亿人,占全部从业人员的 44.8%;城镇单位女性就业人员为 4 427 万人,占城镇单位就业人员总数的 38.1%。尽管妇女的广泛就业,使妇女的社会地位、经济地位大幅提高,但传统的性别观念与现实妇女地位的矛盾使得妇女在家庭中的角色并未发生实质性的变化。这才是导致女性作为原告要求离婚者增多的重要原因。因此,必须明确的是:"女性劳动不管发展到什么程度,单单一个方面并不能促使离婚的发生、引起家庭崩溃。即使女性(特别是有配偶女性)全部进入劳动市场,只要没有其他特别的理由,她们也不会解除婚姻,但当家庭条件阻挡她们进入劳动市场,与她们相对立时,她们

---

[1] 自愿离婚的当事人双方不再需持本人所在单位或村民委员会、居民委员会出具的介绍信,也不再需要经历苦等 1 个月以内的审查期限。只要离婚当事人自愿离婚且双方已共同签署离婚协议书,婚姻登记员对符合离婚条件的当事人,应当当场予以登记,发给离婚证(《婚姻登记条例》第 11~13 条)。
[2] 上述数字来自《中国民政事业统计报告》。
[3] [日] 利谷信义等编:《离婚法社会学》,陈明侠等译,北京大学出版社 1991 年版,第 53 页。

首先就会想到离婚。哈利斯也暗示过，对女性劳动来说，成为其障碍的家庭条件不管怎么说，首先就是传统的两性任务体系，也就是认为做饭和生儿育女等家务是女性专有的工作体系。只要这个体系维持着，女性就会处于一边从事社会劳动，一边负责一切家务的困难境况。当女性开始对这种家长制的任务体系产生疑问时，她们就会对自己的婚姻产生怀疑。"[1] 近年来，随着女性自我意识的增强，挑战原有的"男主外，女主内"的性别分工模式的要求愈加强烈，而对于重新建构两性性别关系，男性并没有充分的准备，这两者之间的矛盾，必然会导致离婚率的增高。

总之，离婚率上升是人类社会发展变革的必然，是婚姻从神性回归人性、从家族本位到个人本位的必然，是夫妻地位从男主女从到男女平权的必然，当然也是离婚自由从理论到实践、从法律到民间的必然。

(二) 离婚率上升的负面效应

在我们欢呼离婚自由解放人性，保护人权的同时，也应当冷静地看到高离婚率对社会的负面影响及其所产生的社会问题。当人类享受着无过错离婚带来的自由与宽松的社会环境时，自由离婚主义所面临的社会问题也正在引起各国学者越来越多的关注和研究。这些问题包括：

1. 离婚妇女及其抚养的子女生活贫困化。离婚妇女及其抚养的子女生活贫困化是一个具有世界意义的普遍问题。各种研究都证实，单亲家庭丧失了规模经济，所依赖或利用的收入、劳动和社会资本只有双亲家庭的一半，而且不再从双亲的劳动分工中获得好处。2003 年中国社会学者所作的一份名为"关注单亲女性"的调查报告暴露了已离异女性生活困境的冰山一角。该调查用分层多阶

---

[1] [日] 利谷信义等编：《离婚法社会学》，陈明侠等译，北京大学出版社 1991 年版，第 54 页。

段概率抽样方法对上海 50 个居民委员会 440 个单亲家庭和 500 个双亲家庭进行的入户调查显示：单亲女性的年均收入是男性的 79%，其中离异女性是离异男性的 81%。对于离婚后抚养子女的母亲来说，即使加上孩子父亲给付的子女抚养费，其家庭人均年收入仍仅为双亲家庭的 55%，有 44% 的离异女性表示物质生活水平有所下降或明显下降[1]。2005 年北京市社科院与北京市妇联对北京市城八区单亲母亲状况的调查也发现，83.8% 的单亲母亲与子女共同生活，65.1% 的单亲母亲家庭住房低于北京市的人均面积（18.7 平方米），不到 30 平方米。在被调查的 597 个单亲母亲家庭中，享受最低生活保障的有 332 人，超过了总数的一半。未享受最低生活保障的，家庭月收入也大多在 501 元～1 000 元之间。[2] 这一结果与外国学者的类似调查结果相同。美国学者魏兹曼的调查发现，离婚后一年中，男性的生活水平提高了 42%，女性的生活水平降低了 73%。她认为，法官根据男女平等原则错误地推断妇女在离婚后有能力和其前夫获得同样多的经济收入，其结果是剥夺了离婚妇女特别是老年家庭主妇及有低龄子女的妇女在婚姻中应享有的经济利益[3]。

2. 离婚不利于未成年子女身心健康。婚姻的本质或它的社会属性决定了离婚并不是一个个人行为，它不仅会给对方造成一定的影响，更会对未成年子女的心理、行为模式等方面产生重大影响。美国一项对离婚与孩子关系的跟踪调查研究显示，父母离婚对子女的负面影响大于正面影响，而且这种影响是全方位的，包括心理、行为、学业、健康、人际关系、婚恋观念等，甚至父母的离婚还会代际相传，增加子女自己婚姻变动的危险。有证据表明，在单亲家庭中长大的女孩，比双亲而又稳定的家庭中长大的女孩做未婚妈妈

---

[1] 徐安琪："关注单亲女性"，载《中国妇女报》2003 年 4 月 29 日。
[2] 《北京市单亲母亲困难家庭现状调查》（2005 年未刊本）。
[3] 夏吟兰：《美国现代婚姻家庭制度》，中国政法大学出版社 1999 年版，第 148 页。

的可能性高3倍；单亲家庭的孩子结婚后比双亲家庭的孩子结婚后的离婚率高2倍。[1]我国学者的研究也表明，离婚家庭的孩子在各种心理状态上都比正常家庭同龄儿童差，他们容易形成抑郁、憎恨、易怒、自卑、多疑、嫉妒、胆小、孤僻、情绪不稳定等心理特征。[2]

在家庭破裂，夫妻行将离婚时，对子女最具有悲剧性的境遇是由子女决定随何方一起生活。在行使对子女的监护权时，父母更多地是从自己的感情出发，很少考虑子女本人的愿望。这个时期对孩子来说，是一个充满动荡不安的时期，他们不知道自己将和谁在一起生活，监护权的争夺战会给孩子带来无法分身的极大痛苦。当孩子被要求由自己决定随父亲或母亲一方共同生活时，孩子心灵所受的痛苦与挣扎是巨大的，因为对他们而言，选择了父亲就要舍弃母亲，反之亦然，而他们并不愿意做这样的选择题。因此，耶鲁儿童研究中心主任阿尔伯特·李尔尼特说，离婚是威胁儿童的最严重和最复杂的精神健康危机之一。[3]

3. 离婚率与犯罪率成正相关的关系。就全球而言，未成年人的犯罪比例持续上升，而这与离婚率的升高密切相关。美国芝加哥大学社会学教授罗伯特·桑普森的研究发现无论该地区的经济和种族组成如何，都可以根据离婚率预测任一相应地区的抢劫率。桑普森研究了171个人口10万以上的美国城市，在这些城市的社区中，他发现离婚率越低，正式和非正式社会控制的程度越高，犯罪率就越低。来自美国威斯康星州的数据显示，父母离异的少年罪犯监禁

---

[1] 叶文振："离婚标准的国际比较与启示"，载《中国婚姻家庭历程与前瞻》，中国妇女出版社2001年版，第175页。

[2] 程鑫："离婚家庭对子女心理发展的影响"，载《辽宁税务高等专科学校学报》2003年第6期。

[3] 王延平主编：《西方社会病》，人民日报出版社1992年版，第147页。

率高出与已婚父母在一起生活的少年儿童12倍。[1]中国的相关调查也反映出同样的问题。如北京市海淀区少年法庭2004年1月～12月受理的未成年刑事案件中，来自单亲家庭的少年犯占少年犯总数的26.4%，来自继亲家庭的少年犯占少年犯总数的6.3%，两者相加为32.7%。对北京市未成年犯管教所的100名少年犯的问卷调查也显示，他们当中来自父母离异家庭的为29%，单亲家庭的为7%，总计为36%。正如美国儿童心理学家索克所说：对孩子而言，父母的离婚带给孩子的创伤仅次于死亡。[2]

4. 高离婚率影响公众对婚姻的信心。在一个离婚已经成为司空见惯、习以为常甚至成为标准生活方式的社会里，不仅有更多不幸福的婚姻会以离婚告终，而且更多婚姻会变得不幸福。由于人们对婚姻的持久与向往的预期大幅下降，他们对婚姻会作出不乐观的判断，这就会导致两个结果：一是人们更不愿意把自己——无论是时间、资源、梦想还是始终如一的承诺——充分投入到婚姻当中，使婚姻进入恶性循环，婚姻不幸福者不幸的程度提高，范围扩大。二是结婚率下降。尽管许多学者的研究都证明，婚姻是社会不可取代的结构，而婚姻家庭的幸福与否应当是和谐社会的重要指标。但婚姻前景的不可预知性使更多的人愿意留在婚姻殿堂之外。当婚姻不再是以永久共同生活为目的时，它的神圣性和吸引力就大打折扣。其结果必然导致非婚同居与非婚生子女数量的增加。在美国，自20世纪70年代初离婚率大幅上升的同时，结婚率也有较大幅度的下降，到1990年成年人结婚的比例从72%降到62%。20世纪60年代美国的单亲家庭只有9%，现在已经达到27%，只有50%

---

[1] [美]柏瑞克·F. 凡根、罗伯特·瑞克特："离婚对美国的影响"，载《交流》2003年冬季刊。

[2] 尚秀云："预防未成年人犯罪 为构建社会主义和谐社会而努力"，载《中国律师与未成年人保护》，2005年9月，第23～25页。

的美国人将结婚作为自己的家庭价值观的一部分。[1] 自 1996 年以来，我国的结婚人数就不断下降。2002 年全国办理结婚登记的对数比 2001 年减少 19 万对；2005 年全国办理结婚登记的对数比 2004 年减少 44.1 万对。

### 三、离婚成本的经济学分析

（一）婚姻的预期利益

从经济学的角度看，婚姻是人们为了满足自然属性并降低交易费用而实现效用最大化的一种组合形式。对于建立在自由、平等基础上，富于效率的婚姻市场来说，婚姻意味着双方签订契约，交易成功。[2] 结婚双方均对交易有预期利益。从法经济学的角度分析，婚姻的预期利益主要包括下述各项：

1. 分工协作以期获得比较利益和报酬递增。通过夫妻分工协作、优势互补、优化组合，可以促进资源的充分利用，获取规模经济效益，达到收益最大化，最终获得比较利益和报酬递增。正如"烛光效应"，一人一支烛光要比两人一支烛光的成本高。

2. 获得性的满足和情感的寄托。婚姻使性伴侣长期化、稳定化，使性生活安全化。就世界范围而言，婚外性市场都存在合法程度不高、管理不善、交易成本高、风险大的问题，因而，无论正式或非正式的制度安排，均对婚外性行为有所制约，婚姻是获得性满足和情感寄托的主要途径。

3. 基于信赖利益获得生活保障。男女双方缔结婚姻后，无论从法律上还是道德上，当事人都有责任相互扶养、相互扶助、相互关怀、患难与共、风雨同舟。这种基于婚姻关系所产生的安全感与

---

[1] 深圳市社科院性别文化研究中心编：《婚姻家庭何处去？——来自大洋彼岸的声音》（内部刊物），2005 年版，第 24、25 页。

[2] [美] 加里·斯坦利·贝克尔：《家庭论》，王献生、王宇译，商务印书馆 1998 年版，第 113~116 页。

信赖利益,是其他两性关系所无法替代的。

4. 互相提供信用,协调人力资本投资的收益。结婚后,夫妻双方既是投资者,也是受益者。双方会根据各自的情况,决定人力资本的投资方向并共同享受因人力资本增加而产生的收益。如一方支持另一方继续学习深造,或发展新的技能,最后实现总效用的增加。

如果把婚姻视为耐用消费品,它具有逐渐积累增值的特点,比如感情的寄托、家庭的福利、知识和智慧的交融、子女带来的天伦之乐等。[1] 因此,婚姻关系越巩固、越持久,婚姻的这种增值效益就显著。但是,当婚姻的预期利益无法实现,或一方认为婚姻的利益小于离开婚姻所产生的利益,或认为婚姻已无法产生利益的时候,如果没有法律和道德的约束,就很有可能导致离婚。

(二) 离婚当事人的成本

婚姻内的人力资本投资与分工协作,优势互补是婚姻的重要预期利益和特有资本的积累。但离婚预期会使当事人减少婚姻特有资本的积累。

离婚法的发展证明,离婚法是以改变人们在婚姻内的投资来改变离婚率的。如果离婚是困难的,想要离婚的一方配偶必须补偿想保持婚姻的另一方配偶;如果离婚是容易的,想要保持婚姻的一方配偶必须补偿给想要离婚的另一方配偶。在困难离婚制度下,能够保障从事家务劳动的妻子实现其婚姻的预期利益。假设一方配偶(通常是妻子)想要致力于非市场的活动或者投资具体婚内技能,在困难离婚制度下,她知道她的丈夫不能单方面和她离婚。因为家务劳动专业化在困难离婚制度下比在任意离婚制度下更安全,所以夫妻们发现在婚内实行家务劳动专业化更有利。如果没有她的同意就不能够离婚,妻子就有可能辞去她在外面的工作并且投资于对婚

---

[1] 段培相:"婚姻的经济学解析",载《婚姻爱情经济学》,湖南文艺出版社 2006 年版,第 128、129 页。

姻有很高价值的婚内家务劳动。[1]

　　这些不同的投资方式将影响保持婚姻和离婚相比较的利益。假定一位妻子大量投资具体婚内技能，她和她的丈夫现在能从那些投资中得到利益，更重要的是，只有他们保持婚姻他们才会取得这些利益，当然，如果她待在劳动力市场，他们也会得到利益，但是这些利益不管他们是否结婚都会得到。而且她选择致力于家庭活动，一定也意味着她和她的丈夫认为婚内得到的利益超过她能在市场上得到的工资。家务劳动专业化降低了离婚率。是否离婚取决于配偶双方对保持婚姻与离婚所得到利益的总和的比较。然而，她们在家务活动中付出得越多，就会发现，对她们而言，保持婚姻比离婚更好。她在劳动力市场之外的时间越长，在离婚后当她返回劳动力市场时，她的工资越低；而她在婚姻中投资越多，他们就会从婚姻中得到更高的利益。但高离婚率会导致夫妻减少对婚姻的投资，他们只会投入较少的专用于婚姻的财产，更少人将婚姻中的家务劳动专业化。父母一方（通常是母亲）不会愿意牺牲自己的人力资本的发展而留在家中照顾子女，夫妇将不要孩子或减少孩子的数量。由于婚姻的脆弱性，丈夫不愿意或减少对生育子女的投资，他们将无法享受或减少享受子女给生活带来的天伦之乐。而妻子也不愿意为生育付出，因为婚姻的不稳定，生育子女后，她将冒因为离婚而独自抚养子女的风险，这一风险包括付出的全部经济、社会和心理等所必需的成本。[2]

　　因此，离婚预期会减少婚姻特有资本的积累。而结婚时间越长，婚姻资本积累越多，婚姻的价值增加越大，离婚的几率就会减

---

[1] [英]道格拉斯·W. 艾伦："法律改革对婚姻和离婚的影响"，载[英]安东尼·W. 丹尼斯、罗伯特·罗森编：《结婚与离婚的法经济学分析》，王世贤译，法律出版社2005年版，第240页。

[2] J. Mark Ramseyer, "Law and The New American Family: Response: Toward Contractual Choice in Marriage", *Indiana Law Journal*, 1998, p. 73.

少。这也从另一个角度解释了为什么结婚的前几年离婚率相对较高的原因。同时,对离婚的妇女而言,年幼的孩子增加了离婚妇女寻找另外配偶的成本,并且严重减少了离婚妇女的净资源。或许正是这些因素,增加了她们再婚失败的可能性。[1]

经济学家贝克尔和墨菲均认为,从历史来看,离婚立法是国家介入婚姻的一种方式,以保护妇女,防止离婚违背妇女的意志。因为对一个国家来说,妇女在家庭中具有重要地位。通常,母亲拥有子女的监护权,保护妇女就是保护尚未成年的子女的利益。因此,离婚法的宽严与否和离婚的经济负担有密切关系。在那些家庭规模较大、社会保障机制相对欠缺、通过法律程序裁定前夫支付扶养费的机制不甚完善或劳动力市场提供给妇女的机会较少的国家,离婚的法定条件相对严格。因为在这种情况下,一旦离婚,离异妇女和其子女经济上极为脆弱,尤其是那些年龄较大的离异妇女情况更为糟糕,因为她们的年龄决定了她们再婚的可能性很小。[2] 美国学者称,离婚对于家庭成员来说无异于经济灾难,每年美国离婚者的净资产以3.5%的速度减少,而结婚的夫妻则以每年高于7%的速度增加其家庭净资产。结婚的人年均收入有65 000~70 000美元,而离婚的人年均收入仅有33 670美元,未婚的人年均收入约35 000美元,鳏寡之人年均收入则为42 275美元。无怪乎美国前总统克林顿的家庭政策顾问威廉·盖斯顿(William Galston)说:"稳定的、由双亲构成的家庭是美国儿童抵御贫穷的最好屏障,这一点儿都不夸张。"[3] 美国最近的研究表明,近40%由离婚的母亲所组织的家

---

[1] [美]加里·斯坦利·贝克尔:《家庭论》,王献生、王宇译,商务印书馆1998年版,第348、349页。

[2] [英]安东尼·W. 丹尼斯、罗伯特·罗森编:《结婚与离婚的法经济学分析》,王世贤译,法律出版社2005年版,第8页。

[3] Lynn·D. Wardle, "Divorce Consequences: The American Experience with Unilateral No-Fault Divorce", *Paper for the International Conference on Divorce Causes and Consequence* (2004), p. 205.

庭收入低于联邦规定的贫困标准。[1]

除此之外，离婚的成本还包括婚姻缔结前的沉没成本，主要是双方在缔结婚姻前的交易成本。婚姻持续时间越长，沉没成本越大。以及解除婚姻所需的交易成本，如诉讼的费用、耽误的时间和精力，对家庭、对自己心灵伤害的成本，对下一次婚姻的负面影响等都是离婚当事人所要承担的成本。

美国著名法学家理查德·A·波斯纳在分析离婚自由的成本时指出："婚姻越是容易解除，人们对婚姻的承诺就会越少，因此，如果允许想离就离，那么结婚者花费在婚姻搜寻上的时间就会更少。结果是，夫妻更不般配，这转过来又会破坏婚姻的伴侣性，并由此增大了离婚的可能。并且，由于离婚非常容易，夫妻俩也都会更少花费时间来努力促使婚姻成功。因此，在一个想离就离的离婚体制下，趋势是一连串时间较短的、或许不再是伴侣性的婚姻替代了持久的单一伴侣婚姻。"[2]

（三）离婚的社会成本

离婚的社会成本除上述各项之外，高离婚率还将导致社会经济成本的增加。据美国学者研究，2001年犹他州的9 735例离婚使州和联邦政府直接和间接花销达近300 000 000美元，并由此推断，离婚的直接和间接的经济后果是每一百万美国人要花费约125 000 000美元（平均每人125美元），或每年33 300 000 000美元，相当于每个家庭花费312美元。这些钱主要用在福利补助、医疗花销以及诉

---

[1] Lynn D·Wardle, "Divorce Consequences: The American Experience with Unilateral No-Fault Divorce", *Paper for the International Conference on Divorce Causes and Consequence* (2004), p. 206.

[2] [美]理查德·A.波斯纳：《性与理性》，苏力译，中国政法大学出版社2002年版，第329页。

讼成本上。[1]

　　社会学研究表明，社会的高离婚率存在着巨大的、长期的私人性和公众性的成本。私人成本影响到离婚后的成人和孩子的身体、心理、情绪和经济状况。公众成本包括医疗卫生系统的压力、增加的福利成本、高犯罪率、低毕业率和增加的惩罚犯罪的司法费用。[2]

　　笔者认为，上述问题的实质是离婚自由与社会正义之间关系的定位。相对于过错离婚主义，无过错离婚制度充分体现了当事人的自由意志，充分保障了离婚当事人的自由权利。但不能由此推论绝对的、完全不受法律和社会利益约束的离婚自由是文明的标志，是符合正义理念的。恰恰相反，绝对的离婚自由与实行无过错离婚主义的初衷不相契合。良好的离婚法的基本任务除解除婚姻纽带外还包括巩固婚姻关系，它能够并且应该确保离婚并非太容易，以引导当事人努力使婚姻成功尤其是克服暂时的困难，它也能够确保为和解提供鼓励措施，而且程序不应该成为阻碍和解的障碍。如果婚姻已无可挽回地破裂，则应该允许解除法律上的纽带，而且应该为它提供一个体面的丧礼，即在安葬时应该确保对所有的当事人（包括子女和配偶）都公平，并只引起最小的尴尬和屈辱。[3]

　　自无过错离婚主义取代过错离婚主义以来，各国都在不断地探索和完善对离婚自由的衡平机制，以减少因离婚所产生的各种问题及其对个人与社会的影响。

---

[1] David G·Schramm, "The Public Economic Consequences of Divorce in the United States of America", *Papers for the International Conference on Divorce: Causes and Consequence* (2004), p. 135.

[2] Stephen J. Bahr, "Social Science Research on Family Dissolution: What It Shows and How It Might Be of Interest to Family Law Reformers", *Journal of Law & Family Studies* 2004, 4.

[3] 王洪:《婚姻家庭法》，法律出版社2003年版，第151页。

## 第二节　离婚制度中自由与正义的关系

### 一、离婚自由与社会正义的价值分析

婚姻源于两性结合，而欲望本身及与欲望紧密相连的"爱情"，其天性都是崇尚自由的。从某种意义上来说，婚姻的自然属性决定了婚姻自由具有天生的正当性，因为理想婚姻中的亲密关系只有在双方自愿时才能真正得以实现。于是在两性之间的聚散分合中，就有了婚姻的缔结与解除。

所谓自由，"是我们所拥有的、享受我们有理由珍视的那种生活的可行能力。"[1] 而"一个人的'可行能力'指的是此人有可能实现的、各种可能的功能性活动组合。"[2] 洛克则更加明确地指出，一个人如果有一种能力，可以按照自己心理的选择和指导来思想和不思想，来运动或不运动，那么，这就是自由了。在个人那里，自由就等于自主，就等于在各种欲望对象、各种可能性之间进行选择。[3] 因此，通俗地说，自由意味着一个人有权按照其自身意愿实现各种不同的生活方式。毫无疑问，婚姻状况当然属于生活方式的重要方面，而法律规定我们在这个问题上享有自由，这就是说，我们可以按照自己的意志、不受他人干涉地决定是否缔结婚姻或解除婚姻，可以自主安排婚姻内事务。值得注意的是，这里的"自由"已经被我们赋予多种意义了：有时它是一方当事人的自由，即可独立行使的自由，如提出结婚或离婚；有时它须由双方当事人

---

[1] [英] 阿马蒂亚·森：《以自由看待发展》，任赜、于真译，中国人民大学出版社 2002 年版，第 286 页。

[2] [英] 阿马蒂亚·森：《以自由看待发展》，任赜、于真译，中国人民大学出版社 2002 年版，第 62 页。

[3] 何怀宏：《契约伦理与社会正义》，中国人民大学出版社 1993 年版，第 91 页。

共同协作才能得以实现,如办理结婚登记或离婚登记,或以婚姻契约的形式自主安排婚姻内事务。以上各种自由,现代法律都在不同的程度上予以承认。它们都是针对私人行为和私人抉择而言,所以可称之为"个人自由"。

但作为一种制度性的存在,婚姻从来都是对人类两性关系的制约和规范,只有按照一定社会规范建立起来的两性关系才具有婚姻的意义。从历史上来说,婚姻关系的产生与婚姻形式的演进是人类在自然选择规律与社会生产状况的共同作用下自觉限制两性关系的结果。到了文明时代,社会政治、经济和文化直接影响着婚姻制度的理念。正因为如此,婚姻兼具来自人类本能欲望的自然属性和来自人类理性文明的社会属性。婚姻制度正是要使人类在两性关系上的自由天性相容于社会文化,服从于社会秩序。因为,人类在进入社会之前的自然状态中拥有一种自然自由,此时,他不受任何人间权利的约束,而只以自然法作为他的准绳,而一旦进入政治社会之后,他所享有的自由始终是与法律联系在一起的自由,是在法律指导和规定下的自由。[1] 因此,自由除了要受到自身理性的限制,还要受到社会秩序和法律制度的制约。作为社会制度的组成部分,婚姻制度有其特定的价值追求,这就是正义。因为"正义是社会制度的首要价值,正像真理是思想体系的首要价值一样。"[2] 对此论断,美国学者约翰·罗尔斯是这样来论证的:"……表达我们作为自由平等的理性存在物的本性这一欲望,只能通过按照具有优先性的正当和正义原则去行动才能满足。……为实现我们的本性,我们除准备保持着我们的正义感使之调节我们的其他目标之外别无选择。"[3] 他认为,对正义的追求使人与

---

[1] 何怀宏:《契约伦理与社会正义》,中国人民大学出版社1993年版,第91页。

[2] [美] 约翰·罗尔斯:《正义论》,何怀宏等译,中国社会科学出版社1988年版,第3页。

[3] [美] 约翰·罗尔斯:《正义论》,何怀宏等译,中国社会科学出版社1988年版,第578页。

"偶然性和巧合事件"相区别并超越后者。[1] 正因为如此,正义感不能仅仅被看作是其他欲求中的一种欲求,而必须还被看作是性质上处于更高层次的一种动机之原因所在,它不仅仅是诸多价值中的一种重要价值,而且实际上是社会制度之第一美德。[2]

关于"正义"的内涵,我们不妨继续借用约翰·罗尔斯的理论来分析,因为他的理论比较具有包容性而且在学术界流传甚广。在约翰·罗尔斯笔下,"正义"是针对社会基本制度而言的,因此表现为"社会正义原则",这种原则"提供了一种在社会的基本制度中分配权利和义务的办法,确定了社会合作的利益和负担的适当分配"。[3] 这只是揭示了社会正义原则的意义和内容,但对权利和义务、利益和负担的分配何时才是"正义的"? 标准依然是模糊的,"在某些制度中,当对基本权利和义务的分配没有在个人之间作出任何任意的区分时,当规范使各种对社会生活利益的冲突要求之间有一恰当的平衡时,这些制度就是正义的。"[4] 但它至少告诉我们这样两个要点:一是"不在个人之间作出任何任意的区分",即平等;二是利益之间要达到平衡。正是以此为基础,约翰·罗尔斯提出了正义的两大原则:第一个原则是每个人对于其他人所拥有的最广泛的基本自由体系相容的类似自由体系都应有一种平等的权利;第二个原则是社会的和经济的不平等应这样安排,使它们被合理地期望适合于每一个人的利益,并且依系于地位和职务向所有人开放。简要地来说,我们可以将前一个原则称作平等原则;而将后一

---

[1] [美] 约翰·罗尔斯:《正义论》,何怀宏等译,中国社会科学出版社1988年版,第4页。
[2] [美] 迈克尔·J.桑德尔:《自由主义与正义的局限》,万俊人等译,译林出版社2001年版,第28、29页。
[3] [美] 约翰·罗尔斯:《正义论》,何怀宏等译,中国社会科学出版社1988年版,第4页。
[4] [美] 约翰·罗尔斯:《正义论》,何怀宏等译,中国社会科学出版社1988年版,第5页。

个原则称作差别原则。前者是要确定与保障公民的平等自由,包括公民在个人生活中的自由;后者则大致适用于收入和财富的分配,以及对那些利用权力、责任方面的不相等或权力链条上的差距的组织机构的设计。从效力上来说,约翰·罗尔斯认为,第一个原则优先于第二个原则,这意味着,对第一个原则所要求的平等自由制度的违反不可能因较大的社会经济利益而得到辩护或补偿;财富和收入的分配及权力的等级制,必须同时符合平等公民的自由和机会的自由。[1]因此,约翰·罗尔斯关于正义的原则也可以表述如下:"所有社会价值——自由和机会、收入和财富、自尊的基础——都要平等地分配,除非对其中的一种价值或所有价值的一种不平等分配合乎每一个人的利益。"[2]

在这些关于正义的论述中,我们可以发现,另一种理念——"平等"在正义与否的判断中起着非常重要的作用。约翰·罗尔斯的正义理论中,第一个原则关于权利义务的分配问题明确地提到了"平等",第二个原则隐含着这样一种认识,即在决定是否实行某种不平等分配时不对主体区别对待,也就是说,该原则本身必须平等地适用于各个主体。

在约翰·罗尔斯看来,人们的不同生活前景受到政治体制和一般的经济、社会条件的严重限制和影响,也受到人们出生伊始所具有的不平等的社会地位和自然禀赋的深刻而持久的影响,而且,恰恰这种对人一生影响最大的不平等是个人无法选择的,因此,这些最初的不平等就成为正义原则的最初应用对象。约翰·罗尔斯的社会正义原则主要是从平等公民的地位和收入及财富的不同水平来评价社会体系的,但它也适用于由确定的自然特征所确定的地位,比

---

[1] [美]约翰·罗尔斯:《正义论》,何怀宏等译,中国社会科学出版社1988年版,第61页。

[2] [美]约翰·罗尔斯:《正义论》,何怀宏等译,中国社会科学出版社1988年版,第62页。

如"两性的差别"。约翰·罗尔斯称,如果男人在基本权利的分配中较为有利,这种不平等就只能被一般意义上的差别原则如此辩护:只有当这种不平等有利于妇女,并能为她们接受的情况下才是正当的。[1] 也可以说,社会正义实际上可以理解为自由与平等的调和,也就是通过差别原则达到"补不足"的目的,即用形式上的不平等手段达到实质上平等的效果。一方面,如果不减轻自然偶然因素对分配的影响,社会偶然因素也不可能完全地被排除;另一方面,只要家庭制度存在,排除社会和后天条件的任意影响的公平机会原则实际上也不可能完全地实行。因此,仅仅接受机会的公平、平等原则是不够的,还必须把这一原则与一种有助于同时减轻自然因素对分配的影响的差别原则联系起来,要符合最少受惠者的最大利益。因为,一切都要从最少受惠者的利益来取舍,长此以往,导致的社会就可望是一个不仅实现了权利平等,而且最大限度地达到了福利平等的社会。[2]

应用于婚姻家庭领域,我们是不是可以这样来把握社会正义的含义:首先,婚姻中的权利(包括自由)义务应平等地由双方当事人享有或承担。婚姻自由是公平原则,在法律规定的限度内,所有人均享有平等的自由和权利,任何人无权限制和干涉。其次,如果婚姻关系当事人及其利害关系人由于性别、年龄、地位的不同而存在不平等,则必须通过某种制度对家庭中最少受惠者或对受损害一方的利益加以特别的考量,从而尽量矫正这种不平等的实质影响,最终达到实质的平等。最后但并非不重要的是,对自由和平等的保障具有优先地位,不能以社会利益为由侵犯自由和平等本身。这里,值得强调的是,"我们不能把社会正义的期望与一种先定的个

---

[1] [美]约翰·罗尔斯:《正义论》,何怀宏等译,中国社会科学出版社1988年版,第99页。

[2] [美]约翰·罗尔斯:《正义论》,何怀宏等译,中国社会科学出版社1988年版,第101~106页。

人自由概念对立起来,这是因为,如同自由应当如何分配一样,什么可以算作自由也是依赖于我们如何理解正义本身的。"[1]

如此看来,个人自由包含于社会正义原则所要分配的对象之中,社会正义要保障个人自由,保障平等的个人自由,但当这种个人自由造成不平等的实质后果时,社会正义原则要求给予弱者以救济。这或许就是对个人自由与社会正义之间的关系所能做的最简要总结。

具体来说,婚姻关系中的自由与正义考量大体包括如下几个方面:①婚姻关系是否赋予当事人足够的(此处判断是否"足够"应考虑具体的时代背景)自由。同时这亦属于正义的考量范围,若婚姻关系并未剥夺当事人应有的自由,则该婚姻关系为正义,否则为非正义;同时这种自由当然包含当事人放弃或否定现有婚姻即离婚的自由。②婚姻关系中的财产制度是否科学,能否保证当事人选择离婚时能够在彼此之间合理分配利益。若答案为肯定则该婚姻制度为正义,否则为非正义;而这同时亦构成自由的考量范围,因为财产分配会在相当程度上影响甚至左右当事人在离婚与否问题上的抉择。③婚姻关系中当事人之间紧密程度如何,是"捆绑式"还是"松散式"。这不仅关系到婚姻中当事人的自由,还会影响到对当事人离婚后境况的考虑和救济,因此又可归于正义的考量范围。由此可见,婚姻关系中的个人自由与社会正义实为相互联系又相互区别、各自具有独立地位的两大价值标准。

法律在调整离婚法律关系时所面对的正是这样两个方面的价值判断与价值选择:一方面是提起离婚的当事人(可能是一方也可能是双方)所秉持的"自由"价值观;另一方面则是在解决争端时须在双方当事人之间实现的"正义"和在判决离婚时须在当事人与其他利害关系人(最大的利害关系人是孩子)之间实现的"正义"。

---

[1] [英]戴维·米勒:《社会正义原则》,应奇译,江苏人民出版社 2001 年版,第 16 页。

处理离婚自由与社会正义之间的关系目前主要有三种进路：

第一种进路是：收缩个人自由，尊崇社会正义。这里的逻辑前提是：保有婚姻、保有家庭对个人和社会最有利。抽象地来说，其论据确为充分：许多研究表明，与婚姻中人相比，离婚的人群更易遭遇经济困难、贫穷程度更高、心理状况更差、快乐更少、健康问题更多，而且死亡率也更高的问题；而经历了父母离婚的孩子也不像由两个生身父母抚养的孩子那样有好的表现，他们往往心理调整能力更差、健康问题更多、更易于卷入各种反社会活动和违法行为中、更易有性行为、更有可能同居、婚前生育的可能性更大，而他们自身离婚的可能性也更大。[1]

但是，抽象的理论和道理并不能解决个人在婚姻中的痛苦和不适。对个体的人文关怀亦是人类文明的硕果之一，我们无法权衡更不可能要求当事人牺牲其在私人生活领域所应享有的快乐和满足而换得社会的表面安宁。因为缺乏或限制退出婚姻的机制对于个人来说无疑是生命的窒息，而对于社会来说则是不定时炸弹。

第二种进路是：放开个人自由，兼顾社会正义。美国社会似乎遵循着这一路线：从其当前的离婚率来看，大约有 1/2 的婚姻最终会以离婚而告终，大约 40% 的儿童会经历父母的离婚事件，等他们年满 18 岁，大约有 1/2 的孩子会度过一段单亲家庭的生活。[2] 在离婚如此普遍的社会中，当事人选择离婚也许不会有任何额外的顾虑，个人自由似乎可以得到最大的满足。但是后面的麻烦也接踵而至——离婚对于当事人的不利后果和对于孩子的严重影响正是产生

---

[1] Stephen J. Bahr, "Social Science Research on Family Dissolution: What It Shows and How It Might Be of Interest to Family Law Reformers", 4 *J. L. Fam. Stud.*, 2002, p. 8, 9.

[2] Stephen J. Bahr, "Social Science Research on Family Dissolution: What It Shows and How It Might Be of Interest to Family Law Reformers", 4 *J. L. Fam. Stud.*, 2002, p. 5.

于实现个人离婚自由之后。为了解决这些问题,美国社会支付了昂贵的成本。也就是说,追求社会正义是要有物质基础的。据美国学者研究,2001年犹他州的9 735例离婚使州和联邦政府直接和间接所支付的费用达近300 000 000美元,并由此推断,离婚的直接和间接的社会成本是每一个美国人每年要支付125美元,或每一个美国家庭每年要支付312美元。这些钱主要用在福利补助、医疗花销以及诉讼成本上。有趣的是,该学者虽然评估出离婚给当事人、周围社区、州和联邦政府带来的负面影响,仍表现出对于婚姻不幸人群的深切同情,并强调离婚对于那些高度冲突的婚姻(约占到离婚案件的30%)来说是理想的选择,从而为之支付的社会成本也就是有意义的和必要的。[1]

第三种进路则是:为了社会正义,适当限制离婚自由。比如,有未成年子女的夫妻不得通过行政程序离婚,规定离婚和解期和调解前置制度。近十年来,美国每个州都采取了至少一项法律措施或至少制定了一项公共政策以加强婚姻和鼓励双亲俱在的家庭。其中较为显著的举措是,有3个州(据美国学者介绍,其他州正在考虑之中)制定了有关"盟约婚姻"的法律,该法律允许当事人在结婚时选择缔结盟约婚姻。所谓盟约婚姻是指在缔结婚姻后,不得任意解除婚姻关系。盟约婚姻作为一种可选择的婚姻形式,要求双方当事人须进行婚前咨询;经慎重考虑后可确定选择盟约婚姻;缔约后,如双方或一方要求离婚,必须首先进行离婚咨询,接受调解;只能在出现严重违反盟约的情形下(如通奸、暴力等)才可以解除婚姻。[2] 可以说,在

---

[1] David G. Schramm, "The Public Economic Consequences of Divorce in the United States of America", *Papers for the International Conference on Divorce: Causes and Consequence* (2004), p. 135.

[2] Lynn D. Wardle, "Divorce Consequences: The American Experience with Unilateral No-Fault Divorce", *Papers for the International Conference on Divorce: Causes and Consequence* (2004), p. 200.

无过错离婚制度的大背景下，选择盟约婚姻是当事人自愿对其离婚自由加以限制的表现。

## 二、建立离婚自由的衡平机制

### （一）离婚衡平的内涵

衡平（Equitable）的原文来源于拉丁文"aequitas"。其初始含义即为公平、公正、平等、平衡。因此，衡平法的基本含义是指公平、合理、正义，可作为自然正义的同义词使用。衡平法（Equity）作为法律名词，它最重要的意义是指与普通法相对应的、由衡平法院在试图补救普通法的缺陷的过程中演变出来的、与普通法和制定法并行的一套法律原则和法律程序体系。它构成英格兰法的一大渊源。衡平还指在某一特殊情形下适用于自然公正与正当的标准，而与严格法相对，这种严格法是指同一规则适用于所有的情形，而不顾及在某种特殊情形下适用该原则的不合理或不公正结果。在这个意义上讲，衡平不止是与严格法相对，而是对严格法原则的缓和，以符合实质公正的目标。[1]

沈宗灵教授曾就"衡平"的概念作过解释。在西方法中，衡平一词也是一个多义词。主要有以下三种相互联系的意义：①它的基本含义是公正、公平、公道、正义。②指严格遵守法律的一种例外，即在特定情况下，要求机械地遵守某一法律规定反而导致不合理、不公正的结果，因而就必须使用另一种合理的、公正的标准。一般地说，法律中往往规定了某些较广泛的原则、有伸缩性的标准或通过法律解释和授予适用法律的人以某种自由裁量权等手段，来消除个别法律规定和衡平之间的矛盾。③指英国自中世纪中开始兴起的与普通法或普通法法院并列的衡平法或衡平法院。当然，衡平法或衡平法院这两个名称所讲的衡平也导源于以上第一种，特别是

---

[1] 薛波主编：《元照英美法词典》，法律出版社2003年版，第483、484页。

第二种意义上的衡平。[1]

衡平思想符合中国传统文化与司法中的自然和谐理念。事实上，中国社会的文明源远流长，正是得益于一套稳定、和谐而又独特的规范性秩序的建构和维系。古代的司法官尽管缺乏系统的职业化的法律训练，但是他们生于斯、长于斯，了解传统社会的规则和习惯，洞悉本土的人情世故和社会风俗，掌握着一套独特而又行之有效的解决社会纠纷和冲突的方法，从而形成了在形式和价值上根本不同于西方（也不尽同于其他东方社会）的法律观、秩序观以及法律运行模式。这个主要由读书人组成的司法官群体，凭借读圣贤书所积淀下来的一套知识、态度、理念和信仰，形成并分享着群体内部关于社会公平和正义的价值体系，力图在具体的司法活动中身体力行之，实践着自然和谐的社会理想。换言之，正是这个群体为了实现治世的职责和使命，通过其大量的、具体的实践活动形成了关于"衡平"的司法传统——这个传统则是建构和维系中国古代最低限度的稳定和公正的社会秩序的基本因素。对司法档案的研究表明，传统的中国司法官对于纠纷及其处理样式的认知模式是十分独特的：他们是以建立或者恢复一种稳定、和谐的人际关系和社会关系为根本的着眼点来看待和解决现实的纠纷（特别是民事纠纷）的。在他们看来，重要的是解决纠纷，而不是企图通过具体的纠纷解决来"建立一套旨在影响当事人和其他人的未来行为规则"。在大量的具体纠纷案件中，司法官为了直接实现结果上的"公道"、"合理"和"平衡"，往往不惜以牺牲法律的普遍性为代价。这有着文化上的深刻缘由。[2]

衡平思想符合婚姻的伦理属性。婚姻家庭是一种以两性关系和血缘联系为特征的社会现象，其中，婚姻制度是家庭制度的核心，

---

[1] 沈宗灵：《比较法总论》，北京大学出版社1987年版，第171~173页。
[2] 顾元："中国传统衡平司法与英国衡平法之比较"，载《比较法研究》2004年第4期。

是两性结合的社会形式，婚姻制度的自然属性是由其生物学的自然本能决定的，而它的社会属性则是人类的社会意识形态、传统习惯和伦理思想等各种因素长期影响的结果和最为集中的体现，是婚姻家庭的本质属性。夫妻间的相互尊重、相互扶助、相互忠诚、相濡以沫的脉脉温情是基于两性关系的夫妻伦理道德规范，也是建立家庭伦理秩序的基础。黑格尔在《法哲学原理》一书中特别强调婚姻的伦理属性。他指出，婚姻关系的实质是伦理关系，婚姻是具有法的意义的伦理性的爱，这样就可以消除爱中一切倏忽即逝、反复无常的和赤裸裸主观的因素。[1] 中国社会家族本位的观念形成了极其复杂的亲属制度，成为中国传统法律中的重要组成部分。虽然中国古代法过分偏执于家庭伦理，但家庭秩序的调整毕竟是所有社会的重要课题，而伦理亲情的强调与人际和谐的关注更是人类天性的必然需求，一切合乎人性的法律都不应置之不理。[2] 因此，我们在强调现代社会夫妻间的独立、平等地位的同时，应当重视中国传统文化中"举案齐眉"、"相敬如宾"、"家和万事兴"等调整夫妻关系的伦理道德，保持传统家庭伦理文化中脉脉的亲缘温情。在婚姻已经破裂无法维持走向离婚之时，法律的制定者和司法人员都应当注意到当事人和利害关系人之间的特殊亲情和自然属性，尽可能平衡双方各自利益，最大限度地减少对当事人和利害关系人的伤害。

公平、正义、平衡是自然法理念，是法律追求的永恒的基本价值，也是民法所拥有的最基本的价值。制定法中的衡平精神就是指用公平与正义构建法律制度，制定成文法，并以公平与正义解释制定法的理由与精神，通过追求实质正义，使案件的审理获得公平的处理。如何在制定法中反映衡平精神，在保障离婚自由的前提下，实现社会正义与社会公平正是本书所要探讨的问题。因此，本书借

---

[1] [德]黑格尔：《法哲学原理》，范扬、张企泰译，商务印书馆1979年版，第175页。
[2] 赵万一：《民法的伦理分析》，法律出版社2003年版，第305页。

用了衡平法的理念中最基本的含义,试图在离婚制度中建立衡平机制,在坚持无过错离婚立法主义,保障离婚自由的同时,为了实现社会的公平正义,建构一套有效的程序和制度,纠正绝对离婚自由的不公平、不正义。笔者以为,在一个法律制度的设计中,不仅要顾及一方当事人的自由或权利的行使,也要顾及到对方当事人的权利、利害关系人的权利和社会的公平正义,最终要制定出稳定、和谐,符合社会公平正义的法律制度规范和法律运行模式。

(二)离婚衡平机制的内容

离婚衡平机制是在离婚制度中自由与正义的博弈,是婚姻的自然属性与社会属性的博弈,是个人利益与他人利益、社会利益的博弈。离婚法所要实现的正义就是要在保障离婚自由的前提下,通过对离婚当事人中弱者的利益予以救济,所受的损害予以补偿,最终达到各方利益的平衡。只有实现了个体与个体,个体与社会之间的利益衡平,才能实现法律所追求的社会正义。因此,伴随着离婚自由脚步的,是不断发展的利益衡平机制。这个利益衡平机制包括在特定条件下对离婚自由进行适当限制,在离婚财产清算时对弱势一方的倾斜规定,以及通过离婚经济帮助、离婚损害赔偿等救济方式最终实现正义的目的。

1. 离婚制度功能。在研究离婚衡平机制的内容之前,有必要对离婚制度的功能作一简单的概述,以全面系统地理解离婚制度,为设立离婚衡平机制奠定基础。从离婚制度的发展及内容看,笔者认为离婚制度之功能主要有四:

(1)救济功能。婚姻是两个完全不同的个体之结合,无论双方结合的途径如何,都有可能发生婚后因各种情形而无法共同生活的状况,离婚制度的设立就为那些已无法共同生活的配偶提供了救济的途径,使他们能够从不幸的婚姻中解脱出来,重新获得婚姻的自由。即使在禁止离婚的欧洲中世纪,也为婚姻不幸者提供了婚姻无效制度、别居制度以为救济。正如中国老一辈法学家马起先生在

《中国革命与婚姻家庭》中所说:"在巩固婚姻关系的前提下,实行离婚自由,它们两者之间并不矛盾,而正是辩证统一的关系。因为在爱情基础上建立起来夫妻生活关系,也不会是永远不发生矛盾和永久不发生变化的。生活不断发展,客观条件在变化,主观思想感情也在变化,夫妻间的矛盾也必然不断地出现,由于有些人不会正确处理矛盾,使在夫妻共同生活中发生的矛盾恶化,假使达到无法继续维持下去的程度,就不仅使当事人处于痛苦境地,同时也会影响社会生产及子女的利益。因此,实行离婚自由,并不是破坏家庭关系。"[1] 列宁也曾经指出:"实际上离婚自由并不会使家庭关系瓦解,而相反会使这种关系在文明社会中唯一可能的坚固的民主基础上巩固起来。"[2] 当然,在不同的历史时期,离婚的法定理由不同,离婚救济功能的实现途径也有所不同。对此,笔者将在下面的篇章中详述。

(2) 告知功能。在不同的历史时期,不同的国度,离婚的法定条件和效力均有所不同,而通过制度规范可以起到告知的作用,使一国之公民可以预知在何种情况下可以通过何种途径离婚,离婚后将承担何种法律后果,以及对自己及其对方和子女将产生何种影响,并以此规范自己的行为。这是由离婚法的指引功能、评价功能、预测功能、强制功能所决定的。

同时,由于离婚不仅对双方当事人的身份关系、财产关系产生一系列效力,且将对利害关系人和其他人产生影响,因而,法定的离婚程序就具有了公示性和公信力,使当事人的身份关系清晰明确。若有疑问者,可通过行政机关和司法机关查询,便于保护利害关系人和第三人的利益。

(3) 解除和确认身份关系功能。通过离婚,解除了夫妻之间的

---

[1] 马起:《中国革命与婚姻家庭》,辽宁人民出版社1959年版,第110、111页。
[2] 《列宁全集》第20卷,人民出版社1958年版,第423页。

身份关系，夫妻之间原有的姓名、住所、同居、生育等身份间的权利义务关系全部解除，同时，相互扶养、共同财产、相互继承等财产上的权利义务关系也将全部消灭。因此，离婚，不仅改变夫妻间的身份关系，还将改变财产关系，离婚法必然要采取相应措施以确保合理地调整夫妻间的财产利益，公平地分割财产，实行离婚救济，使得他们自己和他们的孩子能够获得经济支持。离婚的同时，还将确认父母与子女间的身份关系，并对离婚后子女的法定监护人，子女的抚养费用、给付方式及父母对子女的探望权利作出明确规定。

(4) 维护婚姻的功能。在保障离婚自由的前提下维护社会最基本的单位——家庭，是离婚法不变的使命，各国的离婚法始终在保障离婚自由与离婚成本核算之间不断地进行平衡，离婚制度的设计既要确保离婚自由，又要保证当事人的离婚不是出于轻率和冲动，引导已婚者愿意为婚姻投入，践行他们在缔结婚姻时作出的一生一世、贫贱不移、终生相守的承诺。离婚法的任务不仅仅是解除婚姻之关系，它们确立的离婚标准应当成为鼓励人们维护婚姻成功的指引，并为在婚姻中遇到困难的夫妻进行和解提供必要的法定程序。

2. 离婚衡平机制的主要内容。根据离婚制度的上述四项功能，离婚衡平机制的内容主要应包括：

(1) 保障离婚自由。在离婚衡平机制中，保障离婚自由是其重要内容。保障离婚自由是婚姻自由原则的具体体现，是婚姻关系的本质要求。婚姻自由是受国家法律保护的公民权利，离婚自由是婚姻自由的一个重要内容，如果只有结婚自由权，而无离婚自由权，公民的婚姻自由权利就会受到侵害。

保障离婚自由，主要是指保障当事人享有的离婚合法权利。这包括：夫妻双方有共同作出离婚决定、达成离婚协议的权利；在双方无法达成离婚协议时，一方直接向人民法院起诉离婚的权利；不同意离婚一方的抗辩权利以及双方期待得到的胜诉权利。保障离婚自由，就是要保障公民协议离婚自由权，诉讼离婚的请求权、抗辩权和胜诉权。

保障离婚自由就是要坚持无过错离婚主义,在离婚的主体上实行平权主义,无论夫妻任何一方,均有权提出离婚,双方在法律地位上完全平等。同时,不限制有过错一方的离婚诉权,无论是否有过错,均可依照法定程序提出离婚。在确定离婚理由时,坚持破裂主义,而不以双方是否构成某种过错作为准予离婚的必要条件。在离婚程序上,除裁判离婚外,允许双方自愿地协议离婚。

(2) 制定适合社会发展,符合社会需要的离婚条件和程序,为离婚自由确定范围。离婚自由是法律自由,是指权利主体的行动与法律规范的一致以及主体之间的权利和义务界限。[1] 洛克认为,自由是在他所受约束的法律许可范围内,随心所欲地处置或安排他的人身、行动、财富和他的全部财产的那种自由,在这个范围内他不受另一个人的任意意志的支配,而是可以自由地遵循他自己的意志。[2] 近代资产阶级启蒙思想家孟德斯鸠认为,在一个国家里,也就是说,在一个有法律的社会里,自由是做法律许可的一切事情的权利,如果一个公民能够做法律所禁止的事情,他就不再有自由了,因为其他的人同样会有这个权利。[3]

离婚自由作为法律权利,应当由法律来确定其自由的范围,而不是当事人的任意行为。离婚自由从来就不是绝对的、任意的、不受限制的,而是相对的、有条件的、有特定适用范围的。对权利的保护和限制共同构成完整的权利内涵。马克思认为,自由就是从事一切对别人没有害处的活动的权利。每个人所能进行的对别人没有害处的活动的界限是由法律规定的,正像地界是由界标确定的一

---

[1] 张文显主编:《法理学》,高等教育出版社、北京大学出版社 1999 年版,第 235 页。
[2] 《中外法学原著选读》,群众出版社 1986 年版,第 462 页。
[3] [法]孟德斯鸠:《论法的精神》(上册),张雁深译,商务印书馆 1978 年版,第 154 页。

样。[1] 就世界范围而言，各国在其离婚制度中对离婚的条件、离婚的程序、离婚的效力无不作出明文规定。当事人只要按照法律的规定，符合法定条件，履行法律程序，即可享受法律所赋予的离婚自由权。因此，也可以说，法律规定的离婚自由是有限自由，是在法律限度内的自由。至于法律是如何界定离婚自由的范围，在多大程度上限制离婚自由，并确定其离婚条件、离婚程序、离婚效力，则是由各国的政治、经济、社会发展程度，特别是法律文化，伦理道德观念所确定的。

婚姻关系的社会属性是其本质属性。婚姻关系的存废，既是个人权利，具有私人属性，也负载着社会功能，具有社会属性。迄今为止的文明社会，婚姻都不仅仅是自然本能的私人行为，它负载着繁衍生命、养老育幼、维系伦理亲情的功能。因此，婚姻与家庭关系的稳定与否，涉及当事人的利益、子女利益和社会公共利益，必然直接或间接地影响社会稳定与和谐。马克思在《论离婚法草案》中指出："几乎任何的离婚都是家庭的离散"，对于离婚，我们不能"抱着幸福主义的观点，不能仅仅想到两个个人而忘记了家庭"，"婚姻不能听从已婚者的任性，相反地，已婚者的任性应该服从婚姻的本质。"[2] 维系和稳定婚姻与家庭、适当限制离婚自由，不仅是个人的愿望，也是社会的职责、法律的使命。国际社会为维护家庭，保护儿童做出了许多努力。《公民权利和政治权利国际公约》第 23 条确认家庭是天然和基本的社会单元，并应受到社会和国家的保护。1998 年在美国召开的国际家庭与调解法院协会第 35 届年会提出了"支持婚姻稳定"的口号，与会专家一致认为，高离婚率带来了严重的后果：一是社会不稳定，二是人们对婚姻和家庭失去了信心，三是出现了大量的单亲家庭，妇女、儿童是首当其冲的受

---

[1]《马克思恩格斯全集》第 1 卷，人民出版社 1972 年版，第 438 页。
[2]《马克思恩格斯全集》第 1 卷，人民出版社 1972 年版，第 183 页。

害者。[1]在联合国拯救妇女、儿童和家庭调解委员会的国际会议上，与会代表也提出了"稳定婚姻和家庭，拯救孩子，孩子第一"的口号。稳定婚姻，保护家庭已经成为国际社会的共识，是各国在制定家庭政策和法律时必须遵循的国际规则。

笔者以为，在无过错离婚时代，对离婚可以不做实质性的限制，而应当考虑程序的正义性，通过"调解程序"、"和解方式"、"冷静阶段"、"困难期间"等，为当事人和解提供可行的程序和方法，为处于困境的当事人和利害关系人提供保护。

(3) 为离婚时的弱势一方提供救济手段。离婚衡平机制的另一项重要内容是在离婚时充分考量弱势一方及其子女的利益，为离婚时的弱势一方提供救济手段，确保子女利益优先，最终实现法律上的公平正义。在保障离婚自由的同时，对婚姻关系中处于弱势地位的一方和抚养子女的一方切实地提供法律救济手段和保障机制，才能够实现法律的公平正义和对弱者的人文关怀，体现法律扶弱济贫、保护弱势群体利益的人权理念与精神，也才能够真正实现离婚自由对人性解放的真谛。就世界范围而言，离婚救济制度主要包括离婚损害赔偿制度和离婚后扶养制度，是为那些因离婚而遭受损害或陷入困境者所提供的救济方式。离婚救济制度彰显了夫妻双方人格独立与平等的理念，致力于损害与救济之间的衡平，而其更重要的社会意义则体现在为离婚自由与社会正义之间架起了法律的桥梁。保障离婚自由，是婚姻自由的重要理念，是现代离婚制度的灵魂。而以"破裂主义"作为判定婚姻死亡的法定标准正是对这一理念的诠释。但是如果不能给予在婚姻中由于另一方的过错而受到重大伤害、因离婚而遭受损失或离婚后将面临生活水平严重下降的弱势一方以相应的救济，则无法体现社会正义与法律公平。离婚救济制度正是通过离婚损害赔偿制度，以法律之力强制过错方补偿无过错方的损害，抚慰受害者的

---

[1] 巫昌祯：《我与婚姻法》，法律出版社2001年版，第14页。

精神,达到明辨是非、分清责任的目的,实现法律正义。同时,通过离婚后扶养或经济帮助在一定程度上消除离婚时弱势一方在经济上的后顾之忧,保障离婚自由的真正实现。

---

　　追寻自由是人类固有的本性。可以说,自由是正义的内容之一,正义连接了自由和平等。也可以说,自由的限度是正义,为了实现正义,人类必须对自由作出某种程度的限制。离婚自由作为法律权利,应当由法律来确定其自由的范围,而不是当事人的任意行为,对离婚自由权利的保护和限制共同构成完整的权利内涵。因此,也可以说,法律规定的离婚自由是有限自由,是在法律限度内的自由。至于法律是如何界定离婚自由的范围,在多大程度上限制离婚自由,并确定其离婚条件、离婚程序、离婚效力,则是由各国的政治、经济、社会发展程度,特别是法律文化、伦理道德观念所确定的。

　　保护弱者的正义观历来是法律的重要价值理念,因此,保护婚姻家庭中的弱者利益,以保证婚姻的社会价值和家庭的社会职能的正常实现是婚姻家庭立法的正义所在。法律应当建立一种这样的离婚衡平机制,在保障离婚自由的前提下,对离婚自由在程序上进行适当限制,并通过对离婚当事人中弱者的利益予以救济,所受的损害予以补偿,最终达到各方利益的平衡。

# 第三章 婚姻关系模型理论对离婚自由模式的影响

婚姻关系理论从来都是婚姻制度的实质性基础，对婚姻关系有着怎样的认识将决定离婚制度的指导思想和对离婚案件的具体处理。个人自由与社会正义之间的冲突，固然鲜明地体现在离婚制度中，但其最深刻的渊源，乃存在于对婚姻关系的界定和解释中。本章将以此为线索考察婚姻关系理论与离婚法律制度之间的本质联系，并试图在反思婚姻关系理论的基础上揭示离婚法律制度的改进方向。

## 第一节 婚姻关系模型理论

### 一、传统的婚姻关系理论

许多学术问题都经历过从具体到抽象的发展历程，婚姻关系理论也不例外，对婚姻关系的法律性质进行界定的成文法并不多见，但在不同的历史时期，都不乏关于婚姻关系理论的讨论，且众说纷纭，各执一词。传统的婚姻关系理论主要有以下学说：

（一）"契约说"

视婚姻为契约是在西方国家产生并至今仍在法学界占统治地位的重要学说。该学说的代表人物康德认为：婚姻关系是"性的共同体",是基于人性自然法则必要的契约。婚姻"契约说"最早由《法国宪章》所确认:"法律只承认婚姻是一种民事契约。"(《法国宪章》第7条)并由此在世界范围内奠定了婚姻自由的法则。现代的一些家庭法学者将"契约说"进一步发展,认为,从法律的观点看,婚姻是一男一女为了共同的利益而自愿终身结合、互为伴侣、彼此提供性的满足和经济上的帮助以及生儿育女的契约。因而,婚姻契约与其他的民事契约不同,具有伦理性与制度性。早在1888年美国最高法院就指出了婚姻契约与其他契约的不同:其他契约在当事人意思表示一致后即可变更,甚至完全撤销。而婚姻契约则不同,婚姻关系一旦建立,法律即介入其内规定其权利义务关系,当事人不得自行制定或修改该契约的内容,法律禁止夫妻间彼此免除对方的义务,以保护被扶养人及其他第三人对婚姻主体的附随利益,保护国家和公民的根本利益。[1] 婚姻"契约说"是对封建包办买卖婚姻的反叛,在人类婚姻史上具有历史性的进步意义。

(二)"婚姻伦理说"

黑格尔是此学说的创始人,并由新黑格尔派承继,该学说认为,婚姻是"精神的统一","实质是伦理关系"。这种自我意识与对方的统一就是爱,而这种爱是"具有法的意义的伦理性的爱"。[2] 因而,婚姻作为伦理关系与契约有严格的区别。通常的契约成立之后,契约当事人仍有个别的、独立的人格,而婚姻成立的目的是实现统一,将有"自我意识"的男女两性,合而为一,扬弃双方自然的、个别的人格,另行成立一完整的人格。一些学者还将结婚行为视为合一行为,因为,结婚行为并不以个别的给付或以财产的交换为目的,而是以夫妻二人纳入全人格的结合的共同生活体为目的。婚姻伦理说强调婚姻的精神层面,而忽视了婚姻的市民性

---

[1] John de Witt Gregory, Peter N. Swisher, Sheryl L. Scheible, *Understanding Family Law* 1996, Malthew Bender & Company In corporated, p.19.

[2] 见[德]黑格尔:《法哲学原理》,商务印书馆1982年版,第117页。

与物质性,也不符合现代社会在法律层面上夫妻人格平等、人格独立的准则。

(三)"信托关系说"

当代一些英美法学家认为,婚姻是一种信托关系,是国家与个人之间的信托关系,如同信托关系中的委托人与受托人一样,国家自己作为委托人,而将配偶置于受托人的地位,给予他们在处理家庭问题上的一系列权利,同时又保留了婚姻利益中一些对社会有潜在影响的权利。国家所保留的这部分权利是婚姻信托利益的重要部分。因此,婚姻信托的效果在于把不完全的婚姻所有权及其附属的自然权利,如子女抚养、夫妻性生活以及婚姻身份权等交给配偶。但如果父母虐待子女,国家就会剥夺其父母权利。与此相同,配偶享有彼此性爱的权利,但国家从来都保留着对夫妻一方在夫妻生活中过度淫乱行为的惩罚权。很显然,法律把婚姻当做一种信托关系所要达到的目的仅是防止配偶因获得完全和至上的所有权而损害社会利益。[1] 问题是婚姻关系是当事人之间的身份关系,国家的信托权利从何而来?

(四)"制度说"

该学说始创于大陆法系的法国。1902年法国学者卢斐补主张婚姻并非契约,而为制度之一。持此学说者认为,婚姻当事人仅有制度上的权能,故婚姻当事人结婚后,制度上的效力立即发生,而与婚姻当事人的意思如何无任何关系。彭奴卡也认为,结婚行为是使婚姻当事人结合而达成婚姻制度上的效果为目的之法律行为。夫妻不能变更婚姻效果,更不能因解除的合意而将婚姻自行予以解除。[2] 婚姻关系确由法律制度所确认,但不能由此认为制度是婚

---

[1] [美]威廉·杰·欧·唐奈、大卫·艾·琼斯:《美国婚姻与婚姻法》,顾培东、杨遂全译,重庆出版社1986年版,第9页。

[2] 转引自巫昌祯主编:《婚姻与继承法学》,中国政法大学出版社1997年版,第106页。

姻的本质，否则，任何法律关系的本质均可认定为制度。

（五）"身份关系说"

该学说认为：婚姻法律关系本质上是一种身份关系，婚姻双方在财产上的权利义务关系是附随于人身上的权利义务的。创设这种关系的婚姻行为是一种身份法上的行为，行为人须有结婚的合意，但是婚姻成立的条件和程序、婚姻的效力、婚姻解除的原因等，都是法定的，而不是当事人意定的。因此，不应当将婚姻行为视为契约，将婚姻关系视为契约关系。"身份关系说"是目前中国婚姻法学界的通说。[1]

## 二、婚姻关系模型理论的建立

近年来有学者根据现代婚姻家庭关系发展状况，在婚姻关系契约论的基础上，提出婚姻关系盟约论，还以经济分析的方法提出婚姻关系公司论、婚姻关系合伙论，婚姻关系特许论，引起笔者的莫大兴趣。这些理论所指为何？是否具有说服力？论者为何提出如此观点？

由此，笔者尝试着根据视野之内的法律制度和理论学说为婚姻关系建立起一个又一个模型。对这些婚姻关系模型进行品评，就会发现此理论与彼理论之间的分歧根源于其对个人自由与社会正义的具体权衡，恰似两种化学元素以不同的含量组合成不同的物质。

至少，我们可以建立起如下几种婚姻关系模型：

（一）历史上的统一体模型

在漫漫人类史上，在相当长的时期内，婚姻被视为夫与妻的统一体，其特点在于夫的人格当然地吸收妻的人格。这种婚姻关系模型存在于罗马法，存在于教会法，亦存在于古代中国法，但在不同的法域中又表现为不同的制度。

譬如在罗马法中，婚姻分为"有夫权婚姻"和"无夫权婚姻"

---

[1] 杨大文主编：《亲属法》，法律出版社1997年版，第68页。

两种。在"有夫权婚姻"中,如妻在未嫁前为他权人,则摆脱生父的家长权而处于夫权或夫的家长权下,其所携妆奁要归丈夫或丈夫的家长所有;如未嫁前为自权人,则摆脱监护权而处于夫权或夫的家长权下,妻受人格小变更,由自权人变为他权人,脱离原来的家族加入丈夫的家族,消灭一切原有的家祀、继承、监护等法定关系,其原有的财产也要归丈夫或丈夫的家长所有。妻在家庭中处于丈夫的女儿的地位,夫对妻有惩戒权。只有在共和国末年帝政时期,先前在市民法上视同姘合的"无夫权婚姻"渐渐得到承认,妻子的地位才有所提高。[1] 在教会法中,婚姻的统一性几乎是绝对的,夫妻不可离异,而且夫妻之间是不平等的,"丈夫受托对他的妻子行使权力,这是教会的法律,也是国家的法律,……顺从是妻子的职责"。[2] 在古代中国法中,婚姻的统一体中尤其显出男性的绝对权威,封建伦理明确提出"夫为妻纲",夫休妻有"七出"之由,而妻只能以"三不去"为抗辩。

虽然表现不同,这些统一体的模型都表现出对当事人离婚自由的严格限制,同时极力维护家庭的完整和男性的权威。后者或许就是当时社会所认可的"正义"。

(二)始创于个人主义时代的契约模型

14世纪欧洲文艺复兴运动兴起以后,"自由"、"平等"的观念逐渐在西方盛行起来,在这一社会背景下,婚姻契约论应运而生。康德最早提出"婚姻是契约"的理论。他对"契约"所下的定义是,通过两个人联合意志的行为,把属于一个人的东西转移给另一个人,这就构成契约(合同)。[3] 而"婚姻就是两个不同性别的人,为了终身互

---

[1] 周枏:《罗马法原论》(上册),商务印书馆2002年版,第195~200页。
[2] [英]丹宁勋爵:《法律的正当程序》,李克强等译,群众出版社1984年版,第171页。
[3] [德]康德:《法的形而上学原理——权利的科学》,沈叔平译,商务印书馆1991年版,第89页。

相占有对方的性官能而产生的结合体。……它是依据人性法则产生其必要性的一种契约。"[1] 资产阶级革命爆发以后,1791年《法国宪章》第7条确认:"法律仅承认婚姻是一种民事契约"。1804年《法国民法典》第146条明确规定:"未经双方同意,不得成立婚姻。"该法典还冲破了教会法的桎梏,规定了离婚制度。此后现代婚姻契约理论就逐渐发展完善起来。根据这一理论,婚姻主要是作为平等个体的夫与妻之间缔结的共同生活的契约,此外,国家也是婚姻契约的一方当事人,因为婚姻关涉社会公共利益。婚姻契约的实质内容主要是经济合伙和共同生活,围绕这两方面衍生出夫妻之间的具体人身关系和财产关系。婚姻既然被视为独立个体以契约为基础的结合,故而是可分的,即当事人享有离婚的自由。

契约模型切中了现代婚姻关系最根本的特点,即双方当事人是独立的个体,但这一模型对于婚姻双方在某些利益上的"胶着"状态难以作出准确的阐释和分析。因为契约本身具有明确性、物质性,但在婚姻中,还有可感而不可见的爱、信任、关心和奉献这些非物质性的东西存在,而且这些因素往往使得婚姻中一方当事人甘愿为了家庭的整体利益放弃自身的可实现利益。纯粹的契约分析可能会导致对经济上处于弱势地位的配偶不公平的结果,尤其是在婚姻解体从而使重新分割财产利益成为不可避免之时。

(三)以伙伴关系为理论的合伙契约模型

这是美国学者在离婚财产法领域提出的具体契约论,它通过将婚姻类比为商业合伙关系的方法来说明平等所有权、平等分配婚姻财产的合理性。合伙是契约的一种,所以此种理论似乎并未对契约模型的基本内容作出修正,只在财产法领域抵制契约模型下当事人享有的约定财产权利的绝对自由,强调公平地估量当事人对婚姻作出的财产

---

[1] [德]康德:《法的形而上学原理——权利的科学》,沈叔平译,商务印书馆1991年版,第96页。

性贡献和非财产性贡献。该理论认为，配偶是婚姻中的伙伴，他们各自对婚姻作出形式不同但同等重要的贡献，非财产性贡献应当被充分地估量，如此才能使一方配偶呆在家里从事家务、照顾孩子，这些对家庭来说具有与财产性贡献同等重要的意义。因此，每一方配偶都有权分享婚姻中的财产，因为他们都作出了贡献。[1] 在视婚姻为伙伴的合伙契约模型中，离婚是享有充分自由的，而且在离婚之际，对基于合伙关系而产生的婚姻财产，不论这些财产由何方主体直接获取，婚姻关系中的任何一方均享有平等的权利，可要求平等地分割婚姻财产。

（四）新兴的盟约模型

这是西方社会新近提出的旨在"回归"婚姻融合状态的理论和实践。在离婚率高居不下、由此引发的社会问题层出不穷和越来越多的人选择不稳定的同居而放弃稳定的婚姻的情形下，美国社会想要通过一些措施增加婚姻的吸引力，其中一项就是向当事人提供缔结"盟约婚姻"的选择权。迄今美国有三个州允许夫妻选择缔结盟约婚姻，它们是亚利桑那州（Arizona）、阿肯色州（Arkansas）和路易斯安那州（Louisiana）。盟约婚姻"禁止离婚，除非出现了极端的情况如通奸、遗弃或者像阿肯色州的法律所说'残忍野蛮的对待'"。盟约婚姻还要求夫妻参与结婚前和离婚前的咨询，而且"与那些适用现有的无过错离婚的案件相比，他们的等待期延长到两年半"。[2] 学者们认为，盟约婚姻提供了婚姻的内在安全感，从而使得夫妻能够在对方身上、孩子身上和婚姻本身自由地投资，不必顾

---

[1] "Developments in the law—The Law of Marriage and Family: V. Marriage as Contract and Marriage as Partnership: The Future of Antenuptial Agreement Law", *Harv. L. Rev.*, 116, p. 2075.

[2] "Developments in the law—The Law of Marriage and Family: V. Marriage as Contract and Marriage as Partnership: The Future of Antenuptial Agreement Law", *Harv. L. Rev.*, 116, p. 2090.

虑无过错离婚的问题,因此使婚姻更具吸引力。[1]

与契约模型相比,盟约模型更强调婚姻的统一性,强调婚姻的神圣,对社会公共利益考虑得更多一些,并通过引进国家对婚姻的控制而限制离婚。然而,不可忽视的一点是,盟约模型中至关重要的"自我限制"的性质恰恰反映出尊重当事人自治的理念,从这个意义上来说,可将这种限制视为当事人缔约内容的一部分。所以,就其本质而言,盟约模型只是开拓了缔约主体行使缔约自由的范围和领域,它本身并没有超出契约模型的框架,更未对契约模型构成根本性的否定。

(五)典型经济分析学派的公司模型

这种模型强调结婚后双方当事人在婚姻关系中尤其是在与孩子有关的问题上具有极大的共同利益,因此更确切地说,这是一个关于包含婚姻关系在内的整个家庭的模型。在这种模型下,婚姻家庭的角色分工是为了达到效率最大化,而在个人工作和分工上丈夫和妻子之间存在讨价还价的过程。与公司一样,成功的婚姻意味着婚姻中的伙伴对对方和对婚姻要进行特别的投资,但是,当婚姻关系不稳定时,婚姻伙伴就会更倾向于对自己的职业等进行投资,而非对孩子和彼此之间的关系进行专注或额外的投资。

公司模型把婚姻当事人视为独立的、受理性支配的投资个体,同样忽视了这种特殊的"投资者"的特殊动机——亲近和爱,忽视了婚姻家庭中温馨的、感性的、非物质性的一面。而且,公司有严格的组织性,如决策机关、执行机关和监察机关等,这与婚姻意志的形成和表示相差甚远。此种模型最大的不足在于,婚姻解体源自内部当事人之间不再具有维持同财共居关系的一致意愿,而公司解体则往往是因为其资产无法及时清偿外债,所以婚姻与公司虽都为

---

[1] Matthew R. Hall, "From Contract to Covenant: Beyond the Law and Economics of the Family", *J. L. Fam. Stud.* 3 (2001), p.104.

组织体，两者在"内"与"外"的侧重点上却是不同的。

（六）针对解体家庭的特许模型

这种模型仅仅是就解体之后的原家庭成员而言，意指在夫妻离婚之后，家庭关系虽然不再具有法律效力却依然很重要，原家庭成员之间依然保有共同利益，并且依然存在延续的信任，因而每个家庭成员（受许人）都会尽力履行由于曾经共同拥有一个家庭而带来的义务，比如离了婚的父母继续对孩子的福利进行共同投资。

这种特许模型将离婚后当事人之间的权利义务关系作为一个专门的课题提出来，可以提醒我们去观察离婚给各方当事人带来的持续效应，也启发我们去构建良性的离婚后权利义务关系。也许只有那些能够在离婚后依然友好相处、协力合作的配偶才是真正理性的明智的离婚当事人。

在以上数种模型中，统一体模型早已在社会形势的发展和更替中随历史而远去；盟约模型与传统的契约模型比较相近，而公司模型和特许模型则像是新发明出来的婚姻观察镜。但值得注意的是，这三种新近提出的模型无不是从一个或几个方面强调婚姻关系使当事人存在某种共同利益，而之所以有同样的出发点，乃是因为它们关注同一个焦点——离婚问题。

于是我们可以发现，与其说学者们在为婚姻关系本身的性质而争执，不如说他们是在争辩何种婚姻关系理论对解决离婚的现实问题更有助益。

## 第二节　婚姻关系模型理论对构建离婚制度的影响

婚姻关系模型理论对构建离婚法律制度产生了重大的影响：对婚姻关系的认识决定离婚标准的宽严、离婚模式的繁简、离婚自由的尺度；对婚姻关系的认识决定婚姻财产制度的设计，从而直接影响离婚时的财产分割模式；对婚姻关系的认识还决定离婚后当事人之间的权利义务关系是否"彻底消灭"，并决定离婚后给付制度的存废。

**一、对离婚标准及离婚自由尺度的影响**

对婚姻关系的认识决定着离婚标准的宽严、离婚模式的繁简，最终决定离婚自由的尺度。一般来说，注重个人自由的婚姻关系模型下，对婚姻解体持较为宽容的态度，允许当事人选择离婚，而且所确定的离婚标准弹性较大，离婚程序也较为简单。

在上述几种具体模型中，只有统一体模型是典型的严格限制或者说否认个人自由的模型，因此其婚姻家庭制度的中心在于确立婚姻家庭内的秩序，离婚制度往往沦为男性单方抛弃妻子的机制。

罗马法非常重视婚姻要有持续的"婚意"，因此罗马的婚姻可因配偶一方或双方失去"婚意"而解除。优士丁尼在《新律》（22）中解释说："相互合意创造……婚姻……，但婚姻缔结后，可以在不受处罚或受处罚的情况下解除它，因为人们之间达成的一切均可解除。"[1] 为了维护婚姻的道德性，罗马法禁止明确约定不得离婚或约定在离婚情况下支付罚款。离婚就其性质而言不要求形式，就像婚姻不要求形式一样。简单的口头通知，书面通知或通过传信人通知就足够了。但是存在着一些很普遍的社会形式，如向妻子宣告："你自己管理你的物。"在帝国时代，一般采用寄发书面的休妻通知的做法。但是在相当长的历史时期，这种"自由"只是丈夫的特权，处于家父权和夫权控制下的妇女是不可能提出与其丈夫离婚的。只有到了共和国末期，丧失婚意的妻子才可以提出离婚，并要求丈夫通过"要式退卖"或"解除祭祀婚"等行为放弃夫权。[2]

---

[1] 转引自［意］彼德罗·彭·梵得：《罗马法教科书》，黄风译，中国政法大学出版社1992年版，第151页。

[2] 转引自［意］彼德罗·彭·梵得：《罗马法教科书》，黄风译，中国政法大学出版社1992年版，第148、149页。

中世纪教会法禁止基于任何理由的离婚，婚姻是"神作之合"，是不可解除的。并创立了无效婚姻和别居制度作为救济。导致婚姻无效的情况有很多种，大致包括未及适婚年龄、不能性交、重婚、近亲、宗教上的原因（如基督徒与异教徒的婚姻、曾许"守童身愿"、"贞洁愿"等）、欠缺真实意思，欠缺必要的方式（如没有在司祭和两名证人面前举行仪式）。别居分为"永久别居"和"暂时别居"，分别有不同的法定原因。别居后，双方依然存在婚姻关系，因此当事人无权再婚，而且男性依然要承担扶养妻子的责任。

注重个人自由的婚姻关系模型则对婚姻解体持较为宽容的态度，允许当事人选择离婚。这种离婚自由是经过多次法律改革才发展起来的，主要表现在从过错离婚原则向无过错离婚原则的转变。在20世纪60年代以前，各国离婚制度的一个共同特点就是采过错离婚原则。只有存在通奸、虐待、遗弃等一定的过错行为时，另一方配偶才有离婚请求权，国家为惩罚过错行为人而课以离婚负担。从20世纪60年代后半期至80年代后半期，美国、英国（英格兰、威尔士）、法国、西德、瑞典等国家都对离婚制度进行了旨在使离婚相对容易的较大改革，我国也在1980年对1950年的《婚姻法》进行了修改。此次离婚法改革浪潮正是从过错离婚原则转向无过错离婚原则和合意离婚原则的混合形态，少数国家（如英国、法国）为了适应复杂的社会形势，也暂时保留了过错离婚原则的某一方面。合意离婚是以当事人自由地形成离婚意思为前提的。根据无过错离婚原则，当夫妻之间不能达成离婚合意时，只要法院能够确认婚姻破裂即可判决当事人离婚。

确立离婚自由的理论依据正是婚姻契约论。既然承认婚姻是由适格当事人达成合意缔结的，其必然的逻辑就是双方当事人若达成解除婚姻关系的合意即可准予离婚，如果当事人不能达成合意，则另一方当事人可根据有关法律规定请求法官判决解除婚姻关系。从过错离婚原则到无过错离婚原则，离婚自由正是沿着婚姻契约论所指引的方向逐步深化的。此后的各种婚姻关系理论大都坚持对离婚自由的保障，只有盟约理论例外。也许是出于矫枉还需过正的考虑，该理论对当事人的离婚自由进行了严格的限制，几乎是过错离婚原则的"复辟"，但由于盟约婚姻只有在当事人自愿选择的前提下才适用，故在性质上属于当事人自治范畴，与法律的强制实施还是有本质区别的。

可以说，自契约婚姻模型以后的各种婚姻关系理论在离婚标准和离婚程序方面都没有本质性的分歧，这是对个体自由最基本的保障。

**二、对离婚时财产分割模式的影响**

对婚姻关系的认识决定着婚姻财产制度的设计，从而直接影响离婚时的财产分割。

历史上的婚姻统一体模型在婚姻财产制度上往往规定妻的妆奁归夫家所有或者由夫对全部婚姻财产进行管理和使用，而一旦婚姻解体（通常是妻被休掉），妻最多只能带走当初的妆奁，而无权要求分割婚姻关系存续期内增加的财产。但是在以契约婚姻模型为代表的现代婚姻制度下，由于在婚姻关系内部亦强调男女之间的平等和独立，故而婚姻当事人的基本财产权利是得到承认和尊重的。通常，现代婚姻制度既规定法定财产制又规定约定财产制，前者一般视婚姻关系存续期内增加的财产为夫妻共有，后者允许当事人自主约定财产权利。那么，在婚姻解体的情形下，当事人有权要求取走自己名下的财产并分割共有财产中自己所拥有的份额。

但现代婚姻模型在这个层面上开始形成差异。特许模型主要针对解体后的婚姻家庭而言，我们可以先放在一边。契约模型可能更看重当事人在财产问题上的意思自治。逻辑上如此，事实上也的确如此。在美国，《统一婚前协议法》（the Uniform Premarital Agreement Act，简称 UPAA）被认为进一步提升了契约婚姻理论，其重要表现就在于,这部法律以与普通契约相似的方式处理婚前协议,只是在一些特别的政策上对婚前协议的执行力加以限制。比如说,该法第3条允许当事人就任何不违反公共政策或规定刑罚的成文法的问题缔结契约,还允许当事人约定该协议适用的法律,而绝大多数法院似乎把这些协议中的择法条款与那些普通商业契约中的此类条款同等对待。[1]

当婚前协议具有强制执行力与无过错离婚原则成为一般规则时,将婚姻视为伙伴关系的观点却在离婚法中盛行起来。这是两股方向有所不同的潮流,也是不同理论之间的竞争。传统上,以婚姻契约论为基础的分别所有制下的离婚制度完整地保留当事人对其财产的所有权,任何财产的转移都是通过离婚赡养费的形式进行,属于离婚救济问题。但是随着无过错离婚制度的进一步推进,离婚赡养费制度遭到质疑,于是从20世纪60年代开始,美国实行分别财产制的州开始制定公平分配财产的成文法,其理论根据就是婚姻伙伴关系论。而实行共同财产制的州则预先就存在这样一个推定:"在公平分配财产的机制中,各方配偶会得到其自身的独立财产和一半的共有财产。"[2] 从结果来看,在美国各州,实行共同财产制和实行分别财产制的法律体系对于离婚时的财产分割问题的处理是相似的:它们都存在着一个平等分配的推定或者"起点",而由法庭作为最后的裁决者。这正是建立在伙伴关系模式上的离婚财产分配体系:平等分配财产才是公平的,才是正义的。

与契约模型相比,盟约模型和公司模型都更加强调婚姻双方的

---

[1] "Developments in the law——The Law of Marriage and Family: V. Marriage as Contract and Marriage as Partnership: The Future of Antenuptial Agreement Law", *Harv. L. Rev.*, 116, p.2079.

[2] "Developments in the law——The Law of Marriage and Family: V. Marriage as Contract and Marriage as Partnership: The Future of Antenuptial Agreement Law", *Harv. L. Rev.*, 116, p.2092.

共同利益，势必在婚姻财产制度上也更强调公平，而限制当事人完全以契约主体的身份对财产进行自由安排。盟约模型的提出旨在创造一个稳定而安全的环境，从而使丈夫和妻子能够摒除疑虑，积极地对彼此及其婚姻进行投资。为此，提倡此种模式的学者建议在裁判补偿金或财产分配中仍应考虑过错，或者明确肯认一方对配偶职业前景的投资。而公司模型中也存在"投资"的概念，该模型是这样来分析婚姻财产问题的：虽然利他主义在婚姻家庭内的分工上起着主导作用，但即使在夫妻都工作的情况下，女性仍会承担大部分洗衣的工作和其他传统的家务劳动。而且，丈夫和妻子仍需要不断地讨价还价重新缔约以适应其角色的变化。他们之间这种博弈的结果依赖于这样两个因素：一是建立在财产、权利和社会关系之上的当事人的交易地位，二是他们对风险和利他主义所持的态度。通常，妻子在交易中处于弱势地位，她们并不出外工作，收入较少，因此考虑到她们的投资期待，婚姻中的"可期待的收益"应当共享。[1]

由此可见，无论是伙伴关系理论，还是盟约婚姻理论和公司婚姻理论，实际上是殊途同归，它们都针对契约理论对当事人缔约自由的纵容进行矫正，力图更公平地在婚姻当事人之间分配财产和利益，从而达到社会正义。

### 三、对离婚后救济制度的影响

对婚姻关系的认识关系到离婚后当事人之间的权利义务关系是否"彻底消灭"，从而直接决定离婚救济制度的形态。一方面，离婚主张源自一方或双方当事人逃离旧有婚姻、寻求新生活的愿望，离婚制度的存在正是法律对这种自由的认可和保障。但另一

---

[1] Matthew R. Hall, "From Contract to Covenant: Beyond the Law and Economics of the Family", *J. L. Fam. Stud.* 3 (2001), p. 104.

方面，离婚往往会造成一方当事人生活质量的下降甚至是贫困，在社会力量不足的情况下可否以曾经存在的婚姻关系为由要求对方当事人承担扶助的义务？这也许是现代离婚制度所面临的重大困境之一。

我国从1950年《婚姻法》开始即在离婚制度中规定了经济帮助制度，其根据何在？学界通说认为，夫妻间的扶养权利义务随婚姻关系的终止而终止，对困难一方的经济帮助是基于婚姻关系解除所派生的社会道义上的责任。换言之，尽管离婚后当事人在法律上没有权利义务了，但基于曾经的夫妻身份，一方也应当对另一方给予帮助。因此，笔者以为在离婚经济帮助的背后存在着这样的社会观念：居主流地位的婚姻观视婚姻为神圣的、长久的结合，当事人之间的关系至为密切，离婚多是出于不得已之情由，即使婚姻破裂，当事人之间的关系无论在其自身看来还是在他人看来依然是特殊的，因此在无其他救济手段时求助于曾经的配偶也是情理之中。

而在契约观主导的美国社会，"离婚赡养费是向被损害的妻子补偿违反婚姻契约所带给她的损失，如果其夫没有错误地结束这段婚姻她当然会享有这些利益。"[1] 但是随着婚姻契约论的进一步深入，对离婚自由的捍卫促成无过错离婚制度的实施，进而，为了保障离婚后当事人能够不受羁绊地开始新生活，"彻底决裂"的离婚理念也开始盛行，至此离婚赡养费制度遭到严厉批判。于法理上而言，婚姻既然是契约，离婚就是契约的解除，双方当事人不再具有夫妻之间的权利义务关系，自然无由要求对方继续给付赡养费（至于孩子的抚养则是另一个问题）。于情理上而言，离婚后当事人尚有再婚的可能，如果一味地使之陷于过去婚姻所带来的经济负担，

---

[1] "Developments in the law——The Law of Marriage and Family: V. Marriage as Contract and Marriage as Partnership: The Future of Antenuptial Agreement Law", Harv. L. Rev., 116, p. 2092.

势必影响其开始新生活,甚至可能限制其再婚自由。

当社会保障体系的思想提出并在许多国家落实为制度时,对离婚当事人的救济就部分地转移到政府或曰公共财政的头上,这也是无过错离婚制度以及"彻底决裂"的离婚理念兴起的重要背景。但即使在经济发达国家(如美国),学者们也要为政府算经济账,看看它为离婚自由付出了多少成本,从前述数据来看,这是一笔不小的开销,公共财政实有不堪重负之虞。即便如此,离婚后当事人的生活质量仍然不可避免地有所下降。既然社会财富远不足以解决贫困问题,因离婚而使一方当事人陷于生活困境或生活质量下降就成为离婚制度必须要正视的问题。对这一问题的解决,究竟选择什么途径,把它归于财产分配制度还是归于离婚救济制度?纯粹的契约婚姻模型既然已经提出"彻底决裂"的离婚理念,自然排除了离婚赡养费制度的适用,惟一可行的就是在财产分配制度中限制当事人的绝对缔约权,以达到相对公平。伙伴关系理论亦是通过平等分配婚姻财产来保障公平,似乎也不存在采用离婚赡养费制度的可能。盟约模型可能会被视为退回到过错离婚制度,而且其倡导者还建议在裁断补偿金或财产分配中仍要考虑过错,这几乎推翻了契约婚姻理念近年来的发展和深化。但该理论与公司理论一起强调婚姻中的非财产性投资和贡献,因此其着重点也在于婚姻财产的分割,而非离婚后的救济。只有特许模型可能会根据原家庭成员之间所延续的信任和利益而主张强化离婚后给付制度。

从以上分析可知,婚姻关系理论对个人自由与社会正义的具体认识至少会在离婚原则、离婚财产分割和离婚后给付三个方面决定或影响离婚制度的设计。这不仅直接关系到婚姻当事人的利益,也会间接影响到孩子的利益,因为离婚后拥有监护权的家长其生活水平和生活状态对孩子的成长具有重大影响。对包括婚姻在内的整个家庭的认识还可能直接影响离婚制度对孩子的利益安排。可见,婚姻关系理论和离婚法律制度实际上是密切相关的,两者一同在个人自由与社会正义的两极之间不断移动、不断寻求平衡。

从不同婚姻关系模型的比较来看，西方久已盛行的婚姻契约论对现代婚姻关系仍具有一定的说明力。以婚姻契约论为指导的婚姻法律制度有力地推动了两性在婚姻关系中的平等和自由，但对社会正义问题关注不够。在当今社会，男女两性远未达到完全平等，其在婚姻中的合作方式依然很传统，在婚姻关系中推行绝对的契约自由，势必会在当事人之间产生不公平的结果，最终损害社会正义。此外，父母追求婚姻自由的权利可能与孩子健康成长的权利发生冲突。这都使我们认识到单纯强调个人自由的离婚制度对婚姻和家庭的整体性认识存在缺失和不足。因此，我们应当在更深刻的层面上理解和应用对离婚法律制度起指导作用的婚姻关系基础理论，尤其是对婚姻契约论进行修正的伙伴关系论，不仅推动契约自由，也必须关注契约正义问题。

实际上，当婚姻法律制度在契约婚姻论的引领下越来越偏向于个人自由时，以伙伴关系论为代表的后继学说正着力从社会正义的角度对之进行批评和矫正。在离婚制度中，社会正义存在于两个方面：离婚当事人之间的利益平衡和离婚当事人与重大利害关系人之间的利益平衡。由此，也必将带来离婚法律制度的改革：推行离婚咨询和离婚调解，促使当事人客观地认识其婚姻质量并理智地对待离婚问题，同时也唤醒他们对孩子对社会的责任感，从而挽救那些本无必要离异的婚姻；在财产分割中公平评价当事人对婚姻所作的分工不同但同等重要的贡献；重塑婚姻中的共同利益观，促进当事人在婚姻解体后客观、妥当地处理彼此间关系从而使孩子的利益达到最大化。如此，则离婚制度将使个人自由与社会正义达到较好的平衡状态，真正成为理性的选择。

# 第四章  对离婚自由适当限制的路径

如前文所述，离婚自由是相对自由，是法律范围内的自由。对离婚自由在法律上予以适当限制，这是世界各国婚姻立法的通例，其中，确定离婚的条件、离婚的程序是最重要的限制路径。

根据各国离婚立法的情况，按照不同的划分角度和标准，我们可以把离婚大体分为以下三类：①片意离婚与合意离婚。根据夫妻双方对离婚的态度，可以将离婚分为片意离婚与合意离婚。片意离婚是指一方有离婚的意愿，另一方不同意离婚，又称之为一方要求的离婚。现代各国均允许片意离婚，且大都规定男女平权的标准和条件。合意离婚是双方均同意离婚，又称之为双方要求的离婚，或两愿离婚。②行政离婚与诉讼离婚。根据离婚适用的程序，可以将离婚分为行政离婚与诉讼离婚。行政离婚是指通过行政程序解除婚姻关系，在我国是通过婚姻登记机关办理离婚登记。诉讼离婚是指通过诉讼程序解除婚姻关系，在我国是由人民法院审理裁决是否准予离婚。③协议离婚与裁判离婚。根据夫妻双方解除婚姻关系的方式和离婚的具体程序，可以将离婚分为协议离婚与裁判离婚。协议离婚是指双方达成离婚的协议,并经过法定程序确认后解除双方的婚姻关系。协议离婚可以通过登记离婚程序,经过行政登记机关审查批准后产生法律效力。也可以通过法院的诉讼程序,经法院调解后达成离婚协议。裁判离婚是指双方不能达成离婚协议,经法院审理裁决后解除双方的婚姻关系。[1]

片意离婚,须经诉讼程序,由法官裁判离婚,合意离婚可以通过行政程序,也可以通过诉讼程序,协议离婚可以是在行政登记机关达成协议,也可以是在法院达成协议。但几乎在所有的国家,都明确规定,无论片意离婚还是合意离婚,无论通过行政程序还是诉讼程序,无论最终是协议离婚还是裁判离婚都必须符合法律所规定的条件,经过法定程序。当事人自行达成的任何离婚协议均不产生法律效力。本章将在对各国的离婚条件和程序比较研究的基础上,提出对我国法定离婚程序和条件的思考与探索。[2]

---

[1] 巫昌祯主编:《婚姻家庭法新论》,中国政法大学出版社2002年版,第296、297页。
[2] 本章及以下各章所引用之法典规定除特别注明外源于:①《德国民法典》,陈卫佐译注,法律出版社2006年版。②《最新日本民法》,渠涛编译,法律出版社2006年版。③《法国民法典》,罗结珍译,法律出版社2005年版。④《意大利民法典》,费安玲等译,中国政法大学出版社2004年版。⑤李忠芳主编:《外国婚姻家庭法汇编》,群众出版社2000年版。⑥张贤钰主编:《外国婚姻家庭法资料选编》,复旦大学出版社1991年版。⑦北京政法学院民法教研室编:《外国婚姻家庭法典选编》(校内用书),1981年。⑧《英国家庭法》,徐妮娜译,武汉大学出版社2004年版。为防止赘述,下文中具体引用时不再标注。

## 第一节 协议离婚制度的自由与限制

### 一、协议离婚之演进及制度价值

（一）协议离婚之演进

协议离婚是指夫妻双方自愿离异，并就离婚的法律后果达成协议，经过有关部门认可即可解除婚姻关系。故又称之为两愿离婚或合意离婚。协议离婚具有以下特征：①主体适格。协议离婚的双方当事人必须具有合法的夫妻身份。协议离婚要解除的是夫妻身份关系，没有合法夫妻身份关系者无须缔结离婚协议。在我国，未办理结婚登记的事实婚姻或同居关系者，均非适格主体。②具有行为能力。缔结离婚协议的双方当事人均须具有完全民事行为能力。协议离婚作为解除身份关系的法律行为，须符合民事法律行为的一般要件，没有行为能力或没有完全行为能力者不能缔结离婚协议。③双方意思表示一致。协议离婚的当事人双方须就离婚和离婚后的财产处理、子女抚养等法律效力问题达成一致协议。合意是协议离婚的基础，因此，必然排除一方要求离婚，或虽然双方均同意离婚，但就离婚的效力无法达成一致协议的情况。④符合要式程序。双方所达成的离婚协议，须经有关部门认可，根据各国的不同规定，或经户籍机关登记，或经婚姻登记机关登记，或经法院裁决，具体的程序不同，但均有明确规定。当事人自行达成的协议未经法定程序者，不产生法律效力。⑤符合法定限制条件。尽管协议离婚以当事人的意思表示一致为基础，但许多国家出于保护婚姻，保护婚姻关系中弱势一方利益，特别是子女的利益，维护社会公共利益的考虑，对协议离婚在程序上，或在法律效力方面均设置一定的条件。如规定离婚考虑期，限制离婚请求权行使期，由法官裁决离婚协议是否公平等。

　　协议离婚通过双方协商，达成协议，和平分手，不仅有利于协议的履行，也减少了双方的相互指责、敌意，受到普遍欢迎，被认为是一种自由、合理、尊重当事人意愿的离婚形式，并为许多国家的离婚法所采纳，成为一种重要的离婚方式。

　　协议离婚早在罗马法时期的无夫权婚姻中就已存在。无夫权婚姻是以双方合意为基础而缔结的婚姻，因而可因合意的欠缺而解除。协议离婚以双方意思表示一致为要件，不需举行任何仪式，甚至可以以返还妆奁的形式默示离婚，法律对此也不加限制。这种离婚只需双方停止共同生活，女子离开丈夫的住所即可。如果只停止共同生活而没有离婚的意思，则婚姻并不解除。[1]中国古代的和离也是一种协议离婚制度。《唐律疏议·户婚》规定：若夫妻不相安谐而和离者不坐。所谓"夫妻不相安谐"，按照《疏议》的解释，谓彼此情不相得，两愿离者。此一规定从唐延续至清，在各朝代的户婚律中均有规定，由于律疏及律文中屡有"两愿离者"之语，故和离亦称两愿离婚，并为近代法律所沿用。[2]当然，在以男权为中心的古代社会，妻子是没有地位与丈夫达成离婚协议的。但婚姻既是合二姓之好，其亲、疏、存、废就不仅关系到当事者本人，而且直接影响到家族的利、害、荣、辱。故而，即使迫不得已离婚，也不能不顾及家族间的关系，采用无碍于对方家族声誉的和离，通过丈夫的"放妻书"来解除双方的关系，就是一种不错的选择，也许，这也是这一制度能够在封建宗法制度下能够保存下来的奥秘。[3]

　　近代的协议离婚制度是法国大革命的产物。1792年9月20日，

---

[1] 周枏：《罗马法原论》（上册），商务印书馆1994年版，第206页。
[2] 陶毅、明欣：《中国婚姻家庭制度史》，东方出版社1994年版，第268页。
[3] 陶毅、明欣：《中国婚姻家庭制度史》，东方出版社1994年版，第269、270页。

法国颁布法律，承认三种离婚方式[1]，第一种就是夫妻双方自愿达成协议离婚，且不问夫妻的年龄及其结婚年限如何，均可通过协议离婚。具体的协议离婚程序是由夫妻双方向亲属会议陈述离婚之意，亲属会议首先进行和解，和解无效者，则申请市镇乡吏，使其出具和解无效证明，夫妻双方须携此证明，亲至身份官吏前，受离婚之宣告。为了防止夫妻轻率离婚，亲属会议的召集与开会之间，交付证明书与申请宣告之间，均设有一定期间间隔，[2] 以给当事人充分考量的时间。1804年颁布的《法国民法典》，尽管仍保留了协议离婚制度，但规定了比较严格的限制条件。凡是结婚未愈两年、丈夫不满25岁或妻不满21岁、结婚已经20年或妻超过45岁、未经父母或其他直系血亲许可者均不得离婚。协议离婚的程序也极为严格，改为直接向审判官呈请离婚。审判官命其和解，和解无效后，可获得离婚呈请之证明书。嗣后依一定时间之间隔，三次向审判官呈请离婚，各别受和解之劝告。第四次劝解无效，才视为正式离婚许可之申请。审判官虽可不为实质之审查，许其离婚，但夫妻双方仍须携带许可书，亲至身份官吏前，受离婚之宣告，离婚宣告后，婚姻关系始为解除。[3]

晚近以来，适用协议离婚制度的国家越来越多，协议离婚的条件与程序较之法国民法典已大为简化。受《法国民法典》的影响，大陆法系的许多国家和地区在民法典中均有协议离婚的规定，如日本、比利时、丹麦、挪威、墨西哥、印度、俄罗斯、中国等国。但至今仍有一些国家，不承认协议离婚，其理由：①受宗教传统婚姻观的影响，认为承认合意离婚就是承认婚姻的非永久性，承认婚姻

---

[1] 三种离婚方式为：因双方同意协议离婚；因共同生活破裂离婚；因错误而离婚。
[2] [日]栗生武夫：《婚姻法之近代化》，胡长清译，中国政法大学出版社2003年版，第153～156页。
[3] [日]栗生武夫：《婚姻法之近代化》，胡长清译，中国政法大学出版社2003年版，第156、157页。

是可以随时解除的契约,违背了婚姻的"誓言"。②为了防止轻率离婚、恣意离婚,防止"合意"名义下的单意强制离婚,防止在协议离婚中出现损害配偶中处于弱者地位一方的利益和子女的利益,并由此损害社会和国家的利益。因此,离婚必须经过法院的诉讼程序,由法官依法裁决。

(二) 协议离婚之制度价值

协议离婚制度自进入现代社会以来,发挥了更大的作用,其制度价值得到了更多的重视和认可,笔者以为,其制度价值主要有四:

1. 协议离婚符合私法自治的理念,体现了对当事人的人文关怀。离婚法属于市民法,属于私法范畴。协议离婚以尊重当事人意思自治为原则,而私法的基本精神就是尊重当事人的个体权利,尊重当事人意思自治。在私法领域内,公权利应尽可能少地介入私人生活,协议离婚允许当事人就离婚问题自行达成协议,在协议离婚过程中,当事人无须暴露其离婚的理由和原因,避免了当事人在法庭上互相指责,公开私生活细节,减少当事人之间的尴尬和矛盾,这充分体现了离婚法对当事人私权利的尊重、对公民隐私权的保护以及对当事人的人文关怀。

2. 协议离婚尊重当事人意愿,保护离婚自由。协议离婚是以双方自愿离婚为前提的,充分体现了当事人的意志,因此,在一定程度上它把离婚的决定权交给了当事人,只要符合法定条件,当事人的协议即可决定婚姻的存废。因此,也可以说,在目前的法律制度下,协议离婚最大限度地保护了当事人离婚自由权利的行使和实现。

3. 协议离婚有利于社会的和谐稳定。协议离婚是以双方自愿协商的方式解除婚姻关系,这就使双方在平等、互动、良好的环境下达成协议,友好分手。双方在离婚后不是夫妻,还是朋友,这不仅有利于双方达成的离婚协议及有关子女抚养、财产处理协议的执行,也有利于减少讼累,减轻社会和当事人的负担,最终有利于社会的和谐稳定。

4. 协议离婚的自由是法律限度内的自由。协议离婚作为一种法律制度，法律规定了离婚自由的边际和范围，使通过协议离婚的当事人能在不侵犯他人自由的同时拥有和实现自己的自由。为此，各国均明确规定了协议离婚的法定条件和程序，非经法定程序的协议离婚不产生法律效力，当事人须自行承担因此而产生的后果。

在现代社会离婚率居高不下、离婚已成为社会常态的情况下，有越来越多的国家意识到了协议离婚的制度价值，协议离婚已经成为各国离婚立法的趋势。《瑞士民法典》原来不承认协议离婚制度，但在 2000 年对亲属法进行修订时增加了协议离婚的规定：配偶共同提出离婚，且提交关于离婚后果的完整协议，并附有必须的文件和他们关于未成年子女抚养的决定，法院经过对配偶共同和单独审理，确定离婚的请求和离婚协议是在自愿的基础上并且经过双方充分的考虑，可以批准离婚协议。从法院审理之日起，经过 2 个月，配偶确认他们的离婚请求和书面的离婚协议，法院既可宣告离婚并且批准离婚协议。[1]

为了防止协议离婚过于自由，危及未成年子女的利益，影响社会稳定，各国在肯认协议离婚的同时，对协议离婚的程序、条件也均作出了明确规定。但由于各国的政治、经济、文化及法律传统的不同，各国对协议离婚的程序和条件的规定有所不同，下文将分别解析评述。

## 二、各国协议离婚的程序及其比较

（一）协议离婚的三种程序

协议离婚以双方自由意志的表达为基础，并需经过法定程序。在适用协议离婚制度的国家中，依照认可或接受离婚协议的机关不

---

[1]《瑞士民法典》第 111 条，参见 2000 年修订的《瑞士民法典·亲属法》，译自 2000 年 Siegfried wylero, Barbara wyler und Renak Verlags-AG, st. Gauen.

同，可以分为以下三种程序：

1. 户籍登记程序。夫妻双方达成离婚协议后，须到户籍部门对离婚协议进行登记。登记后始发生离婚的效力。如《日本民法典》第763条规定：夫妻可以通过协议离婚。第739条规定：双方的协议依照户籍法的规定登记而发生效力。在办理协议离婚登记时，须由当事人双方及2人以上成年证人署名的书面或口头申请。我国台湾地区"民法典的规定与日本民法相同：夫妻两愿离婚者，得自行离婚。但未成年人，应得法定代理人同意（《日本民法典》第1049条）。两愿离婚，应以书面为之，有2人以上证人之签名并应向户证机关为离婚之登记。[1]《俄罗斯联邦家庭法典》规定：离婚在户籍登记机关办理（第18条），但以没有共同的未成年子女为条件（第19条）。

2. 行政登记程序。夫妻双方达成离婚协议后，须经行政程序予以批准，方可发生离婚的效力。依不同国家的规定，行政登记机关可以是民事登记处，也可以是婚姻登记机关。如《墨西哥民法典》第272条规定：夫妻双方自愿离婚，应亲自到其住所地民事登记处官员面前声明，由民事官员作一项记录，载明他们的离婚请求，并在15日内传唤双方前来确认上述记录，如果当事人双方都表示同意，民事登记处官员就应宣布他们离婚。丹麦婚姻法和挪威婚姻法都规定，夫妻双方只要就离婚和离婚后的有关问题达成一致协议，当事人就可以向州长办公室提出离婚申请，并办理离婚手续。我国实行的行政程序离婚是到婚姻登记机关办理离婚登记。《婚姻登记条例》第10条规定：内地居民自愿离婚的，男女双方应当共同到一方当事人常住户口所在地的婚姻登记机关办理离婚登记。

3. 司法裁决程序。有些国家规定，当事人双方达成的离婚协

---

[1]《日本民法典》第1050条。

议，必须经过司法裁决程序，经法官裁决后方产生法律效力。德国学者迪特·吉增教授在德国民法典亲属编修订时曾提出："协议离婚"的定义应当是，如果配偶双方亲自在法院宣布他们不愿意继续维持婚姻关系，如果法院认定配偶双方真正要求离婚，而且通过协议，对子女的福利和配偶的赡养（在有需要时）两个方面都作了妥善安排，婚姻就破裂或被认为破裂。[1] 如《瑞士民法典》第140条规定，关于离婚协议必须经过法庭的批准才能生效，离婚协议必须从裁决中推导出来。凡法庭认为离婚协议经过夫妻自由决定，经过双方审慎考虑，且协议内容清楚、完整，没有明显的不合法之处的，应当予以批准。《法国民法典》规定：离婚的双方必须就有关离婚和离婚扶养费和子女的监护抚养等离婚后果达成一致协议，并必须经过法院的认可。离婚的请求，得由当事人各自的律师或由双方共同协议选任的律师提交。法院受理离婚申请后，法官即应先分别与夫妻各方，然后再与夫妻双方一起，对离婚申请进行审查，此后，再传唤当事人的律师或各自的律师。如法官确信离婚双方的离婚意愿是真实的，并且双方均属自由同意离婚，法官得宣判离婚，法官得以同一裁判决定，认可处理离婚后的协议。[2] 但与户籍登记程序和行政登记程序不同的是，法官不仅有形式审查的权利，也有实质审查的权利。如法官确认该协议对子女的利益或者对一方配偶的子女利益保护不够，得拒绝予以认可，并且不宣判离婚。《印度教教徒婚姻法》第13条B规定：分居1年以上的夫妻，如无可能共同生活下去，家庭确已破裂，可依双方的协议而离婚。但这一协议是否成立，取决于法官的自由裁量。

户籍登记或行政登记作为离婚协议的生效要件，登记人员仅对当事人所达成的离婚协议作形式审查，即申请者是否符合法律规定

---

[1] 李志敏主编：《比较家庭法》，北京大学出版社1988年版，第152页。
[2] 《法国民法典》第230~232条。

的办理登记离婚的各种条件,是否提交了应当提供的各种证明文件,以及这些证明文件是否真实,不做实质审查。登记具有公示的效力,便于第三人知悉当事人身份变动之关系。在司法裁决程序中,法官不仅要进行形式审查,还要进行实质审查,确定当事人意思表示真实、自愿,对离婚后的财产分割公平,对子女抚养的安排符合子女的最大利益。就两种程序而言,登记程序更为自由,更符合私法自治的理念,但的确易于发生草率离婚之事,且无法确保协议的公平正义,无法保障子女的利益。司法裁决程序在尊重当事人意愿的前提下,更强调公权力的介入和对弱势一方及利害关系人利益的保护。由于离婚是重大的身份关系的解除,且解除后还会产生一系列的法律后果,因此,一些国家认为,兹事体大,即使是双方协议,也不可通过行政程序草率行事,而必须经过司法裁决,由具有专业法律知识和素养的法官对其协议进行审查后裁决。

(二)协议离婚的条件

对协议离婚的双方自由意志的表达各国均以法定条件作为限制。对协议离婚的条件各国的规定有所不同,但主要是从对主体的规定,对协议内容的规定,对形式的规定,对协议的限制性规定四个方面设定条件。

1. 对主体的规定。协议离婚的主体必须是夫妻双方,且双方均须有完全行为能力,双方对离婚的意思表示真实自愿。夫妻双方合意离婚,意思表示真实自愿是协议离婚的最基本要件。当然,毋庸置疑,双方均有完全行为能力是意思表示真实有效的前提条件,否则,必然导致协议无效。离婚合意是夫妻双方对离婚的意思表示一致,并就夫妻身份关系的解除,财产关系的变更及其子女抚养等问题达成协议。因此,有关离婚的意思表示必须明示,不得默示,也不可推定,确保其真实自愿。《墨西哥民法典》第272条规定:夫妻双方应以断然、明确的方式,声明他们希望离婚。同时,离婚合意的内容必须是真实的,是出自当事人内心愿望的,凡虚假的、误解的、欺诈的，或受人胁迫所达成的协议，均不产生法律效力。《法国民法典》第 232 条规定：如法官确信夫妻双方的离婚意愿是真实的，并且双方均属自由同意离婚，法官得宣判离婚。法国最高法院第二民庭判例要求：法官有义务确保夫妻双方确实有坚持离婚的"真实意愿"与"自由同意"，如果在认可离婚协议的诉讼中，法官认定夫妻之间并不同意离婚，则有依据驳回他们的离婚请求。

2. 对内容的规定。离婚协议的内容除是否同意离婚外，还须确定离婚后的子女监护人、子女抚养费及父母一方对子女的探望权。《比利时民法典》第 278 条规定：夫妻在离婚协议中必须写明离婚以后子女和其财产的照管办法以及当事人探望子女的权利；夫妻各自承担子女的抚养和教育费用的数额，并不得损害民法典规定的子女可得利益；或对子女的利益给以必要的保护。如果夫妻对离婚后子女抚养问题未达成协议，或协议内容没有对子女的利益给以足够的保护，法院有权拒绝批准离婚。《保加利亚家庭法》第 24 条规定：如果离婚协议中子女的利益未能得到很好的保护，法院得令当事人限期进行修正，如果在限期内未能消除协议中的缺陷，法院得拒绝批准离婚。我国台湾地区"民法"第 1055 条规定：夫妻离婚者，对于未成年子女权利义务之行使或负担，依协议由一方或双方共同任之。未为协议或协议不成者，法院得依夫妻之一方、主管机关、社会福利机构或其他利害关系人之请求或依职权酌定之。前项协议不利于子女者，法院得依主管机关、社会福利机构或其他利害关系人之请求或依职权改定之。

离婚协议还须就夫妻财产分割、债务清偿等财产清算问题达成协议。《日本民法典》第 768 条规定：经协议离婚的一方，可以对相对人请求财产的分割。依前项规定的财产分割，在当事人之间协议不成，或者不能达成协议时，当事人可以向家庭法院请求替代协议的处分。但自离婚时起经过 2 年时，不在此限。《墨西哥民法典》第 273 条规定，向法院提出协议离婚申请的当事人，必须在协议中确定在诉讼期间管理婚姻共同体财产的方式，以及离婚发生法律效力后清算共同体财产的方式，为此，应当呈交一份当事人婚姻共同体中全部动产和不动产的清单和估价单。

协议的另一项内容是关于离婚救济的。除财产分割外，一些国家的法律还规定，夫妻双方在离婚协议中，须就离婚后各自的住所、离婚后的补偿性给付、离婚后一方对另一方的扶养等问题达成一致，避免一方离婚后居无定所，生活无着。法国最高法院的判例规定，离婚协议可以规定补偿性给付，自离婚宣告之前即开始支付。法官只有在确认离婚协议能够充分保护子女以及夫妻双方的利益的情况下，才能认可离婚协议并宣告离婚。《法国民法典》第232条规定，法官如确认该协议对子女的利益或者对一方配偶的子女利益保护不够，得拒绝予以认可，并且不宣判离婚。

3. 对形式要件的规定。无论是通过户籍登记、民事登记还是司法裁决的协议离婚，均须符合一定的形式要件。尽管各国规定有所不同，但可归纳为以下几个方面：①提出申请。可以是提出口头申请，由法官或登记官员当场做记录，也可以是提交书面申请，双方向登记机关或法院提交草拟的离婚协议。如《法国民法典》第230条规定，如夫妻双方共同请求离婚，无须说明其原因；夫妻双方应将处理离婚后果的协议草案呈报法官审批。但有些国家还要求离婚协议须由当事人双方及经2人以上成年证人签名，如《日本民法典》第739条。②双方亲自到场。如《墨西哥民法典》要求当事人双方亲自到其住所地的民事登记处官员面前声明。③审查批准。登记机关或者法院有权利对当事人提交的申请或协议进行审查，包括形式审查和实质审查。经审查符合条件者，准予协议离婚，不符合条件者，不得通过协议离婚。如《俄罗斯联邦家庭法典》第20条规定，夫妻对共同财产分割有争议、对需要抚养的无劳动能力的夫妻一方给付生活费的争议，以及夫或妻一方被法院认定为无行为能力人或者因犯罪被剥夺3年以上自由的夫妻间所产生的对子女的争议，均依司法程序审理。

4. 对协议离婚的限制性规定。许多国家在允许协议离婚的同时，对协议离婚还规定了限制性条款，以维护婚姻关系的稳定，防止轻率离婚。这些限制性的规定主要有三项：

（1）在一定期限内，限制离婚请求权的行使。一些国家规定，结婚届满一定期限，方可提出离婚申请。虽然各国规定的期限不同，但均在1年以下。《法国民法典》第230条规定，结婚最初6个月内不得提出双方同意的离婚。荷兰离婚法、墨西哥民法均规定，结婚须满1年后才能提出离婚。

（2）设立离婚考虑期。提出离婚申请后须经过一定时期的考虑期方可正式进入离婚程序。如《法国民法典》第231条规定，夫妻双方如坚持离婚的意愿，法官应向双方指出其申请应在3个月的考虑期以后重新提出。如在考虑期届满后6个月内未重新提出申请，该共同申请即失效。《比利时民法典》规定，夫妻双方提出离婚申请后6个月内，必须以同样程序重新提出一次，检察官必须查明当事人双方在1年内2次明确表示互相同意，并履行了所有法定程序后，才由法院核实后加以批准。此外，奥地利、瑞典规定的考虑期也为6个月。《俄罗斯联邦家庭法典》第19条第3款规定，从提交离婚申请之日起满1个月，户籍登记机关办理离婚并发给离婚证明。

（3）双方须无未成年子女。《俄罗斯联邦家庭法典》第19条第1款规定，没有共同的未成年子女的夫妻协议离婚时，在户籍登记机关办理。有未成年子女者须经诉讼程序离婚。《墨西哥民法典》也要求协议离婚的双方须无共同的未成年子女（《俄罗斯联邦家庭法典》第272条）。

综上所述，在实行协议离婚的国家中，一方面，各国均强调协议离婚以尊重当事人的意思自治，保护公民的离婚自由权利为原则，并为保证这一原则的实现作出了各种具体规定；另一方面，各国也都对协议离婚规定了明确的程序和条件,甚至是限制性条件。这说明,在法律的范畴内,即使是双方自愿的协议离婚,也不可能是绝对自由,只能是在法律限度内的相对自由。而且,为了确保当事人自愿达成的协议符合公平、公正原则,有利于保护未成年子女的利益,尽管协议离婚为越来越多的国家所采纳,但适用行政程序协议离婚的国家仍然较少,大陆法系和英美法系的主要国家或适用司法程序的协议离婚,作为与裁判离婚相并行的离婚程序,或只承认裁判离婚程序。他们认为,解除身份关系的法律行为对个人、对社会、对国家具有相当的重要性,只有受过法律职业教育,具备专业水准的法官才可以确认身份关系的解除。

### 三、对中国登记离婚制度的评价与反思

我国实行双轨制的协议离婚制度,即要求离婚的当事人双方可以在达成离婚协议后到婚姻登记机关通过行政程序解除婚姻关系,也可以在诉至人民法院后经法院调解达成离婚协议后解除婚姻关系。2003年我国颁布了新的《婚姻登记条例》,开创了我国婚姻登记从行政管理到民事登记发展的新时期。但不可否认的是,新的离婚登记制度也存在着法律规定过于宽松、自由有余、限制不足、未能有效体现保护家庭中弱势者利益的法律价值等值得探讨的问题。

(一)从行政管理到民事登记——我国登记离婚程序的现代化进程

我国有关婚姻登记的行政法规一共有三部,都与《婚姻法》的制定、修改及我国婚姻关系状况的发展变化密切相关。1980年《婚姻法》颁布之后,1986年8月15日国务院颁布的《婚姻登记办法》,明确规定了结婚登记与离婚登记的条件和程序,其中第7条规定了离婚登记的条件和程序:男女双方自愿离婚,并对子女抚养和财产处理达成协议的,必须双方亲自到一方户口所在地的婚姻登记机关申请离婚登记。申请时,应持居民身份证或户籍证明和《结婚证》。婚姻登记机关查明情况属实,应准予登记,发给《离婚

证》，收回《结婚证》。1994年2月1日，国务院颁布了《婚姻登记管理条例》。该条例分别对婚姻管理的原则、机关、婚姻登记、档案和婚姻关系证明、监督管理和附则作了明确的规定，强调了婚姻登记机关对当事人婚姻登记行为的行政管理职能。第14条至第20条对离婚登记的条件和具体程序作出了明确规定。与1986年的《婚姻登记办法》相比，《婚姻登记管理条例》对登记离婚时出具的证明中增加了"所在单位、村民委员会或者居民委员会出具的介绍信"一项，并在办理离婚登记的程序中增加了离婚申请审查期的规定等内容。在2001年《婚姻法》修订后的3年内，2003年7月30日国务院再次颁布《婚姻登记条例》，对1994年的《婚姻登记管理条例》进行了比较大的修订。第10条至第14条对离婚登记作出了规定。

与1994年颁布的《婚姻登记管理条例》相比，新的《婚姻登记条例》在登记离婚制度的规定中有以下三个重大变化：

1. 制度价值的变化。《婚姻登记条例》改变了《条例》的名称，去掉了"管理"二字，由此淡化了婚姻登记的行政管理色彩，突出了民事登记的特征。离婚登记的目的在于由婚姻登记机关对要求进行离婚登记的当事人是否符合婚姻法规定的协议离婚的条件进行审查，并对能够证明该登记行为合法的相关证明文件的真实合法性进行审核，凡符合离婚条件的应当依法予以登记。离婚行为是民事行为，离婚登记是民事登记，登记机关除了依法履行登记职责外，没有对要求离婚登记的当事人予以行政管理的职权。因此，婚姻登记机关对离婚当事人离婚协议的审查主要是形式审查，即当事人双方的主体资格是否合法——是否具有合法的夫妻关系（须提交结婚证件），是否自愿达成离婚协议——精神病患者及其他无行为能力或限制行为能力者不得通过登记程序离婚；离婚协议的内容是否完备——协议书中的内容是否包含了对财产的处理、子女的抚养等离婚效力的各项要求。对当事人是否感情破裂，离婚协议是否公平,离婚后对子女的安排是否符合子女的最大利益等均不作实质审查。因此,可以说,新的《婚姻登记条例》更加体现了尊重离婚当事人意思自治,保护当事人离婚自由以及对当事人给予人本关怀的司法理念。

2. 改变了婚姻状况证明方式。1994年的《婚姻登记管理条例》要求登记离婚时须提交所在单位、村民委员会或者居民委员会的介绍信。其目的有二:①提供婚姻状况证明,由单位或基层组织证明当事人处于合法的婚姻状况;②表明单位了解当事人离婚的情况,甚至表明单位同意该人离婚。这就使得离婚不仅仅是个人私事,且具有了公权力介入的痕迹。而此次取消离婚时须提交单位证明的规定则抹去了这一痕迹。由当事人自行提供结婚证和离婚协议书,对自己的婚姻状况负责并承担由此产生的离婚法律后果。

婚姻状况证明方式的改革,体现出婚姻登记立法理念发生了三大变化,即义务本位到权利本位的变化,依赖集体的管理模式到相信个体的自理模式的变化,单位监管职责到个人自律责任的变化。这种思维模式的变化,是市场经济条件下基本民事权利和民事责任理念浸透传统计划经济体制下社会管理模式的结果。改革婚姻状况证明方式与我国民法确定的意思自治、为自己行为负责的基本原则是一致的,也符合《婚姻法》规定的婚姻自由原则。随着我国民事法律制度的不断完善和公民法制观念的不断增强,在人们的观念中,结婚、离婚日益成为个人的私事,婚姻状况也属于个人隐私,当事人有权自主行使这项权利,自己承担自己行为的责任,作为当事人的工作单位和生活的社区,没有权力、没有义务、也没有可能证明当事人的婚姻状况。改革现行的婚姻状况证明制度,有利于促进公民的基本道德规范,有利于强化社会信用意识,推动依法治国和以德治国的有机结合。促进公民的道德建设,一个很重要的机制是促进公民行为的自律意识的提高。以往的婚姻状况证明制度的假设前提是相信组织而不相信群众,相信集体而不相信个人。从而使得最了解自己婚姻状况的当事人,对自己的婚姻状况反而没有发言权,而不了解当事人婚姻状况的单位、集体或者组织却掌握了证明并决定当事人是否可以结束婚姻的权力。这种对所有公民都采取怀疑和不信任态度的制度设计,不相信民众自己的道德,不尊重公民个体的意志,实际上是不尊重人的权利和尊严。而一项不尊重个体尊严的制度设计,其实施的结果往往导致民众对这项制度本身的不尊重、不信仰,从而使得这项制度的执行流于形式。[1]

3. 取消了离婚申请审查期。1994年的《婚姻登记管理条例》规定,婚姻登记机关对当事人的离婚申请进行审查,自受理申请之日起1个月内,对符合离婚条件的,应当予以登记,发给离婚证,注销结婚证。这一规定考虑到离婚是解除身份关系的重大法律行为,当事人应当给予足够的重视和认真的考虑,以避免或减少草率离婚。1个月的审查期,也可视为"冷静期"、"调解期",给当事人以冷静的时间,给婚姻登记机关和有关单位进行调解、和解的时间。但这一制度在实践中遭到了许多质疑和冷遇,因为有1个月的审查期,当事人宁愿到法院通过简易诉讼程序协议离婚,而不愿意办理离婚登记。此次颁布的《婚姻登记条例》取消了离婚审查期,其第13条规定,婚姻登记机关应当对离婚登记当事人出具的证件、证明材料进行审查并询问相关情况。对当事人确属自愿离婚,并已对子女抚养、财产、债务等问题达成一致处理意见的,应当当场予以登记,发给离婚证。这一规定取消了离婚申请审查期,对离婚登记的办理时效未作规定。凡婚姻登记人员经审查询问后认为符合法定条件的,当场即可办理。这一规定显然与上述两个变化——婚姻登记制度价值的变化和离婚登记立法理念上的变化相一致。强调个

---

[1] 丁锋:"《婚姻登记条例》的新思维",载《婚姻登记条例知识问答》,法律出版社2003年版,第10页。

人意思自治,强调"自己决定权"。即自己的私事由自己自由决定的权利。一个人之所以拥有"自己决定权",是因为一个智力健全的人是一个理性的人,每一个人都具有独立的人格,对自己的行为和利益具有独立的判断能力与决策能力,每一个人都是自己利益最大化的最佳判断者和决策者。[1] 因此,是否离婚应由当事人自行决定,凡当事人自愿离婚,提供了有关证件和证明材料,并已对子女抚养、财产、债务等问题达成一致协议的,婚姻登记机关就应当立即办理离婚登记。即使离婚登记后反悔,或因离婚而产生的其他问题,都应由当事人自行承担相应的责任。

从上述分析中我们可以看到,我国新的离婚登记制度充分张扬了"个人意思自治""自己责任""自己决定权"等私法自治理念,离婚自由得到了充分保障。从比较法的角度看,就笔者的视野所能涉猎的大陆法系、英美法系等主要国家的协议离婚制度中,我国的登记离婚制度已是世界上最自由的离婚制度之一。

(二)自由充分,限制不足——对我国登记离婚制度的反思

1. 我国登记离婚制度的规定及缺失。如前所论,离婚自由是相对自由,是法定范围内的自由。法律对离婚自由的干预应当反映立法者深层次的道德导向,国家对离婚自由的干预应当通过明确和正当的立法途径来加以规定,在干预的正当理由和实现干预的措施之间,应当遵守相称性原则,而且必须受到监督。这也意味着,施加限制措施的国家有义务证明他们采取的措施是必须而且相称的。[2] 在当事人的离婚自由与公权力介入之间,法律如何划定自由的范围,公权力如何介入婚姻家庭,其介入的方式与底线如何,的确仍然是世界各国婚姻家庭法面临的挑战。

20世纪中期以来,婚姻家庭法深受福利国家的介入主义影响,

---

[1] 王洪:"家庭自治与法律干预",载《月旦民商法》2005年第8期。
[2] 国际人权法教程专家组:《国际人权法教程》,中国政法大学出版社2002年版,第201页。

许多国家通过立法及司法有选择地介入离婚领域，一方面，尽可能地保护公民的离婚自由权利，充分尊重当事人的意思自治，不使其受到国家和他人的任意干涉；另一方面，也特别注意在离婚时维护家庭中弱势者的权益，以改变历史上形成的不平等状态。

我国的登记离婚制度在长期以来受到公权力强力介入之后，新的《婚姻登记条例》以充分保障公民私权利为主导思想，更加体现了婚姻自由，尊重当事人意思自治以及人文性的特点，同时也强化婚姻当事人为自己行为负责的理念。在充分地保障了登记离婚当事人协议自由的同时，新的《婚姻登记条例》对提起登记离婚的当事人在登记离婚的主体、协议的内容、登记的形式方面也作出了明确的规定。

（1）主体须适格。离婚的主体是夫妻，未办理结婚登记的同居者，不予办理离婚登记。双方当事人须具有民事行为能力。无民事行为能力或限制民事行为能力者不适用离婚的行政程序。

（2）双方须自愿离婚且意思表示真实、自愿。双方当事人对离婚的意愿必须是真实的、一致的，一方欺骗他方或胁迫他方所达成的协议，不予办理离婚登记。

（3）双方对子女抚养和财产问题已达成协议。协议内容包括离婚后子女由何方抚养，子女抚养费的负担及其数额、期限和给付方法，不直接抚养子女的父母一方如何行使探望权。夫妻共同财产的分割、债务的清偿、家务劳动补偿、离婚损害赔偿以及对生活困难一方的经济帮助等。

（4）须履行登记离婚的程序。办理登记离婚的机关在我国是县级人民政府民政部门或者乡（镇）人民政府，省、自治区、直辖市人民政府可以按照便民原则确定农村居民办理婚姻登记的具体机关。其形式要件有三：①申请。凡男女双方自愿离婚的，应当双方亲自共同到一方当事人常住户口所在地的婚姻登记机关申请登记离婚。申请时，应当持：本人的户口证明、居民身份证；本人的结婚证；双方当事人共同签署的离婚协议书。②审查。婚姻登记机关对当事人的离婚申请，应当进行审查。首先，应查明当事人提供的各项离婚证件与当事人是否符合，是否真实有效；其次，查明当事人的申请是否符合登记离婚的法定条件，申请人对登记机关了解的情况应如实提供，不得弄虚作假。③批准。婚姻登记机关对于当事人确属自愿离婚，并已对子女抚养、财产、债务等问题达成一致协议的，应当当场予以登记，发给离婚证，注销结婚证。[1]

申请离婚的当事人一方有下列情形之一的，婚姻登记机关不予受理：①一方要求离婚的；②双方同意离婚，但是对子女抚养、离婚救济、财产及债务处理等事项未达成协议的；③一方或双方为限制民事行为能力或者无民事行为能力的；④未办理过结婚登记的；⑤结婚登记不是在中国内地办理的。

显然，我国的登记离婚制度在条件与程序上与各国的规定基本相同，但需要引起我们关注的是多数允许登记离婚的国家在一般条件和程序之外还附加了一些特殊限制条件，而且许多国家规定协议离婚须经登记机关或法院的实质审查（详见上文）。但我国新的《婚姻登记条例》在改变了婚姻状况证明方式，取消了离婚申请审查期的规定，对离婚不再作任何实质审查后，只注重了保障离婚自由，没有关切到离婚时家庭中弱势者的权益，对那些离婚意思表示不真实的一方，对没有任何选择权利的未成年子女，法律没有保护或救济措施。所以，笔者以为，新的《婚姻登记条例》是自由充分、限制不足。

2. 登记离婚在实践中存在的问题。

（1）草率离婚有所增加。从2003年10月1日开始实行新的《婚姻登记条例》，简化了离婚登记程序之后，登记离婚数量大幅上升。2003年全国民政部门登记离婚69.1万对，比上年增加11.8万

---

[1]《婚姻登记条例》第10～14条。

对，2004年全国民政部门登记离婚104万对，比上年增加34.9万对。2005年全国民政部门办理登记离婚118.4万对，比上年增加14.4万对。[1] 3年共计增加了61.1万对。

以上海市为例，2005年，上海市有100 297对恋人登记结婚，与此同时，30 745对夫妇办理了离婚登记。和2004年相比，由于受到"鸡年无春不结婚"的传统说法影响，2005年上海结婚登记的人数比上一年减少了22 741对，下降了18%左右，而协议离婚的人数比上年上升了12%，增加了3 369对，平均每天有84对夫妻劳燕分飞。在登记离婚数量大幅上升的同时，复婚率却有所上升。2005年上海复婚登记的人数达到3 301对，占总数的3.29%，比2004年上升了22%左右。[2]

据《贵阳晚报》报道，2004年1月~10月，在贵阳市三城区进行复婚登记结婚的约有263对，大约是去年的3倍，呈明显上升趋势。复婚登记增加的原因，大多是因办理离婚登记时过于草率，复婚者以30岁至50岁者居多。在这些复婚的夫妇当中，有90%以上是因为离婚后还是觉得"原配"好，才选择复婚的。据婚姻登记处的工作人员介绍，许多复婚夫妻，当初离婚并不是因为感情破裂，而是为琐碎小事争吵，一时冲动作出了离婚的决定。分开一段时间后，便念起对方的好，于是选择"破镜重圆"。[3]

（2）未成年子女的利益没有得到应有的重视。在草率离婚增加的同时，孩子付出了更大的代价。我国的登记离婚制度没有充分考虑和认真关切到离婚后的子女权益问题。在我国的登记离婚程序中，虽然要求离婚当事人须对子女的直接抚养方、子女抚养费等涉及离婚后子女利益的问题达成一致协议，但是，《婚姻登记条例》既没有要求当事人所达成的有关子女抚养问题的协议必须符合子女

---

[1] 数据来自2002年~2005年《民政事业发展统计报告》。
[2] 数据来自东方网2006年2月14日。
[3] "贵阳市复婚率呈上升趋势"《贵阳晚报》，2004年11月5日。

的最大利益,有利于子女的健康成长,也没有要求婚姻登记人员对这一协议进行合法性审查,因而,当事人有关离婚后子女抚养的协议是否符合婚姻法的有关规定,是否有利于子女健康成长,实际上是没有任何评估和监督的。而且对登记离婚所达成的协议是否必须考虑到未成年子女的愿望未作规定。在诉讼离婚程序中,对于年满10周岁的未成年子女,在离婚后随父还是随母生活,法院在调解和判决时应当考虑子女的意愿,以有利于子女的身心健康。[1] 而在登记离婚中,子女是否对关涉到他们重大利益的这一生活变故发表了他们的意见,当事人自行达成的协议是否考虑了子女的愿望,《婚姻登记条例》未作任何规定。在实际生活中,绝大多数父母是不会征求子女意见的。显然,这是《婚姻登记条例》规定的一个重大疏漏。

(3) 对离婚时意思表示不真实的当事人,法律缺乏救济手段。通过登记程序协议离婚的最重要的条件之一是缔结协议的双方当事人意思表示真实、自愿,而当事人具有完全的民事行为能力,双方意思表示真实、达成一致是协议有效的前提条件。但在实践中,有多种情况会导致当事人的意思表示不真实,如,当事人一方为无行为能力或限制行为能力人;因一方胁迫、诈欺所缔结的协议;当事人双方通谋欺骗婚姻登记机关所作的虚假意思表示;当事人未亲自到场做出同意离婚的意思表示等。对上述情况,只要婚姻登记机关未能及时发现,当场办理了离婚登记,离婚即刻发生法律效力。对此,原《婚姻登记管理条例》第21条曾经规定:"申请婚姻登记的当事人弄虚作假,骗取婚姻登记的,婚姻登记机关应当撤销婚姻登记,……,对离婚的当事人宣布其解除婚姻关系无效并收回离婚证,并对当事人处以200元以下的罚款。"新《婚姻登记条例》取

---

[1] 最高人民法院《关于人民法院审理离婚案件处理子女抚养问题的若干具体意见》第5条。

消了这一规定,但并未规定受欺骗或受损害的一方可以通过何种途径能够得到救济。笔者认为,对于在离婚时因意思表示不真实而受到损害的当事人,法律不应无所作为,应当提供完善的救济途径,以保护当事人的合法权益。

3. 完善立法之思考。针对实践中出现的上述问题,笔者认为,法律应当有所应对。

(1) 应当规定离婚考虑期。新《婚姻登记条例》取消离婚申请审查期的原因是因为立法者认为,申请离婚登记首先要达成离婚协议,在离婚协议形成的过程中,当事人已对离婚问题进行了反复考虑,离婚申请审查期显得多余。另外,离婚是当事人之间的个人私事,当事人一般不愿意将个人婚姻问题搞得满城风雨、人人皆知,为保护当事人的隐私权,就不必调解了。起码不需要留出专门时间进行调解。[1] 笔者认为,婚姻关系与一般的社会关系不同,一方面,它是一种相当重要的身份关系,其深度与广度是其他社会关系无法比拟的,它的建立和解除对个人、家庭和社会都会产生很大的影响,当事人会相当慎重,反复考虑;另一方面,婚姻关系的密切性和情感因素又使得当事人极易感情用事,他们甚至会因为一语不合,一拍即散。所以,实际上,婚姻当事人在离婚之前有两种可能,一种是经过反复思考,反复协商,确已下定离婚决心者,另一种是未经认真考虑,在气愤之时,甚至是匆忙之间做出了离婚的决定,对于前者,当然可以当场办理离婚登记,使当事人可以尽快解除不幸的婚姻。但对于后者,则应当给当事人一段考虑的时间,避免因一时意气用事,轻率离婚而造成其后的痛苦。

因此,对当场办理离婚登记的规定应设立前提条件。婚姻登记人员对当事人的离婚登记申请应当进行审查和调解,经审查调解后,确信当事人确属自愿离婚,并已对子女抚养、财产、债务等问

---

[1] 国务院法制办编:《婚姻登记条例知识问答》,法律出版社2003年版,第93、94页。

题达成一致处理意见的，可以当场予以登记，发给离婚证。如经审查调解后，认为当事人属于意气用事，尚未考虑成熟的，也可以不当场予以登记，给当事人1个月的考虑期，考虑期后，当事人仍然坚持离婚的，再办理离婚登记手续。规定离婚考虑期可以使当事人对已经达成的离婚协议进行认真地、冷静地考虑，确保当事人对离婚本身及其因此而产生的各种后果都能够充分地理解并能够承担协议中规定的相应责任。

如前所述，离婚考虑期是大多数允许协议离婚国家的规定，但考虑期间的长短规定不一，如俄罗斯规定为1个月，瑞士规定为2个月，法国规定为6个月。考虑到我国的具体情况和立法传统，笔者认为将离婚考虑期规定为1个月比较符合国情。

(2) 有10周岁以下未成年子女者，不得适用登记离婚程序。有10周岁以上未成年子女者，在协议离婚时，应征询子女的意见，双方达成的协议须经婚姻登记机关审查核准。10周岁以下的未成年子女是无行为能力人，他们无法表达自己的意志，掌握自己的命运，需要由他们的家长、社会或国家给以必要的关注和特殊保护。10周岁以上的未成年人是限制行为能力人，他们有一定的识别能力，在父母离婚确定直接抚养方时，他们可以做出自己的选择，但父母的协议是否考虑了子女的意见，是否有利于子女健康成长，符合子女的最大利益，还应由婚姻登记机关进行实质审查。

保护未成年人的利益不仅是家庭的责任也是国家的责任，这是国际社会的共识。《儿童权利公约》[1]在序言中指出："儿童有权享受特别照料和帮助；深信家庭作为社会的基本群体，作为家庭所有成员、特别是儿童生长和幸福的自然环境，应获得必要的保护和帮助，以充分担负起它在社区的责任；认识到为了充分而和谐地发

---

[1] 此处的儿童是指18周岁以下的孩子，我国是《儿童权利公约》的缔约国。

展其个性,儿童应该在家庭环境里,在幸福、爱抚和理解的气氛中成长。"该公约第3条第2款规定:"缔约国应承担确保儿童享有幸福所必需的保护和照顾,考虑其父母、法定监护人、或任何对其负有法律责任的个人的权利和义务,并为此采取一切适当的立法和行政措施。"《公民权利和政治权利国际公约》第17号一般性意见第24条第1款规定:"每一个儿童应有权享受家庭、社会和国家为其未成年地位给予的必要保护。因此,执行这项规定就必须采取特别措施保护儿童,……"[1]

在离婚过程中要保障未成年子女的利益,使他们能够享受到家庭、社会和国家为其未成年地位给予的必要保护,就应当在立法中充分考虑到子女无权状况,对他们采取必要的保护措施。对于子女而言,生活在一个父母双全的幸福家庭,当然是儿童健康成长的重要环境,但当父母处于极度不和谐状态,婚姻关系已经完全破裂时,离婚对父母而言可能是唯一的选择。但对子女来说,他们是无助的,他们的命运掌握在父母的手中。这时,他们需要社会、国家的介入和保护。

我国的登记离婚协议是由离婚当事人自行达成的,尽管我们可以相信所有的父母都是爱自己的孩子的,他们会为子女的利益考虑,但这种建立在道德基础上的推定无法保证所有的父母所签订的协议都是最有利于子女健康成长的。因此,法律应当介入其中,保护家庭中处于最弱势地位的子女的利益。凡有10周岁以下未成年子女者必须经过诉讼程序离婚,在法官的主持下达成有关子女利益的协议,由法官确认这一协议是否符合子女最大利益,有利于子女健康成长。

一些采取行政序离婚的国家对此也有相同的规定,如《俄罗斯联邦家庭法典》第19条第1款规定,没有共同的未成年子女的

---

[1] 联合国经济、社会、文化权利委员会第35次会议(1989年)颁布。

夫妻协议离婚时，在户籍登记机关办理；有未成年子女者须经诉讼程序离婚。《墨西哥民法典》第272条也要求协议离婚的双方须无共同的未成年子女。

（3）建立登记离婚的无效制度。对于不符合法定条件或违反法律规定而登记离婚的，应由婚姻登记机关宣告离婚无效。其目的：一是要制裁各种违法的协议离婚，以确保登记离婚时意思表示的真实性，所达成离婚协议的有效性；二是对违法协议离婚的受害方或善意一方予以救济，使他们可以通过请求登记离婚无效而达致公平。离婚协议是民事法律行为，根据《民法通则》的规定，凡导致民事行为无效的情形，应当成为导致协议离婚无效的原因：①主体不适格。当事人一方或双方为无民事行为能力或限制民事行为能力人，其所作出的关于离婚的意思表示没有法律效力。离婚登记无效。②意思表示有瑕疵。当事人一方以诈欺或胁迫等手段迫使另一方同意离婚，达成离婚协议的，离婚登记无效。③当事人双方通谋欺骗婚姻登记机关，或提供虚假证明的，离婚登记无效。离婚登记无效的请求权人可以是当事人、利害关系人、近亲属、婚姻登记机关。因诈欺或胁迫而登记离婚的，离婚登记无效请求权人为当事人，并应自其知悉被诈欺或胁迫后1年内提出离婚登记的无效请求。宣布离婚登记无效的机关应为婚姻登记机关，宣布离婚登记无效后，应收回离婚证，当事人之间恢复原有的夫妻身份关系。如当事人一方或双方在宣布离婚登记无效前已经再婚，须在宣告离婚登记无效后重新办理离婚登记，或诉讼离婚，否则构成重婚。由于婚姻登记机关的登记人员在离婚审查过程中的问题而导致离婚无效的，除宣告离婚登记无效外，应当对婚姻登记人员给予相应的处分。当事人对宣告离婚登记无效不服的，可以依照行政复议法的规定申请复议。对复议决定仍然不服的，可以依照行政诉讼法的规定提起诉讼。

## 第二节 裁判离婚程序的特征及发展趋势

### 一、裁判离婚程序之特征

裁判离婚又称判决离婚或诉讼离婚,指夫妻一方向法院提出离婚请求,经法院审理裁决后解除婚姻关系的法律制度。裁判离婚程序就是法院审理裁决离婚案件的程序。

裁判离婚与协议离婚相对应,如果说,协议离婚更多地体现了当事人双方的意志,体现了个人意思自治,裁判离婚则更多地体现了国家对婚姻问题的干预,体现了公权力的意志。在一些国家,裁判离婚与协议离婚并存,离婚程序实行双轨制。当事人双方就离婚的意思表示一致,可以达成离婚协议的,通过协议离婚的程序解除婚姻关系;无法就离婚达成协议,或尽管双方均同意离婚,但对离婚后的子女抚养,财产处理等问题达不成协议的,可以通过裁判离婚程序处理。在另一些国家,裁判离婚是唯一程序,不适用协议离婚制度,只适用裁判离婚,无论当事人是否达成离婚协议,均需通过裁判离婚程序。如《德国民法典》第 1564 条规定,离婚只能由法院根据配偶一方或双方的申请,以判决为之。判决发生既判力时,婚姻被解除。《古巴家庭法》第 50 条规定:"离婚的唯一途径是按诉讼程序判决"。但值得注意的是,现代各国在裁判离婚的程序中,增加或强化了和解或调解的程序,以更好地保护当事人的利益,体现婚姻家庭法的人本主义。

裁判离婚程序作为解决片意离婚的形式要件,在功能作用上既是保障当事人之间的离婚争讼得到公正、合法、有效解决的必要手段,也是对主体的行为所施加的必要限制和约束;在法律体系的归属上,既是程序法上的重要内容,又是亲属法不可分割的有机组成部分。[1] 各国对裁判离婚的程序规定既有相同，亦有不同，概其要者，主要有如下特征：

（一）裁判离婚的主体具有特定性

裁判离婚的主体是夫妻双方。只有具有夫妻身份的当事人才有权向法院提起离婚诉讼请求或提出抗辩。裁判离婚是解除婚姻关系的诉讼活动，诉讼主体不适格，离婚之诉不能成立。我国《婚姻法》第8条规定：要求结婚的男女双方必须亲自到婚姻登记机关进行结婚登记。符合本法规定的，予以登记，发给结婚证。取得结婚证，即确立夫妻关系。未办理结婚登记的，应当补办登记。最高人民法院《关于适用婚姻法司法解释（一）》规定，在《婚姻登记管理条例》颁布后，对于没有办理结婚登记或在离婚案件审理前没有补办结婚登记手续的，按解除同居关系处理。同时，只有当事人提起离婚请求，法院才可以开始裁判离婚程序。

（二）法官在裁判离婚的过程中具有主导性

裁判离婚是一种诉讼活动，法官在整个诉讼活动中起主导作用，并有最终裁决权。由法官依法裁定婚姻关系是否破裂，双方能否继续维持夫妻关系；确定离婚后对子女的监护方、抚养费的数额及给付方法；夫妻共同财产的清算等其他问题。《法国民法典》第24条规定，审理民事案件的大审法院唯一对离婚及其后果作出宣告有管辖权。该法官对宣告离婚有管辖权，无论离婚原因如何。在英国，即使是法官介入最少的"无抗辩离婚"，也是由法官主导的。无抗辩离婚案件，当事人双方均无须出庭，由地区法官审查原告提供的诉讼文书和一套宣誓过的声明，从而确定陈述的事实能否证明婚姻是否已不可挽回地破裂，是否存在任何不准予离婚的情况。

（三）裁判离婚的程序与离婚理由具有法定性

与协议离婚不同，离婚当事人一方提出离婚请求时，必须说明

---

[1] 陈小君主编：《海峡两岸亲属法比较研究》，中国政法大学出版社1996年版，第169页。

离婚理由。尽管在现代社会,许多国家的离婚理由已由过错离婚发展为无过错离婚,但当事人仍须向法官陈述其婚姻关系破裂的原因,证明其婚姻关系确已破裂,只有法官确认夫妻双方婚姻关系已经破裂,才可以准予离婚。同时,诉讼离婚的程序是法定程序,具有规范性、要式性、严格性特点。法官必须依照法定的程序审理离婚案件,如许多国家规定离婚必须经过和解或调解程序,法官就必须首先进行离婚和解或调解,只有在和解或调解无效后才可以进行判决。

(四) 裁判离婚的诉讼标的具有复合性

裁判离婚的诉讼标的即当事人的诉讼请求及在诉讼中双方有争议而需要法院予以裁决的实体性权利义务关系。由于离婚涉及到夫妻人身关系、财产关系及其子女抚养监护等多方面实体权利义务关系的变更与消灭,因而,在一个离婚诉讼中,当事人的诉讼请求、争执而需要法院审理裁决的诉讼标的具有复合性、多元性。这种复合、多元的诉讼标的因基于同一前置性原因事实而产生,必须合并审理和解决。[1] 因此,各国亲属法的离婚制度均明确规定离婚程序、离婚条件、离婚效力。

(五) 裁判离婚的法律文书具有强制性

法官依照法定的程序和条件作出的独立裁决是具有法律效力的法律文书。当其发生法律效力后,当事人必须履行,不得对抗,否则将承担藐视法庭或拒不履行已经发生法律效力的判决或裁定的法律后果。

(六) 裁判离婚程序的特殊限制性

离婚将解除夫妻间的身份关系,其产生的后果与解除纯粹的财产关系不同,故而许多国家对离婚诉讼的法定程序都作出了限制性

---

[1] 陈小君主编:《海峡两岸亲属法比较研究》,中国政法大学出版社1996年版,第169页。

的规定。其限制主要有以下几种情形:

1. 限制男方离婚诉权。为了保护女方、胎儿和婴儿的利益,保护妇女、儿童的身心健康,一些国家规定,妇女在怀孕期间和生育后一段时期内,男方不得起诉离婚。如《俄罗斯联邦家庭法典》第17条规定,丈夫在妻子怀孕期间和分娩后1年内,未经妻子同意,无权提起离婚诉讼。《越南婚姻家庭法》第41条规定,妻怀孕期间夫不得申请离婚,必须于妻生产1年之后才可以申请离婚。妇女在怀孕期间、分娩后1年内,身体上和精神上都需要特别照顾。其精神状态、情绪,也直接影响胎儿和婴儿的发育成长。为了维护妇女、胎儿、婴儿的身心健康,在此期间内,禁止男方提出离婚,是非常必要的。

2. 离婚案件不公开审理。离婚案件涉及当事人的一些私生活秘密,具有私密性,一些国家作出了不公开审理、保护当事人隐私权的规定。如《法国民法典》第248条规定,就离婚原因、离婚后果以及先予执行之措施,庭审辩论不公开进行。在因过错离婚的情况下,以及应配偶双方的请求,家事法官在其判决理由中仅限于确认存在构成离婚理由的事实,而无须写明各方当事人的过错与申诉。

3. 在离婚诉讼中规定和解期间。通过设立和解期,给当事人一段考虑的时间,避免草率离婚。如《法国民法典》规定,无论是一方要求离婚还是双方协议离婚,法官均应当进行和解,和解是强制性步骤,即使当事人不愿意也必须进行。一般情况下,法官在调解时应当给当事人不超过8天的考虑期,如果法官认为必要,还可将考虑期延长至最多6个月,并应当在考虑期内进行新的和解尝试。[1]《俄罗斯联邦家庭法典》也规定了在诉讼离婚中,如果夫妻一方不同意离婚,法院有权采取使夫妻和解的措施,并有权延期审

---

[1]《法国民法典》(第251、252条),罗结珍译,中国法制出版社1999年版,第82、83页。

理案件，同时为夫妻双方指定不超过 3 个月的和解期限（第 19 条）。[1]

4. 驳回离婚起诉或不准予离婚的情形。一些国家规定，当离婚将给另一方当事人或子女造成严重危害或出现严酷状态的，法官可以驳回离婚原告的离婚请求，以保护处于困境的一方当事人和未成年子女的利益。《法国民法典》第 238 条规定，如果离婚有可能对有精神病一方的疾病造成严重后果的，法官得依职权驳回离婚申请。第 240 条规定，如一方配偶能证明，鉴于其本人的年龄与结婚时间，离婚对其本人与子女在精神与物质上均会引起极为严重的后果，法官得驳回离婚申请。《德国民法典》则通过附加严酷条款，对离婚时正处于困难境地的一方当事人和未成年子女予以保护。《德国民法典》1568 条规定，为婚生的未成年子女的利益，如果且只要由于特殊原因而例外地有必要维持婚姻，或者，如果且只要离婚基于非正常情况而对于拒绝离婚的被申请人会意味着较为严峻的苛刻，以至在考虑到申请人的利益的情况下也显得例外地有必要维持婚姻的，即使婚姻已经破裂，也不应该离婚。

英国 1996 年《家庭法》也规定阻止离婚令可以在法院认为有下列情形时作出：婚姻的解除将给另一方当事人或子女造成巨大的物质上或其他方面的损害；且在此种情形下（包括当事人的行为和子女的利益），解除婚姻可能是错误的。

5. 设立临时措施保护当事人利益。有些国家规定，在离婚程序发生之后为了保护夫妻各方和子女的利益，设立临时性措施。如《法国民法典》规定，法官在双方未达成协议且未实现和解之裁定的情况下，可以采取下列措施：①允许夫妻分别居住；②允许夫妻中一人享用住宅以及家庭内的动产用品的使用权，或者允许夫妻双

---

[1] 《俄罗斯联邦家庭法典》（第 19 条），鄢一美译，载《外国婚姻家庭法汇编》，群众出版社 2000 年版，第 471 页。

方分享使用之；③命令交回个人的衣物；④确定一方配偶应当向另一方配偶支付的扶养费数额以及预付的诉讼费用；⑤如情况必要，从一方配偶所占有的共有财产份额中预先给予该一方配偶一定的款项；[1]⑥对夫妻共同财产采取封存等任何保全措施。[2]如果有未成年子女，法官应当对行使亲权的方式作出宣告；法官也可以决定将未成年子女交由第三人照管，并且对父母的探视权与留宿权作出规定；确定子女平时不同其住在一起或不行使亲权的父母一方，对子女生活费与教育费开支应当分担的数额。[3]

## 二、调解在各国裁判离婚中的地位日趋重要

调解是一个双方谈判、协商最后达致同意的过程。离婚调解是指当事人通过这个程序在中立的第三者的帮助下就离婚条件和后果进行谈判和沟通。离婚调解既是一个解决冲突的过程，又是一个使当事人承担自我决定自己生活责任的管理过程。[4]调解不仅提供了一个避免高成本、精神创伤、不确定性和诉讼迟延的方式，而且本着私法自治的理念，尊重当事人的意愿，给当事人提供了一定的自由空间，有利于增进双方之间的交流并减少因婚姻失败而产生的敌对、冲突和痛苦。现代许多不适用协议离婚制度的国家，在诉讼离婚制度中鼓励当事人通过调解或和解在法官或调解人的主持下达成协议，协议的内容由法官予以确认、发出裁定，使裁判离婚也能够达到协议离婚所要达到的目标。

婚姻家庭法的伦理性决定了当事人之间具有伦理亲情——夫妻之情、亲子之情、兄弟姐妹之情、祖孙之情。即使夫妻关系已经破裂，曾经的感情和共同生活也使他们之间与一般的朋友、同事、邻

---

[1]《法国民法典》第255条。
[2]《法国民法典》第257条。
[3]《法国民法典》第256条。
[4] 季卫东："程序比较论"，载《比较法研究》1993年第1期。

居等熟人关系不同，更何况即使夫妻关系已经解除，他们的共同子女仍然与他们保有共同的血缘亲情，这就是调解与和解的基础，是法官行使自由裁量权时必须考虑的前提。

（一）各国法律对离婚调解程序的规定

离婚纠纷的调解包括诉讼外的调解和诉讼内的调解，是现代各国处理离婚案件普遍认同和行之有效的重要方法，而且在各国诉讼离婚中的地位日益提高。有些国家既规定在诉讼离婚之前要进行调解，又规定在诉讼离婚过程中还应当进行调解。如挪威制定了《纠纷解决法》，规定诉讼外调解是诉讼的必经程序，经调解达成的协议可强制执行。瑞典95％的民事纠纷都依靠调解（含诉讼外调解和诉讼内调解）来解决。日本1951年颁布了《民事调解法》，规定调解协议书具有与判决书同等的法律效力。美国制定了《解决纠纷法》，鼓励各地成立民间调解组织、实行民间调解制度。英国把调解制度称为"纠纷解决替代措施"，英国法律一直以来都强调替代性纠纷解决机制在解决家庭问题方面的重要性。最初，这些机制被视为调停机制，但是现在被视为调解机制。1974年的《单亲家庭报告》令法院能够优先使用替代机制帮助夫妻解决离婚后各项事宜。在此报告之前曾出版《调解手册》，鼓励法院如果认为和解有帮助，就将案件交给福祉官员（现在的儿童与家庭报告员）。随着《报告》和《手册》的出版，1977年，布里斯托郡法院开始应用一种机制，将两种方法合二为一。之后，其他地方也都采用这种做法。如今，全英国均使用庭外调解机制，其效果是相当明显的。澳大利亚在20世纪90年代成立了"全国非诉讼调解理事会"，协助政府制定调解政策，指导调解工作。菲律宾把调解作为初步的诉讼程序，人们遇纠纷必先经过调解，调解不成，由调解委员会开出证明，才能将纠纷递交法院审理。欧盟目前正在制定一部适用于欧盟各国的《纠纷解决法》，联合国也正在起草倡导适用调解手段解决社会矛盾纠纷的法律文件。可以说，调解制度正在全世界范围内得到发展和重视。[1] 以下列举几个国家关于离婚调解的具体规定及其做法，以资借鉴与比较。

《法国民法典》在离婚程序一章中设专节对离婚的调解程序作明确而详尽的规定：在因夫妻共同生活破裂或因过错而请求离婚的情况下，于司法诉讼之前，试行调解属强制性步骤。调解亦得于诉讼过程中再行提出。在夫妻相互同意申请离婚的情况下，诉讼过程中，得依照适用于此种离婚案的程序规则，试行调解。法官对夫妻双方试行调解时，应当亲自同夫妻各方分别谈话，然后再召集夫妻二人一同至法官面前。如法官不能使夫妻双方放弃离婚请求，仍应尽力让夫妻双方通过协商，达成协议，解决离婚的各项后果，尤其是涉及子女的问题（第251、252条）。为了更好地达到调解的目的，2004年5月26日修订的《法国民法典》离婚部分，增加了任命专职家庭调解员的规定，由他们从事离婚调解工作，并使离婚双方意识到通过调解平静离婚的好处。

《美国统一结婚离婚法》规定，在离婚诉讼中，法庭要考虑一切有关因素包括调解的可能性。在初审后30天至60天的等待期内，可以向双方当事人提出进行协商的建议。法庭在认为必要时或者依照当事人的请求，可以任命一个调解委员会。在美国，绝大多数当事人离婚，采取事先协议的方法，通常在律师的帮助下，通过协商就离婚问题、财产分割、配偶扶养及子女监护等问题达成协议书，有时也可通过受过专门培训的职业调解人之调解达成调解书，并将协议书或调解书递交法官，如果该法官认为协议书或调解书符合法律规定，符合公平合理的标准，予以批准，即可产生法律效力。美国学者论证了离婚调解的优势包括：开放双方之间的交流，允许双方自行订立协议，将离婚程序从胜负的对抗中脱离，减少开支，加速法庭进程，并且减少了对过错的追究，减少当事人的愤怒

---

[1] 司法部部长张福森2002年9月27日在全国人民调解工作会议上的讲话。

和不公平的感受。目前美国有超过一半的州通过立法，允许在离婚案件中适用调解程序。[1] 美国的调解制度具有自己的特点：①在美国的一些州实行职业调解人制度，由职业调解人帮助当事人达成与离婚有关的各项协议。②在涉及子女监护及探视问题时实行强制调解。如美国加利福尼亚州民法规定，涉及子女监护和探视问题必须进行调解。目前美国已经有38个州和哥伦比亚特区作出了涉及子女监护和探视问题必须进行调解的规定。③美国有许多民间调解组织进行婚姻调解，当然，这些民间组织所进行的调解既不具有强制性，也没有法律效力，相当于中国的诉讼前调解。美国律师协会家庭法分会在家庭调解员司法实践标准中规定：在开始调解前，调解员须告知当事人调解的过程和费用，未经当事人同意不得泄露调解情况；调解必须公正，确保当事人充分了解情况并知道所做的决定。如果进一步调解会歧视或伤害一方当事人，调解员须终止调解，劝告当事人各自聘请独立律师再达成协议。[2]

日本家庭纠纷案件采取调停（即调解）前置主义。日本制定的《家事审判法》，明确规定了调停前置主义，即对能进行调停的事件提起诉讼的人，首先必须在家庭裁判所申请调停，如果有不作调停申请而起诉的情形，裁判所必须将该事件交付家庭裁判所先行调停。[3] 换言之，当事人双方就离婚无法达成协议时，在起诉要求判决离婚之前，必须先向家事裁判所提出调停的申请。负责调停的委员会由法官和两名调停人组成，由家事审判员和调停委员会及夫妻双方参加，不公开举行。调停程序的主要阶段是：首先，由家庭裁判所调查官进行调查，调查双方当事人的背景，婚姻状况，发现问题，进行分类，并予以临时处置。调停员要使当事人相信调停期

---

[1] Dennis P. Saccuzzo, Controversies in Divorce Mediation, *North Dakota Law Review*, 2003, p.79.
[2] 夏吟兰：《美国现代婚姻家庭制度》，中国政法大学出版社1999年版，第171页。
[3] [日]川岛武宜：《现代法与法》，中国政法大学出版社1994年版，第193~195页。

间所发现的事实均属保密,即使发现一方有违法行为也不会发布临时禁令或临时扣押令。其次,调停人员进行调解,帮助当事人思考自己的问题并自行得出结论,在双方自愿决定离婚时,调停员鼓励当事人继续讨论子女监护、夫妻财产分割、精神损害的赔偿等问题。最后,如果调停离婚成立,即可制作调解书,它与判决书具有同等的效力。[1]

《比利时民法典》规定,离婚之诉,不论在已具备可据以提起诉讼的事实之时,还是诉讼已经开始之后,均可因双方和解而终止(第266条)。在上述任何一种场合,均不得继续起诉。但和解后出现新的诉因,原告可以因此而进行起诉,可用过去的理由支持新的诉因(第266-1条)。

英国离婚法也包含有旨在鼓励调解的规定。1996年修订的《英国家庭法》第1条(b)款规定,对可能已经破裂的婚姻,应鼓励双方采取包括婚姻咨询在内的一切可能措施以期维持婚姻。当事人提出离婚请求后,应当至少分别参加或共同参加一次聆讯会(调解会议),与婚姻指导人员见面,接受婚姻指导和调解(该法第8条)。在英国的司法实务中,离婚调解是由双方和一个中立的调解人坐在一起,由调解人确定争议的事项并通过促成双方达成协议来解决争议。此程序的目的不是让调解人将解决方案强加给双方当事人,而是由双方自己探求达成协议的可能性。此程序是秘密的且不具有强迫性。如果对于离婚的财产和经济问题调解成功,双方达成的协议会被纳入法院的法令中作为同意法令发出,此法令是由双方律师准备并在随后由法院签署的文件。[2] 英国上议院院长、大法官艾威在第四届欧洲家庭法会议上代表英国表示:英国政府希望调解成为解决争议的文化中的一个中心元素——一种将越来越少地关

---

[1] 李志敏主编:《比较家庭法》,北京大学出版社1988年版,第175页。
[2] [英]凯特·斯丹德利:《家庭法》,屈广清译,中国政法大学出版社2004年版,第11页。

注从前任配偶处获得优势和利益，而更多关注对未来作出明智安排的文化。

我国澳门地区的《亲属法》对两愿离婚和诉讼离婚均规定了调解程序。无论是通过民事登记的两愿离婚还是通过法院达成的两愿离婚均适用相同的调解程序。法官或民事登记官在接受当事人的离婚申请后，应召集夫妻双方举行第一次会议。在会上首先应进行调解和好工作，调解和好不成的，法官或民事登记官应在会议上对当事人达成的离婚协议进行审查。如发现协议不足以保障夫妻一方或子女的利益时，法官或民事登记官可以要求当事人进行修改。如修改后经审查通过的，可以不召开第二次会议。如有夫妻二人所生之未成年子女，或在第一次会议中双方未以明确方式表明彼此无和好可能，则法官或民事登记官须在 3～6 个月内召集第二次会议，并在会上再次试行调解夫妻和好。如果调解不成，法官或民事登记官须对有关协议再次进行审查，根据情况作出判决或决定，或者驳回当事人的离婚请求。在离婚诉讼中必须对夫妻双方进行调解。在诉讼离婚的任何时候，当事人双方均有权选择采用两愿离婚方式解除婚姻关系。[1]

（二）离婚调解制度之优势

从各国的调解制度中我们可以发现离婚调解制度具有许多优势：

1. 减少夫妻对立，有利于缓和矛盾，解决问题。当事人选择调解是因为调解可以适用非明确的界限来划分和界定他们之间的问题，使当事人之间处于各种有利的模糊状态；对案件的事实和是非也无需像判决那样必须一清二楚，水落石出，允许相对含糊。[2] 离婚调解不一定必须查明离婚的事实，不需要夫妻双方当众相互指

---

[1]《澳门亲属法》第1629～1634条。
[2] 高洪宾：《民事调解理论与实务研究》，人民法院出版社2006年版，第5页。

责,互揭对方短处和伤疤。同时,在双方信任的调解人员的主持下,夫妻双方可以冷静、客观地表达自己的观点,通过调解,相互理解、相互自省,进而能够促使当事人有意识地明确和深化其背后的规范性根据,进而使他(她)可能在看待与对方的关系上获得新的角度或标准。[1] 从而使双方达到意见的接近,减少夫妻间的紧张与对立,有利于缓解矛盾、挽救婚姻。即使夫妻双方已无法继续维持婚姻关系,调解也有利于双方协商解决问题,而不是剑拔弩张、恶语相向,最终使离婚问题获得双方可以基本满意的解决方式。

2. 尊重当事人意愿,有利于实现法律的实质正义。调解的过程是当事人在第三人的帮助下达成合意的过程,因此,离婚调解是法官或调解人员集法、理、情于一体,充分尊重当事人的私权自治,允许当事人根据具体情况和需要处理其离婚后财产、子女抚养等问题,在法律的限度内更好地平衡当事人之间的利益,实现法律的实质正义的过程。调解不具有强制性,不强加给当事人任何一方,但在整个调解的过程中,仍然会贯穿分清是非、扶持正义的理念,只要是合理、合法的权利和主张,调解人员必然会支持和保护,并通过调解,说服另一方,使之让步息讼。离婚调解虽然不需要追究一方的过错或责任,但在调解过程中的妥协与让步恰恰实际上可以达到这一目的,在尊重当事人意愿的前提下,让有过错的一方在调解中认错,并承担一定的责任。"让步息讼,接受调解正是当事人为保护自己利益的一种策略。所以,无论是非讼调解还是诉讼调解,其价值都包含着公平正义,只是其内容和表现形式各有侧重。"[2] "只有当事人自己最清楚纠纷的真相和他的利益所在,所以他们自愿选择的处理结果应当说是最符合他们的利益需求的,也

---

[1] 张学军:"离婚诉讼中的调解研究",载《民商法论丛》第7卷,法律出版社1997年版,第148页。
[2] 高洪宾:《民事调解理论与实务研究》,人民法院出版社2006年版,第4页。

最接近当事人追求的实体公正。"[1]

3. 调解程序灵活，简便快捷，有利于止纷息讼。调解的程序和时间比到法院出庭要更便利当事人，调解人员可根据当事人的时间表和特殊需要确定调解的时间，程序也更为灵活、简便，在许多国家，调解的费用大大低于诉讼费用，对当事人而言，离婚调解节省时间成本、费用成本，效益明显。因此，有学者指出："几乎所有的法律家都应该知道，由于法律程序自身的局限性，有时候一个不太好的调解甚至比一个好的判决具有更好的效果。"[2]

离婚调解吸收了协议离婚的优点，成为解决离婚纠纷的重要方法。特别是在一些不适用协议离婚制度的国家，通过调解，实际上达到了协议离婚的目的，而且，由于这一协议是在调解人、律师或法官的指导下达成的，这就使其不仅符合当事人的意愿，也符合法律的规定和法律公平正义的理念。

### 三、离婚调解制度在中国面临的尴尬与解决之道

调解被国际司法界称为"东方经验"，作为一种解决纠纷的有效方式，在中国有着几千年的历史。新中国的调解制度则源于"马锡五审判方式"。《陕甘宁边区民刑案件调解条例》第11条规定：系属法庭之案，得由法庭以职权依据本条例之规定进行调解，或指定双方当事人之邻居、亲友或民众团体在外从事调解。[3] 离婚纠纷最适合适用调解方式解决，在我国自1950年《婚姻法》颁布以来，调解就成为处理离婚案件的必经程序。1980年《婚姻法》和2001年修订的《婚姻法》都坚持了离婚调解作为处理离婚案件必经程序的规定。婚姻法的这一规定与《民事诉讼法》及其相关司法

---

[1] 杨润时主编：《最高人民法院民事调解工作司法解释的理解与适用》，人民法院出版社2004年版，第5页。

[2] 范瑜："调解的重构"（下），载《法制与社会发展》2004年第3期。

[3] 转引自高洪宾：《民事调解理论与实务研究》，人民法院出版社2006年版，第33页。

解释共同构成了我国离婚调解制度的法律规范体系。

(一) 离婚调解在中国的发展

1950年《婚姻法》作为新中国颁布的第一部基本法,首先确立了调解在民事审判中的地位。该法第17条规定,男女一方坚决要求离婚的,得由区人民政府进行调解;如调解无效时,应即转报县或市人民法院申诉。区人民政府并不阻止或妨碍男女任何一方向县或区人民法院申诉。县或区人民法院对离婚案件,也应首先进行调解;如调解无效时,即行判决。根据这一规定,离婚调解分为诉讼前的区人民政府的行政调解和诉讼内的判决前置调解。只有在调解无效的情况下,法院才可以对离婚案件进行判决。陈绍禹同志在1950年所作的《关于中华人民共和国婚姻法起草经过和起草理由的报告》中强调,无论是区人民政府所作的调解还是人民法院所作的调解都应当遵循自愿原则,不应当是强制说服的结果。他在解释处理离婚案件规定调解程序的必要性时指出,有一部分离婚案件或者是出于一方或双方一时感情冲动的结果,或者是双方夫妻感情关系未达到确实不能再继续共同生活的地步,或者是产生一方要求离婚的原因经过法院调解而得到了合理的解决。根据当时上海市和济南市人民法院关于离婚案件的统计,其中因法院调解而夫妻言归于好的,约占20%左右。[1]

1980年《婚姻法》坚持了1950年《婚姻法》离婚调解程序,且在第25条第2款规定,男女一方要求离婚的,可由有关部门进行调解或直接向人民法院提出离婚诉讼。人民法院审理离婚案件,应当进行调解;如感情确已破裂,调解无效,应准予离婚。与1950年《婚姻法》不同的是,诉讼外的行政调解不是离婚的必经程序,不具有法律的强制性,当事人一方要求离婚,可以先经过诉讼外的调解程序,也可以不经过诉讼外的调解程序,直接向人民法院提起

---

[1] 刘素萍主编:《婚姻法学参考资料》,中国人民大学出版社1989年版,第75~77页。

离婚诉讼。诉讼外的调解也不再由区人民政府负责调解,而是由有关部门进行调解的程序。所谓有关部门,包括当事人所在单位、群众团体、基层调解组织和行政主管部门。调解时,既可由一个部门进行调解,也可由几个部门联合进行调解。调解必须遵循自愿、合法的原则,不得强迫调解。

2001年修订的《婚姻法》对离婚调解的规定只字未改,完全沿袭了1980年《婚姻法》的原有规定。

(二)对离婚调解的反思

我国的离婚调解包括了诉讼外的调解和法院诉讼调解两种途径,诉讼外的调解是可选择途径,不具有强制性。但它对于及时解决婚姻纠纷,保护当事人的利益具有非常重要的意义:①诉讼外的调解有利于及时解决当事人间的婚姻家庭纠纷。防止矛盾激化,减少诉讼,促进家庭和谐与社会和谐;②诉讼外调解有利于改善夫妻关系。通过调解可以消除对立情绪,缓和夫妻双方当事人之感情,也许可以进一步挽回危机,避免夫妻离婚。[1] ③诉讼外的调解有利于发挥各级基层组织、人民调解组织和群众团体的积极作用。由于上述单位接近群众,了解情况,在弄清纠纷的原因和事实真相,进行调解和说服方面有便利条件,因而具有不伤和气、气氛融洽、易为当事人所接受的优点。但事实上,选择通过诉讼外调解的当事人数量日益减少,突出表现在诉讼外调处矛盾纠纷的总数与人民法院一审民事案件受案数的比例逐年下降,已由1980年的17∶1下降为目前的1∶1。[2] 当然这一数据是指所有的民事案件,不仅仅是离婚案件,但由此也可说明诉讼外离婚调解所面临的尴尬。

笔者认为,之所以诉讼外离婚调解数量大幅下降,原因是多方面的,但制度规范缺失,调解人员素质不高是很重要的原因。因

---

[1] 陈琪炎:《亲属基础法基本问题》,台湾三民书局1980年版,第564页。
[2] 胡奎、姜抒:"2003年中国遭遇信访洪峰新领导人面临非常考验",转引自http://news.sina.com.cn/c/2003-12-08/10 112 314 186.shtml。

此，需要完善诉讼外调解制度，让老百姓相信诉讼外调解的效力和作用，了解它的制度性规范、规程，自愿接受这种省时、省钱、具有效率的调解程序。

目前，关于诉讼外的离婚调解，主要适用1989年《人民调解委员会组织条例》、2002年《最高人民法院关于审理涉及人民调解协议的民事案件的若干规定》和2002年《人民调解工作若干规定》。但上述规定对离婚调解均未作出明确、具体的规定。

《婚姻法》对诉讼外的离婚调解主体，规定的是由有关部门调解，但有关部门的调解不等于人民调解，人民调解只是有关部门之一，而目前对其他有关部门的调解实际上并无任何具体规定，可以说其他部门对离婚的调解除《婚姻法》的规定外于法无据，对调解程序、调解方式、调解人员的资质均无明确规定。因此，笔者认为，应该充分利用现有的人民调解组织，在婚姻法中明确规定诉讼外的调解由人民调解组织承担，适用人民调解的各项规定。这样，诉讼外的离婚调解在制度上就具有了规范性和组织保障。同时，人民调解工作规范也应当对离婚调解作出明确规定，特别是考虑到婚姻纠纷的特殊性，对离婚纠纷的调解方式和规程应有所规定。

离婚调解人员的素质偏低也是诉讼外离婚调解数量下降的重要原因。目前，我国法律、法规对人民调解员的资质有所规定，但要求不高，难以适应现代社会离婚调解工作的需要。必须提高调解人员的素质，才能够使其获得被调解人的信任，做好调解工作。《人民调解委员会组织条例》第4条规定："为人公正，联系群众，热心人民调解工作，并有一定法律知识和政策水平的成年公民，可以当选为人民调解委员会委员。"该条例没有对人民调解员的文化程度提出要求。《人民调解工作若干规定》第14条规定"担任人民调解员的条件是：为人公正，联系群众，热心人民调解工作，具有一定法律、政策水平和文化水平。乡镇、街道人民调解委员会委员应当具备高中以上文化程度。"该规定只是对乡镇、街道人民调解委员会委员要求具备高中以上学历。目前达到高中、中专以上文化知识或法律中专以上水平的调委会委员有220多万人，仅仅占调解委员人数的25%。面对目前日益复杂、新颖的离婚纠纷，如果人民调解员没有一定的文化素质，不了解相关政策和法律、法规，不具备心理学、社会学、社会工作学等相关理论知识，不掌握调解的方法和技巧，只会"和稀泥"，即使当时解决了纠纷，也难免日后复发。因此，对调解人员的资质、培训、考核均应有明确规定。另外，目前我国人民调解员年龄普遍偏大，如何吸引年轻人加入调解员行列，也是值得考虑的问题。总之，提高人民调解员的综合素质，是一个紧迫的系统工程。[1]

诉讼内的调解是离婚的必经程序。人民法院在受理离婚案件之后，应当先行调解，在调解无效的情况下，才可以进行判决。诉讼内的调解是在法官主持下的调解，按照我国民事诉讼法的规定，调解应当遵循自愿原则、事实清楚、分清是非原则和合法原则。尽管"调解型模式在逻辑上意味着作出决定以最终解决纠纷的不是法官而是当事者""调解最大的优点在于纠纷处理本身通过当事者的同意得到了正当化"[2]但法官是在当事人自愿的前提下，在查明事实、分清是非的基础上对离婚案件进行调解的，法官不仅要对当事人是否应当离婚进行调解，更应当对当事人离婚后的法律效力，诸如财产如何分割、债务如何清偿、子女由何方直接抚养、子女抚养费的分担等等诸多问题进行调解，并对当事人达成的协议内容进行合法性审查。即使经过调解，当事人已经达成协议的，只要法官认为该协议不符合法律规定，或不符合法律的公平正义原则，就有权否定该协议，进入判决程序。这正是诉讼离婚与登记离婚的重要不同，法官必须要主持调解，必须对当事人所达成的离婚协议进行实

---

[1] 肖筱刚："转型时期人民调解制度的改革与完善"，载 http://www.dffy.com，2004.6.13

[2] 王亚新："论民事、经济审判方式的改革"，载《中国社会科学》1994年第1期。

质审查，而不仅仅是形式审查。只有这样，才可以体现法律的公平性、法院的公正性、司法程序的严肃性。

但是我们必须看到，目前的离婚诉讼调解中存在着诸多问题。有法官指出，法院在调解活动中存在着对诉讼双方达成的调解协议合法性审查不够细致，导致当事人规避法律或调解协议违法，法官在审判工作中调解意识淡薄，对于一些法律规定必须先行调解案件的调解力度不够，或者是调解程序流于形式等问题。[1] 据报道，目前在一些法院实行离婚案件的简易程序，处理一个离婚案件只需10分钟，[2] 法官2分钟的调解显然只是走过场而已。法院的诉讼离婚调解是在法官主持下的调解，法官有权力也有义务对当事人进行全面、认真地调解，并对当事人达成的离婚协议进行合法性审查，而且，这种调解和审查必须是深入的、慎重的，绝不允许走过场。

鉴于解除身份关系之后果的重大性，很多国家都规定了家事诉讼特别程序，以强调国家对婚姻家庭关系的重视和保护，在特别程序中通常规定调解为必经阶段，法官对此类案件拥有特殊的、较一般民事程序大得多的职权，可以进行各种调查，并可能驳回"无争议的"离婚请求。这种司法程序的复杂性与行政性程序的简易性形成反差，目的是为了维护司法在处理这种涉及社会公益（包括未成年子女的保护）的案件的严肃性。然而，中国的一些法院设立的简易程序仅用10分钟即可审结一个离婚案件，片面强调"便民"而忽略司法的本质，甚至有违立法（婚姻法和民事诉讼法）原意，从而可能成为当事人规避法律的途径。有学者指出，中国的民诉法中

---

[1] 王振清："多元化纠纷解决机制与纠纷解决资源"，载《法律适用》2005年第2期。
[2] 据2000年4月10日《北京青年报》报道，2000年北京市西城区法院成立的"便民法庭"受理的均为无争议案件，离婚案占了90%，"按照庭审程序，审判员开始法庭调查，当事人双方陈述了要求离婚的理由以及达成的协议之后，仅用了2分钟，书记员就打好了协议书和调解书，盖章后调解书生效，前后只用了10分钟。"

未规定离婚（或家事）特别程序，这本身就是一个欠缺。而法院的简易离婚程序的出现，实际上取代了婚姻登记机关的行政职能，有违立法精神。这也说明，中国司法和行政程序之间在实际运作中尚未形成合理的协调。[1]

当然，我们还应当注意到在离婚诉讼调解中的另一个问题，即事实上的强制调解。法官主持，不等于法官强制。但目前我国法院调解制度本身却隐含着自愿演变为强制的契机。调解人员与审判人员在身份上的竞合，使调解人员具有潜在的强制力。"当法官摆出裁判者的身份进行调解时，或明或暗的强制就会在调解中占主导地位，在强制力的作用下，自愿原则不得不变形、虚化。现实中，法官强制调解一般不会以纯粹的形式表现出来，而是采取尽可能隐蔽的方式，如"以劝压调"、"以拖压调"、"以判压调"、"以诱压调"等。不管是哪一种形式，所谓的"自愿"原则都被实质上否定了。[2]

对于在离婚诉讼调解中存在的上述问题，我国在修改《婚姻法》及相关立法时应当给予充分重视，以确保我国的离婚诉讼调解制度发挥其应有的作用。

必须坚持调解是审理离婚案件的前置程序。人民法院在受理离婚案件后应首先进入调解程序，但离婚调解不应是对抗式的。离婚调解即为谋求意见一致，用以实现实质性正义和个人自治，因此，离婚调解程序应当呈现非对抗性辩论的充分性、正确法律判断的可能性、含糊法律价值、调解协议审查的必要性，向前看的关系调整、更彻底的当事人主义为特征。[3]

实行调解人制度。离婚调解可以采取调解人先行主持调解，达

---

[1] 范愉："小额诉讼程序研究"，载中国理论法学研究信息网，2002年12月17日。
[2] 高洪宾：《民事调解理论与实务研究》，人民法院出版社2006年版，第82页。
[3] 季卫东："调解制度的法发展机制——以中国法制化的价值分裂为线索（三）"，载《民商法杂志》第103卷，第190~197页。

成协议的，由法官审查的方式。离婚案件夹杂当事人的情感问题，即使是双方均同意离婚，如何抚养共同的子女仍然会具有感情因素。因此，由具有专业背景的人士组成调解委员会主持调解，将有利于调解工作的开展。离婚调解人员应当由具有法学、心理学、社会学、教育学、社会工作学等人士组成，在自愿的前提下，晓之以理、动之以情、依法调解，在调解结束后，无论当事人双方是否达成协议，均进入由法官主持的审理阶段。对于经调解后原告撤诉的，经法官确认后，终止案件审理。对于双方已达成的离婚协议，法官要进行合法性审查，凡符合法律规定，或符合法律原则的，由法官确认后制作调解书。离婚协议不符合法律规定或法律原则的，进入判决程序。对于经调解后未能达成协议的，直接进入判决程序。

离婚调解过程是有管理的自治过程，要确保判断和交涉的平衡。调解人员的主要作用是：①营造相互信任的气氛；②宣传我国离婚法的原则及相关规定；③使当事人的主张进一步向客观化、明朗化转化，调和社会常识、法律规范、事实关系及当事人的意见；④控制交涉秩序，防止互相攻击；⑤启发、引导双方重归于好，如感情确已破裂，离婚是更好的解决问题的方法时，应启发、引导、帮助、控制双方就子女抚养、财产处理、离婚救济等问题达成符合婚姻法原则和规定的协议。[1]

离婚调解可以邀请有关单位和个人协助调查、调解。对此，《民事诉讼法》和《婚姻法》都有明确的规定。《民事诉讼法》第87条规定："人民法院进行调解，可以邀请有关单位和个人协助。被邀请的单位和个人，应当协助人民法院进行调解。《婚姻法》第43、44条规定了居民委员会、村民委员会、当事人所在单位在处理婚姻纠纷中违法行为的职责。居民委员会、村民委员会、基层人民调

---

[1] 张学军："离婚诉讼中的调解研究"载《民商法论丛》第7卷，法律出版社1997年版，第167页。

解组织、当事人所在单位、当事人居住地的基层组织或是当事人工作单位,都是与当事人密切相关的单位和组织,一般来说,他们易于发现问题,了解情况。但我们应当看到,现代社会的个人已经由"单位人"向"社会人"发展,更强调和注重对个人隐私的保护。离婚案件是涉及个人隐私的案件,不公开审理。是否邀请有关单位和个人参与调解应当考虑当事人的意见。即使必须邀请上述组织参与调解,也应当注意保护当事人的隐私权,并要求参与调解的组织和个人为当事人保守秘密,不得泄露调解中获得的任何信息。

尽管我国的离婚调解制度还存在着一些问题,但它确实有利于保障离婚自由,有利于尊重当事人的意思自治,也有利于法律对离婚自由的规制。因此,在离婚调解已成为世界各国裁判离婚的发展趋势之时,我们应当坚持这一"东方经验",并从制度上不断完善它、发展它,使之真正成为造福于民的"现代东方经验"。

## 第三节 裁判离婚法定条件之选择

### 一、裁判离婚立法原则之选择

裁判离婚的法定条件又可称之为裁判离婚的理由或原因,是指法院判决是否准予离婚的标准和依据。裁判离婚的法定条件在诉讼离婚中居于多重地位,扮演着多种角色,包含了多方面的含义:①它是引发离婚纠纷的直接的、现实的原因事实;②它是当事人提起离婚诉讼、请求解除婚姻关系的依据和理由;③它是法律所规定的是否准予离婚的规范性标准;④它是法院据以决定是否裁判离婚的法定条件。基于此,诉讼离婚的法定理由构成了决定婚姻关系归宿和命运的原则性界限,是贯穿于离婚诉讼全过程的中枢系统,所有的诉讼活动都围绕着这一中心运行。因而,有关诉讼离婚理由的法律规定是离婚制度中的根本制度和离婚立法的指导思想与核心内容,亦是一个国家、一个地域范围有关离婚的传统性法文化积淀之精髓和制度性法文化的最集中、最现实的反映与表现。[1] 史尚宽先生在《亲属法论》中指出:"判决离婚,以有一定原因为必要。其原因如何规定,为立法之重大问题。要而言之,可谓由限定有责主义趋于一般有责主义,由限定破裂主义趋于一般破裂主义,由绝对离婚原因主义趋于相对的离婚原因主义。"[2]

综观当代世界各国离婚立法及其学说,裁判离婚之立法原则主要有三:过错原则、目的原则与破裂原则。[3]

1. 过错原则。也称为过错离婚主义,是指夫妻一方以对方违反婚姻义务的过错行为,作为提起离婚诉讼的理由。离婚的过错理由由法律明确规定,一般包括通奸、虐待、遗弃、重婚、谋害、酗酒、犯罪等。如我国台湾地区在裁判离婚之事由中就规定了导致离婚的7种过错:重婚;通奸;虐待对方;虐待对方直系亲属或受对方直系亲属虐待;遗弃;意图杀害对方;被处3年以上徒刑或因犯不名誉之罪被处徒刑。《法国民法典》多次修订,但在三种离婚方式中,始终保留了由于一方过错而离婚的规定,包括严重和反复违反婚姻责任和义务,一方被判徒刑(第242、243条)。由于过错行为是导致一方提出离婚的原因,导致婚姻关系破裂的责任归于有过错一方,因而,又称之为有责主义的离婚立法原则。

现代离婚立法中的过错原则与传统的离婚过错原则在是否准予过错方诉请离婚的规定上有重大不同。传统的过错原则将离婚作为惩罚过错方、救济无过错方的手段,因而,有过错的一方无权提起离婚之诉,只有无过错才有权诉请离婚。而双方均有过错者,均不可提出离婚。现代的过错主义离婚立法不再限制过错方的离婚诉

---

[1] 陈小君主编:《海峡两岸亲属法比较研究》,中国政法大学出版社1996年版,第175页。

[2] 史尚宽:《亲属法论》,中国政法大学出版社2000年版,第469页。

[3] 杨大文主编:《亲属法》,法律出版社1997年版,第211~213页。

权,无过错方和过错方均可诉请离婚。双方均有过错的,任何一方都可以提出离婚。法官可以依一方或双方之过错判决离婚。《法国民法典》第245条规定:主动提出离婚的一方配偶有过错,并不妨碍对其提出的离婚请求进行审查,但此种过错可以取消其归咎于另一方配偶并构成离婚原因之事实的严重性。另一方配偶可以援用主动提出离婚的一方配偶的过错,用以支持其本人提出的离婚反诉请求。如本诉与反诉两者均得到法院支持,则因夫妻双方均有过错宣判离婚。即使没有提出反诉,如经审理确认夫妻双方均有过错,仍得依夫妻双方均有过错宣判离婚。所以,也可以说,现代社会的过错原则,是确认婚姻关系破裂的具体事由,而不再具有惩罚目的,或具有道德判断的功能。如《日本民法典》第777条,将配偶有不贞行为或被配偶恶意遗弃作为难以继续婚姻关系的两个重大事由。

2. 目的原则。也称之为目的主义,是指夫妻一方以婚姻共同生活中发生违背婚姻目的的事实为由而诉请离婚。这种事实并不能归责于夫妻一方,却使婚姻关系难以维持,婚姻目的无法达到。这些客观原因主要包括:一方有恶疾;一方有不可治愈的精神病;不能人道;一方失踪达一定年限。如日本民法典第770条将配偶一方患有严重精神病,没有恢复希望或配偶一方生死不明已逾3年,认定为法官可以裁判离婚的理由。《墨西哥民法典》把夫妻一方患有梅毒、结核病、其它传染病或遗传性疾病、无法医治的精神病、无正当理由而离开婚姻住所达6个月以上、已依法宣告失踪或推定死亡等,均作为离婚的法定理由。由于这种客观事实干扰了婚姻目的的达到,所以有学者将之称为干扰原则。[1] 也有学者认为,不治之精神病、不能人道、生死不明等被规定为离婚原因之后,使近代离婚法增添破绽主义色彩。但仅限于此几种特定之原因,因此,属于限定的破裂主义,而与今日之抽象的破绽主义有别。尽管是限定

---

[1] 王洪:《婚姻家庭法》,法制出版社2003年版,第172页。

的几个原因,但承认破绽主义之离婚原因,已显示有责主义之缺点,至少已意识到离婚许否之基准,不在于夫妻间之行为,而是取决于有无婚姻破绽之客观事实,虽然尚未舍弃有责主义,但已有由有责主义转化为破绽主义之倾向。[1]

3. 破裂原则。也称为破绽主义,无责主义,是指夫妻一方得以婚姻关系破裂、夫妻共同生活不能继续为由提出离婚。破裂原则以关注婚姻破裂的事实,而不问离婚的原因和理由为特征,只要婚姻关系确已破裂,双方无法共同生活,夫妻关系无法维持,就应当准予离婚。因此,林秀雄先生说:"此抽象的破裂主义之采用,不仅超越了法系,也超越了社会体制。亦即不分大陆法系或英美法系,亦不问资本主义国家或社会主义国家,均有采用。可知抽象的破绽主义之离婚原因,已具有世界法之性质。"[2] 破裂离婚主义因有责配偶离婚请求是否许可分为积极破裂主义和消极破裂主义,积极破裂主义是指只要婚姻关系破裂至无法共同生活的程度,即应准予离婚,而不问配偶一方是否有过错。消极破裂主义则是指婚姻虽已破裂,但对此破裂应负过错责任的配偶一方不得请求离婚,仅他方配偶得请求离婚。现代各国离婚立法大都采积极破裂主义。

尽管现代有许多国家以破裂主义作为裁判离婚的法定理由,但对于如何认定婚姻关系破裂,各国的规定殊不相同,各有利弊。概其要者,笔者认为可分为以下三类:

(1) 抽象破裂主义。婚姻关系破裂是离婚的唯一理由,不附加任何其他条件。如《美国统一结婚离婚法》规定可以离婚的唯一理由,就是法庭认为婚姻关系确已破裂到无可挽回的地步。如果当事人双方均同意或不否认婚姻已无可挽回地破裂,或虽然一方表示不

---

[1] 林秀雄:《婚姻家庭法之研究》,中国政法大学出版社2001年版,第64页。
[2] 林秀雄:《婚姻家庭法之研究》,中国政法大学出版社2001年版,第66页。

同意，但经法院调查调解后双方仍无法和好的，即可认定婚姻已无可挽回地破裂。"所谓认为婚姻已无可挽回地破裂也就是裁定婚姻已确实没有调解和好的希望"（该法第305条）。该法第305条注释规定，当婚姻已经破裂，家庭已不再是一个单位，家庭生活的目的不可能达到时就应准许离婚。抽象破裂主义是典型的破裂主义立法，当事人只要证明婚姻关系破裂即可，无需证明对方有无过错，也无需对方表示同意。抽象破裂主义使离婚当事人获得了相当大的离婚自由，它消除了掩饰、虚伪和伪证的现实弊端，结束原告为从被告方获得敲诈性的完全不公平的让步而采取的不适当的手段。抽象破裂主义的着眼点是现在和将来（即作出公正的裁判），而不是对过去（也就是谁对谁错）讨厌的事重新描绘一番。[1] 但不可否认的是，抽象破裂主义的认定标准难以掌握，对于是否达到了破裂的程度，法官的认定会因自身的道德观念而对婚姻的理解有所不同。而且就法院来说，法官须深入了解该婚姻的细节，才能全盘掌握婚姻状况，作为是否准其离婚的依据。此举增加法官的职责，实有不胜负荷之感。就请求离婚的配偶来说，为达到离婚之目的，非全盘吐露生活的细节不可，实际增加了离婚请求人不少的困扰。[2]

（2）推定抽象破裂主义。离婚的唯一理由仍为婚姻关系破裂，但将分居一定期限作为推定婚姻关系破裂的标志。如《德国民法典》第1565条规定，婚姻如果破裂，可以离婚。如果婚姻双方的共同生活不复存在并且不可能预期婚姻双方恢复共同生活的，即为婚姻破裂。如果配偶双方分居未满1年的，仅在婚姻的延续由于另一方自身的原因而对于申请的一方会意味着苦不堪言的苛刻时，才能离婚。如果配偶双方1年以来分居且双方申请离婚或者被申请的

---

[1] [美] L. 魏茨曼："离婚法革命——美国的无过错离婚"，载《外国婚姻家庭法资料选编》，复旦大学出版社1999年版，第411页。
[2] 戴东雄："从西德新离婚法之规定检讨台湾地区现行裁判离婚原因"，载《台大法学论丛》第7卷第1期，第107页。

一方同意离婚的，不可驳回地推定婚姻已破裂。如果配偶双方自3年以来分居的，不可驳回地推定婚姻已破裂。推定抽象破裂主义可以抑制采抽象破裂主义离婚理由所带来的法官自由裁量权过大，离婚理由无法客观化而影响法的确定性和可操作性的弊端，当事人无需暴露隐私，只需提供分居达一定期限的证明即可。法官对婚姻破裂与否不做实质审查，凡当事人分居达法定期限的即可推定为婚姻关系已经破裂。因此方法简单明了，许多国家将其作为确认婚姻关系破裂的标志。如法国规定的分居年限为6年，瑞士为4年，澳大利亚为1年。

（3）复合破裂主义。复合破裂主义是以破裂主义作为离婚的基本原则，同时兼采过错原则和目的原则。复合破裂主义离婚的基本原则是婚姻关系破裂，但规定若干情形作为认定婚姻关系破裂的具体标准。在这些具体标准中，有些国家适用过错原则，有些国家适用目的原则，有些国家则既适用过错原则也适用目的原则。如将一方有重婚、通奸、虐待、遗弃、犯罪等过错作为认定婚姻关系破裂情形的同时，将一方不能人道、患有重大不治疾病、患有严重的精神病、分居达一定期间等无法达到婚姻目的情形也作为可以认定为婚姻关系破裂的情形。需要说明的是，在复合破裂主义中的过错因素或目的因素意在证明婚姻关系确已破裂，破裂主义离婚立法的理念不关注婚姻的个别行为，关注的重点在于婚姻本身存活的可能性。这一点就将复合破裂主义离婚原则与一般的过错主义离婚原则和目的主义离婚原则区别开来。

由此我们可以看出，就世界范围而言，采用破裂离婚主义原则已是各国离婚立法的发展趋势，但只有很少的国家实行单一的抽象破裂主义，允许当事人无条件的、单方面的因所谓婚姻关系破裂而判决离婚。即使在最早实行无过错离婚的美国，目前只有18个州将夫妻感情不和或婚姻无可挽回地破裂作为离婚的唯一理由，有20个州在规定婚姻关系破裂的同时，附加一项或几项传统的离婚过错理由，其他的州在适用无过错离婚时以分居或分离一定期间为前提或附加传统的离婚标准。[1] 这说明保障离婚自由是大多数国家的共识，但保障离婚自由不等于没有法定条件，不等于当事人可以我行我素，从上述分析也可以看到，就裁判离婚的标准而言，各国立法基本上是倾向于要制定易于操作、便于理解，既保护公民的隐私权也便于法官掌握的推定破裂主义或复合破裂主义。因此，破裂主义离婚原则是在法定范围内的离婚自由，是相对自由，它改变了离婚的敌意氛围，为当事人提供了宽松的离婚环境，同时也为离婚当事人和法官提供了离婚的确定性指引方向。

**二、裁判离婚之立法范式与效力选择**

世界各国立法规定的裁判离婚之法定理由形式，可以分为列举主义、概括主义和例示主义三种立法范式。

列举主义是指法律具体规定准予离婚的各项理由，法律未加规定的原因不能作为离婚的法定理由。不符合法定理由之一者，法院不应准予离婚。列举主义一般与离婚的过错主义和目的主义立法原则相结合，在近代离婚法中占主要地位，多数国家都曾以列举主义作为离婚立法的方式。如瑞士 2000 年修订亲属法之前还采取列举主义的立法方式，将离婚的法定理由规定为：通奸；生命受危害；身体受虐待或名誉受损害；遗弃；精神病；严重家庭纠纷（第137~142 条）。列举主义以过错主义作为主要的离婚理由，限制了当事人的离婚自由；而且它不可能穷尽所有的离婚原因，又排除了法官使用自由裁量权处理离婚案件，无法适应千变万化的离婚纠纷，最终被大多数国家淘汰。

概括主义是指法律不具体列举离婚的理由，只作抽象概括性规定。这种抽象概括性规定一般是以"婚姻关系无可挽回地破裂"、

---

[1] 夏吟兰：《美国现代婚姻家庭制度》，中国政法大学出版社 1999 年版，第 142 页。

"夫妻关系无法继续维持"作为离婚理由。如《美国统一结婚离婚法》第306条规定了法庭判决离婚的唯一实质性要件是："法庭确认婚姻已无可挽回地破裂"。概括主义避免了列举主义的弊端，兼顾到现实生活中离婚纠纷原因的复杂多样性，其内涵具有包容性、灵活性和抽象性，给法官很大的自由裁量权，有利于保护离婚自由。但是，由于概括性规定过于抽象、原则，离婚标准弹性过大，难以把握。不能向当事人和法官提供清晰、明确、操作性强的离婚标准，是否准予离婚完全由法官根据案件事实自由裁量，这就不可避免地会出现同一离婚案件不同法院，不同法官审理结果迥异的司法不公正现象。因此，完全采取概括主义的国家数量较少。

例示主义是指法律既有相对抽象的概括性规定，也列举一些具体的离婚理由，是一种混合式的立法方式。目前各国的例示主义离婚立法主要有两种模式：①将概括性规定前置，下列具体理由。例如澳大利亚家庭法第48条规定，根据本法请求判决解除婚姻，其依据必须是婚姻已经破裂，无可挽回。在应当事人的请求而进行的诉讼中，法院只有确认当事人双方在提交解除婚姻关系的申请之前已经分居，且分居的时间不少于12个月，才可认定解除婚姻的依据成立，判决解除婚姻。②先列举具体的离婚理由，最后规定一条弹性条款兜底。如《日本民法典》第770条在列举离婚的法定理由为：配偶有不贞行为、被配偶恶意遗弃；配偶生死不明已逾3年，配偶患严重精神病，没有恢复希望之后，又规定有其他难以继续婚姻关系的重大事由的可以离婚。例示性规定将离婚理由的概括性规定与列举性规定相结合，一方面清晰具体地列举可以把握的具体离婚理由，具有明确的指引性，使当事人和法官可以对号入座，有法可依，不易出现同案不同判的情况；另一方面，通过概括性规定，抽象了现实生活中的不同情况，针对离婚案件的本质性问题作出规定，从而弥补了具体列举无法穷尽所有离婚原因的不足。因此，列举性规定是概括性规定的例示说明或典型表现，而概括性规定又是对列举性规定的补充和扩展，二者结合，使离婚理由的立法技术疏密有致、宽严相济，既有科学性又有可操作性。

根据裁判离婚理由的效力，可以分为绝对离婚理由和相对离婚理由。绝对离婚理由，是指只要当事人证明其符合法律规定的离婚标准，除非有一定之阻却事由，法院就应当作出准予离婚的判决。相对离婚理由是指当事人虽然可以证明其符合法律规定的离婚标准，但因具有特殊情况和法定原因，法院依据案件的具体情况，认为应当继续维持婚姻关系的，可以不为离婚之判决。如《德国民法典》第1568条的苛刻条款就规定，为婚生的未成年子女的利益，如果且只要由于特殊原因而例外地有必要维持婚姻，或者，如果且只要离婚基于非正常情况而对于拒绝离婚的被申请人会意味着较为严峻的苛刻，以至在考虑到申请人的利益的情况下也显得例外地有必要维持婚姻的，即使婚姻已经破裂，也不应该离婚。

## 第四节　对中国裁判离婚法定标准的思考

**一、裁判离婚法定标准之演进**

裁判离婚的法定标准是自20世纪50年代以来中国婚姻法学界争论最多、最广泛的话题。自1950年《婚姻法》颁布时起，在立法、司法及学界就开始了长达三十余年的"理由论"与"感情论"的争论。

1950年《婚姻法》第17条规定："男女双方自愿离婚的准予离婚。男女一方坚决要求离婚的，经区人民政府和司法机关调解无效时，亦准予离婚。人民法院对离婚案件，也应首先进行调解；如调解无效时，即行判决。"由于1950年《婚姻法》对诉讼离婚的标准未作具体规定，1950年中央人民政府法制委员会在《关于婚姻法实行的若干问题与解答》中提出对"有正当原因不能继续夫妻关系的，应作准予离婚判决，否则，也可作不准离婚的判决。"把正当理由作为准予离婚的标准。1953年中央人民政府法制委员会再次对有关婚姻问题解答时，把"正当理由"改为"人民法院对于一方坚决要求离婚，如经调解无效而又确实不能维持夫妻关系的，应准予离婚。如经调解虽然无效，但事实证明他们双方并非到确实不能继续同居的程度，也可以不批准离婚。"[1]在这里，不能继续维持夫妻关系，成为准予离婚的标准。1963年最高人民法院《关于贯彻执行民事政策的几个问题的意见》将感情完全破裂和理由正当均作为准予离婚的标准。"对于那些感情还没有完全破裂，离婚理由不正当，经过教育有重新和好可能的，不要判决离婚；对于那些夫妻感情已完全破裂，确实不能和好，法院应积极做好坚持不离一方的思想工作，判决离婚。"1979年最高人民法院《关于贯彻执行民事政策法律的意见》则明确把"夫妻关系事实上是否确已破裂和能否恢复和好"作为是否准予离婚的原则。1980年《婚姻法》第一次在法律层面明确规定："夫妻感情确已破裂，调解无效，应准予离婚。"

与立法及司法解释同步，我国司法实践和法学理论界，自20世纪50年代起理由论与感情论之争就没有平息。理由论强调，离婚必须有正当理由，无正当理由不得准予离婚。感情论则强调感情是婚姻的本质，只要夫妻感情确已破裂，就应当准予离婚，而不问理由是否正当。当时感情论的代表人物幽桐同志1957年4月13日在《人民日报》上发表了题为《对于当前离婚问题的分析和意见》一文，旗帜鲜明地提出了感情是否破裂应当作为是否准予离婚的标准。他说："当夫妻感情完全破裂到不能继续共同生活下去的时候，这种夫妻关系便是名存实亡，勉强维持这种名义上的夫妻关系，对双方、对子女、对整个家庭都是痛苦的。痛苦的家庭作为社会上组

---

[1] 法制委员会："有关婚姻问题的解答"，载《人民日报》1953年3月22日。

成的细胞来说,就是不健康的细胞,也就成了社会生产上的消极因素。这对于社会主义革命和社会主义建设事业都是不利的。为了使家庭成为社会上的积极因素,对于感情完全破裂,不能继续共同生活下去的夫妻,准许离婚以解除这种痛苦的关系便成为必要。"而主张理由论的同志则认为,用感情论的观点来指导实践将会引起男女关系和家庭婚姻关系上的混乱,与人民法院巩固与发展新的家庭婚姻关系任务不相容。因此认为理由不正当的,不管感情破裂不破裂,就是不准离婚。[1] 当时的理由论与感情论之争,实际上是过错离婚主义与无过错离婚主义之争,由于左的思潮的影响,特别是从"反右"斗争到"文化大革命"期间,理由论即过错离婚主义无论在理论界及司法界均占据上风,成为主要学说和实际上的判案标准。何谓正当理由,法无明文规定,似乎也无法找到相应的规范性文件,但在司法实践中,所谓理由不正当,"主要是指错误思想而言,准予这样的人离婚,就会助长错误思想的发展,造成是非不分。"[2] 当时,政治表现的好坏、有无思想作风问题是是否准予离婚的分水岭。在 20 世纪 80 年代之前,有许多貌合神离的夫妻因无"正当理由"而不得不几十年同床异梦,同时,又有许多相爱至深的夫妻因"正当理由"而不得不在组织的干预下劳燕分飞。

1980 年《婚姻法》彻底否定了理由论,第一次在法律层面采无过错离婚主义。《婚姻法》第 24 条明确规定,人民法院审理离婚案件,应当进行调解;如感情确已破裂,调解无效,应准予离婚。从此"感情破裂说"取代了"正当理由说",感情破裂与否成为决定婚姻关系是否应当继续维持的标志,学界普遍认为它反映了社会主义婚姻的本质,符合我国离婚立法的发展,是我国司法实践经验的总结。也符合国际社会离婚立法发展的趋势。无过错离婚主义成

---

[1] 北京政法学院民法教研室编:《婚姻家庭问题论文集》,校内用书 1983 年版,第 430、440 页。
[2] 北京大学民法教研室:"对离婚问题的分析和意见",载《中国妇女》1958 年第 4 期。

为我国离婚立法与司法的原则。同时，学界又对"感情破裂"进行了深入的探讨，形成了"完全感情破裂说"与"感情与义务结合说"。"完全感情破裂说"强调感情是确认夫妻关系是否应当维持的唯一标准，即使当事人的理由不正当，只要感情确已破裂，就应当准予离婚，不能用不准离婚作为惩罚过错一方的手段。而"感情与义务结合说"则认为，婚姻关系具有相对稳定性和权利义务的关联性，婚姻关系解除与否，不仅应考虑夫妻感情是否破裂，还应当考虑双方的权利义务及子女和社会的利益；在当前婚姻还未全面实现以感情为基础时，在离婚时片面强调以感情破裂为原则，必然会产生不良的社会后果。因而应当强调离婚中感情与义务的统一，不能将感情破裂作为离婚的唯一标准。

20世纪90年代以来，对破裂主义的离婚标准的讨论更为深入。特别是《婚姻法》修订过程中，如何确定离婚标准众说纷纭。许多学者认为，就离婚的立法原则而言，应当坚持破裂主义，但"感情破裂"作为离婚的法定标准不尽科学，应以"婚姻关系破裂"作为离婚的法定标准。因为，离婚立法的对象是夫妻之间的婚姻关系，而不只是感情关系。婚姻关系的多元性决定了离婚的法定标准不能过分强调婚姻关系的内涵，否则，不仅不符合我国婚姻关系的现状，不能包括所有的离婚理由，也降低法条在司法实践中的可操作性。婚姻是男女双方以永久共同生活为目的，结合而成的一种伦理关系和法律关系；就法律关系而言，双方当事人是被夫妻间的权利和义务紧密地联系在一起的。夫妻感情是婚姻关系借以建立和存续的思想基础。一般说来，夫妻的感情状况同婚姻状况是一致的。但是，"感情"一词尚不足以概括婚姻关系的全部内容，感情具有强烈的主观色彩，涉及当事人的心理活动。婚姻关系中权利的行使和义务的履行却是客观外在的。大量的事实证明，某些婚姻关系之所以不能继续维持，并非出于感情上的原因，而是其他原因造成的。一方因患精神病而丧失婚姻行为能力，一方失踪、下落不明等便是这方面的明显例证。就法律用语的科学性和准确性而言,婚姻关系确已破裂在提法上显然是优于夫妻感情确已破裂的。[1]同时,也有学者仍坚持应以"感情确已破裂"作为离婚的法定条件。他们认为,提倡以感情为婚姻的基础和婚姻破裂的标志具有先进性。法律要发挥引导作用,任何离婚的原因归根结蒂最终将导致夫妻感情的破裂,也最终体现为感情的破裂。感情破裂并非不能认识,现有的司法解释中的综合分析法与列举性的14条理由均说明感情可以认识。[2]

有关离婚理由的规范方式,普遍认为1980年《婚姻法》的概括主义离婚理由对法官的素质要求过高,过于抽象,难以操作,应采取例示主义的混合型立法方式,既有概括性的抽象规定,又明文列举重大离婚理由,解决离婚标准难以掌握,司法实践中判案结果宽严不一的问题。"以概括抽象形式规定离婚理由,是现代离婚立法发展的趋势之一,也是自由离婚主义的重要表现。它有效地克服了具体列举性规定的弊端,兼顾到现实中多样复杂的离婚原因和千姿百态的婚姻状况,其灵活性、抽象性和外延的不确定性等功能特点使之在最大范围和程度上对导致离婚的一切具体原因囊括无遗、疏而不漏。但是,概括表述方式对离婚理由规定的过于抽象、笼统和一般化,法律标准成为一种模糊、伸缩的弹性原则,使法律所应有的安全、确定、可操作性等诸价值难于体现。同时,由于具体标准不明确,规范的导向性差,必然会遭致许多人动辄诉诸离婚,无理缠讼。更为重要的是,法律上的弹性规定给了法院或审判人员进行扩大或限制解释的极大的心证自由的机会与条件。即具体案件的离婚界限只能由审判人员根据对法律和案件事实的个人理解去界定,而由于个人素质、价值倾向所不同而发生理解的差异,则可能

---

[1] 杨大文:"法定离婚理由之我见",载《民主与法制》1998年第3期。
[2] 薛宁兰:"中国法学会婚姻法学研究会2000年年会综述",载《法学动态》2001年第3期。

导致对同类案件处理偏宽偏严游移不定的失范问题。损害了法律的一致性及应有的尊严与权威，降低法律的运行效果和人们对法律的信赖。"[1]

至于哪些离婚理由可以列举，学者们意见有所不同，有学者认为应尽可能详尽，以切实解决实践中难以操作的问题，也有学者提出离婚理由应从婚姻本质、便于操作及适当限制法官自由裁量权来考虑设定，不必事无巨细，因为无论如何法律也不可能穷尽所有的离婚理由。

根据学者们的讨论所形成的《婚姻家庭法法学专家建议稿》即采取了这一模式，其概括性的规定为婚姻关系是否破裂，同时列举了确定婚姻关系破裂的具体情形：包括：一方患有严重的精神病、传染病；有重婚、通奸、非法同居、虐待、遗弃等情事；有赌博、酗酒、吸毒等恶习或受刑之宣告；以及分居已满三年等。[2]

《婚姻法修正案》没有完全采纳《专家建议稿》，认为将"夫妻感情确已破裂"改为"婚姻关系确已破裂"作为判决离婚的法定标准会引起民众认为离婚标准发生变化的误会，但对离婚理由的立法范式采纳了专家的意见，予以修订，现行婚姻法采取了例示主义的混合型立法模式，在概括性规定之后，列举了感情确已破裂的具体情形。

## 二、现行婚姻法中裁判离婚的法定标准及其特征

2001年修订的《婚姻法》第32条第2、3款规定："人民法院审理离婚案件，应当进行调解；如感情确已破裂，调解无效，应准予离婚。""有下列情形之一，调解无效的，应准予离婚：①重婚或

---

[1] 陈小君主编：《海峡两岸亲属法比较研究》，中国政法大学出版社1996年版，第178页。

[2] 王胜明、孙礼海主编：《〈中华人民共和国婚姻法〉修改立法资料选》，法律出版社2001年版，第443页。

有配偶者与他人同居的;②实施家庭暴力或虐待、遗弃家庭成员的;③有赌博、吸毒等恶习屡教不改的;④因感情不和分居满2年的;⑤其他导致夫妻感情破裂的情形。"这一规定,包含三层含义:第一,如果夫妻感情确已破裂,调解无效应准予离婚;第二,如果夫妻感情没有破裂或没有完全破裂,即使调解无效,也不应准予离婚;第三,在立法技术上采概括性规定与例举性规定相结合。夫妻感情确已破裂是判决准予离婚的法定概括性条件,列举的五种情形则是认定感情破裂的具体事由。列举规定是概括性规定的例示说明或典型表现,而概括性规定又是对列举规定的补充和扩展。

正确判断夫妻感情是否确已破裂,是处理好每一件离婚纠纷的关键。夫妻感情属于社会意识的范畴,归根结蒂是由社会物质生活条件决定的。认定夫妻感情是否破裂,的确是一件既重要又很复杂细致的工作。因为夫妻感情包含多方面的内容,如:情感上的投合和爱慕;理想、道德、情操、精神生活的相近和一致;对物质利益的向往和满足等。感情又是发展变化的,具有可变性和复杂性的特点,但感情的有无和存废是客观的现实,是可以掌握和认定的。夫妻的感情破裂从时间上看,是已经破裂,而不是可能破裂或将要破裂;从程度上看,是完全、彻底的破裂,而不是某一方面破裂;从现实状态上看,是真正破裂,而不是仅有破裂的表象或当事人主观上自认为破裂。

认定夫妻感情是否确已破裂,要运用马克思主义的唯物辩证法,要有发展的观点,不能固定地、静止不变地看问题。夫妻感情是一个能动的要素,它可以向积极方向发展,促进夫妻关系的稳定和睦,它也可以向消极方向转化,造成夫妻关系的不和与破裂。影响夫妻感情变化的因素是多样而又复杂的,我们在认定时,要发展地看问题,要看到过去,更要看到现在、将来,全面地进行分析。在认定夫妻感情变化时,不能只看一时一事,也不能轻信当事人的陈述,要进行去伪存真,由表及里地客观分析,深入了解夫妻关系的真实情况。总之,判断夫妻感情是否破裂,不能凭执法者的主观臆断,也不能偏听偏信,而应该根据客观实际,在调查研究的基础上,对夫妻感情进行全面分析。正如马克思所说:"某一婚姻已经死亡,……既不是立法者的任性,也不是私人的任性,而每一次都只是事物的本质来决定婚姻是否已经死亡。""死亡这一事实的确定取决于事物的本质,而不取决于当事人的愿望。既然在肉体死亡的时候你们要求确凿的、无可反驳的证据,那末,立法者只有根据最无可怀疑的征象才能确定伦理的死亡。"[1]

最高人民法院根据司法实践的多年经验,在1989年颁布了《关于人民法院审理离婚案件如何认定夫妻感情确已破裂的若干具体意见》(以下简称《1989年司法解释》),明确指出,人民法院审理离婚案件,准予或不准予离婚,应以夫妻感情是否破裂作为区分的界限。判断夫妻感情是否确已破裂,应当从婚姻基础、婚后感情、离婚的原因、夫妻关系的现状及有无和好可能等方面综合分析。综合分析法是人民法院审理离婚案件的重要经验。根据婚姻法的有关规定和审判实践经验,确认感情是否确已破裂应该采取综合分析法与具体理由相结合的方式。

(一)综合分析法

所谓综合分析法即在调查研究的基础上,进行分析判断,从婚姻基础、婚后感情、离婚的原因,有无和好的可能四个方面进行综合评判考察。《婚姻法》修改后,综合分析法在司法实践中仍应具有指导意义。

看婚姻基础,就是看结婚的形式及婚姻关系建立时男女双方的感情状况。结婚的形式包括包办婚姻、自主婚姻和自由婚姻。包办婚姻是父母或他人违背男女双方或一方意愿,强迫包办而缔结的婚姻。感情基础差,易于造成婚后夫妻不和,是离婚纠纷的重要原

---

[1]《马克思恩格斯全集》第1卷,人民出版社1972年版,第184页。

因。自主婚姻在形式上男女双方是自愿的，但有些自主婚实际上是以男方或男方家庭给付使女方及女方家庭满意的彩礼为条件的，这类婚姻感情基础较差或一般，双方在结婚时就已经埋下了婚后不和的种子和因素。自由婚姻是双方自由恋爱而缔结的婚姻，总体上说感情基础较好，但如果是双方未经充分了解的草率型婚姻，或双方的感情是建立在追求容貌、钱财、权势的基础之上的婚姻，其婚姻关系稳定性也较差。

一般来说，婚前基础好的，婚后不易发生纠纷，即使发生纠纷，和好的可能性也大。婚前基础不好的，婚后容易发生纠纷和矛盾，且不易和好，有的甚至成为导致离婚的直接原因。如包办买卖婚姻、草率结婚等都可能成为离婚的直接原因。但婚姻基础只能说明过去，婚姻关系是在不断发展变化的，自由结合的夫妻也会因其它原因造成夫妻感情破裂，婚姻基础不好的婚姻在婚后共同生活中也可能建立起真挚的感情。对此，我们应有辩证的观点，不可一概而论。

看婚后感情，就是看夫妻婚后共同生活期间的感情状况。婚姻关系具有多方面的社会内容，双方的思想品德、工作状况、志趣爱好、生活习惯、脾气秉性以及与其他家庭成员的关系等都会影响夫妻感情。因此，在分析婚后感情时，首先，要联系婚姻基础，分析婚后感情的发展变化。如果感情是向好的方向发展变化，那么引起离婚的冲突，可能是偶然因素，容易调解和好。如果感情是向坏的方向发展，而且每况愈下，那么引起离婚冲突的，就可能不是偶然性因素了。其次，要看婚后感情变化的特点，是先好后坏；还是先坏后好又坏，还是时好时坏，或者一直很好，突然变坏。最后，要看婚后感情变化的原因，是由于自身的原因，还是外界因素的作用，如婆媳关系不和；是政治上的原因、经济上的原因，还是思想作风上的原因，或者是性格爱好、生理上的原因。

总之，要从婚后感情变化的总体上，确定其现时的感情状况，是属于比较好的、一般的、差的、还是比较差的。要从变化的趋势中，得出正确结论，不能只看一时一事，要看夫妻感情变化的全过程。同时，要透过现象看本质，由于人们的性格特点、教育程度、思想修养、心理素质、生活、工作环境的不同，表达感情的方式和特点也各不相同，因此，不能从表面现象看问题，要透过各种现象看夫妻感情的实质，不要被假象所迷惑。要具体分析每对夫妻的具体情况，实事求是地确定其感情状况。

离婚原因也就是离婚的理由，是原告要求离婚的主要根据，也是原被告在诉讼过程中争执的焦点和核心。如果原告要求离婚的理由不足或被否定，可能处于败诉的地位。为了胜诉，原告往往会扩大事实、制造假象，或捏造事实、掩盖其离婚的真实动机，以便强调自己起诉的理由。而被告为了使自己处于主动地位以便取得胜诉，往往利用自己抗辩的地位用一切办法否定原告的离婚理由，甚至隐瞒事实真相，扩大对方的缺点和错误。

因此，分析离婚原因必须注意以下两点：①要查清离婚的真实原因，弄清事实的真相，只有这样，才能了解判断夫妻感情破裂的程度，确定婚姻纠纷的性质，正确评估夫妻感情状况。②要注意弄清离婚的主要原因。在司法实践中，原告往往罗列离婚的许多材料和事实，必须从中提炼概括出起决定性作用的、主要的离婚原因，并对这些争议的事实和现象的性质加以区分确定，如属于经济问题，还是第三者介入问题，是性格不合，还是婆媳关系不好，不同性质的离婚纠纷，对夫妻感情的破裂所起的作用和特点，并不完全相同。所以，弄清离婚的主要原因，判明离婚纠纷的性质，对确认夫妻感情破裂的程度，有重要意义。

看夫妻关系的现状及有无和好可能，是在以上"三看"的基础上，对婚姻现状和今后发展的前途所做的估计和预测。它决定调解工作的方向，也为最后做出判决提供了根据。从夫妻关系看，主要有三种情况：①夫妻感情尚未破裂，有和好的希望，如果夫妻间的矛盾不是根本性的和长期的矛盾,双方还共同生活,并履行夫妻间的权利义务关系,这就具有和好因素,应加强调解和好工作,调解无效,也不准离婚。②夫妻感情尚未完全破裂,有和好的希望,坚决不离的一方有和好的愿望和实际行动,此时,也应加强调解和好工作,调解无效的,可判决不离。③夫妻关系确已完全破裂,和好无望的,调解和好或离婚均达不成协议,应做好不离一方的工作,准予离婚。

以上"四看"是完整的认识结构,是一个整体,它从婚姻关系的纵向和横向提供了认定夫妻感情是否破裂的方法。

(二)认定夫妻感情确已破裂的具体情形

为了准确认定夫妻感情是否确已破裂,2001年修订的《婚姻法》对诉讼离婚的法定条件采取了概括性规定与列举性规定相结合的方式,在最高人民法院上述司法解释的基础上,总结司法实践的经验,具体列举了五种情形,作为认定感情确已破裂的具体情形。

1. 重婚或有配偶者与他人同居的。重婚是严重违反一夫一妻制的行为,也是对夫妻感情的严重破坏。因重婚而要求离婚的分为两种情况:一是一方重婚,对方要求离婚;二是重婚方要求离婚的。无论由重婚方还是对方要求离婚,均应首先依法追究重婚者的刑事责任,一方坚决要求离婚,经调解无效的,应当视为夫妻感情确已破裂,准予离婚。

有配偶者与他人同居是指,已婚者在婚姻关系以外,与其他异性虽然不以夫妻名义,但同居共同生活的姘居关系。这种关系是对夫妻关系的严重破坏,如一方要求离婚,经调解无效,应当视为夫妻感情确已破裂,准予离婚。

2. 实施家庭暴力或虐待、遗弃家庭成员的。一方对另一方或对家庭其他成员实施家庭暴力或以其他行为实施遗弃、虐待行为的,造成夫妻感情破裂,另一方坚决要求离婚,经调解无效,可依法判决准予离婚。

3. 一方有赌博、吸毒等恶习屡教不改的。因一方有赌博、吸毒等恶习且屡教不改，致使夫妻难以共同生活的，视为夫妻感情确已破裂，另一方坚决要求离婚，经调解无效，可依法判决准予离婚。

4. 因感情不和分居满2年的。夫妻因感情不和长期分居，没有共同生活，互不履行夫妻义务，夫妻关系实际上已名存实亡，是夫妻感情破裂的标志之一。如一方坚决要求离婚，经调解无效，应准予离婚。

5. 其他原因导致夫妻感情确已破裂的。本条款属于弹性条款，除上述四种情况外，其他原因导致夫妻感情破裂的均可适用本条。如一方患有严重的精神病，经治不愈的；一方被判处长期徒刑，或其违法犯罪行为严重伤害夫妻感情的；或夫妻双方性格不合，难以共同生活的；或双方性生活不协调的等等。

一方被宣告失踪，另一方提出离婚诉讼的，应准予离婚。

·一方下落不明，另一方只要求离婚而不申请宣告死亡的，不适用宣告失踪人死亡的特别程序。

外出一方已连续2年以上与家庭断绝通讯联系，经多方查找，确无下落，另一方坚决要求离婚的，可以公告送达诉讼文书，在公告期满后依法判决准予离婚。判决书公告送达后，待上诉期满后即发生法律效力，当事人之间的婚姻关系即告解除。

最高人民法院《关于适用婚姻法若干问题的解释（一）》第22条规定："人民法院审理离婚案件，符合第32条第2款规定的'应准予离婚'情形的，不应当因当事人有过错而判决不准离婚。"依照此规定，离婚的唯一法定标准是夫妻感情是否确已破裂，不因为当事人有过错就剥夺法律赋予其享有的离婚自由的权利。无论是过错方提出离婚，还是无过错方提出离婚，只要符合离婚的法定情形，经调解无效的，应视为感情确已破裂，一般应准予离婚。

例如，已届不惑之年的某女甲，与丈夫乙是大学同学，当时是才子佳人,自由恋爱,轰动一时。结婚后,乙对甲百般呵护,双方在生活上互爱互敬,事业上也比翼齐飞,各自均取得了不俗的成绩。但就在双方生活日益富裕之后,乙却另结新欢,令甲痛心不已。虽经多方劝和,乙仍然与其情人难断情缘,甚至不再回家,与情人同居生活。1999年,乙提出离婚,甲不同意,表示愿意等待乙回心转意。乙遂以双方分居、感情确已破裂为由,诉至法院,但被法院驳回。2002年,乙再次向法院提出离婚请求,一审法院经审理后判决准予甲乙离婚。甲以乙有过错,不应准予其离婚请求为由,提起上诉。二审法院经审理后维持原判。对于离婚案件中的有过错一方,法律并不剥夺其离婚的自由权。法院判决是否准予离婚的唯一标准是感情是否破裂。最高人民法院《关于适用婚姻法若干问题的解释(一)》第22条规定:人民法院审理离婚案件,符合第32条第2款规定"应准予离婚"情形的,不应当因当事人有过错而判决不准离婚。本案中,甲乙已分居多年,夫妻感情确已破裂,尽管乙有配偶与他人同居,是有过错的行为,但不能就此剥夺其离婚权,对于无过错的甲可以采取损害赔偿等救济方法以达法律之公平。

(三)感情确已破裂和调解无效的关系

《婚姻法》第32条第2款规定:"人民法院审理离婚案件,应当进行调解;如感情确已破裂,调解无效,应准予离婚。"根据这一规定,我们可以看到,感情确已破裂是判决准予离婚的实质要件,调解无效是判决准予离婚的程序性要件,二者均为准予离婚的法定条件,前者是主要依据,是主条件;后者则是从条件,是程序性要求,二者有着密切的联系。

1. 感情破裂是准予离婚的主要依据。感情是夫妻关系存在的基础,感情的有无,是婚姻关系存废的前提,感情破裂是夫妻关系破裂,难以继续维持下去的重要标志。夫妻感情破裂,可分为一定程度的破裂、严重破裂、完全破裂三种情况。婚姻法所谓"感情确已破裂"是指夫妻感情完全破裂而言,只有夫妻感情完全破裂才符合离婚的法定条件。

2. 调解无效是准予离婚的程序性条件。调解是诉讼离婚的必经程序,未经调解,不得判决。调解可能有三种结果:调解和好;调解离婚;调解无效,未达成协议。前两种结果,均无须判决,只有在调解无效的情况下,才适用判决。因而,尽管夫妻感情已完全破裂,但尚未进行调解和调解程序还未结束的案件,是不能判决离婚的。

3. 调解与感情是否完全破裂有着密切的内在联系。调解是确认感情是否破裂的重要方面,一般来说,调解和好,说明夫妻感情并未完全破裂;调解离婚,证明夫妻感情已经完全破裂。而调解无效,仍然存在两种可能,或是感情破裂、一方坚持不离,以及子女抚养、财产问题达不成协议;或是感情尚未完全破裂,一方坚持要求离婚。审判人员应当在调解无效的前提下,再根据夫妻感情是否确已破裂,来决定是否判决离婚,不要把调解无效作为"感情确已破裂"的标志。

(四)我国裁判离婚法定标准的特征

综上所述,笔者认为,我国婚姻法修订后裁判离婚标准的特征主要有三:

1. 保障裁判离婚中当事人的离婚自由权。婚姻法坚持"以感情确已破裂"作为裁判离婚的概括性标准,这一概括性规定的实质是坚持实行破裂离婚主义,实行离婚自由。无论当事人一方是否有过错,均有权提出离婚,因此,可以说我国婚姻法的裁判离婚标准属于积极破裂主义。对有责配偶的离婚请求权没有任何限制。法院在审理离婚案件时,只要法官认定夫妻感情确已破裂,也应当依法准予离婚,不应当因为当事人一方有过错而判决不准离婚。[1] 因

---

[1] 最高人民法院《关于适用〈中华人民共和国婚姻法〉若干问题的解释(一)》第22条。

而我国裁判离婚的法定标准保障了当事人的离婚自由权,不以不准离婚作为惩罚有过错方的手段。无过错离婚法的本质,就是在于根本扬弃以过错观念作为解除婚姻基础的离婚法,而无过错离婚法所专注的重点不再是当事人的某个个别行为,而是婚姻本身存活的可能性。我国《婚姻法》在实行积极破裂主义的同时,还采取绝对离婚理由,并未规定任何阻却离婚之法定事由。就法律规定而言,只要当事人符合离婚的法定标准,法官就应当准予离婚。

2. 以例示主义的立法技术划定裁判离婚自由的边界。如何确定夫妻感情确已破裂,确保离婚标准统一、司法公正,曾经是困扰我国司法界的一大难题,最高人民法院为此颁布了《1989 年司法解释》,详细列举了 14 个条件作为具体标准。此次《婚姻法》在修订时采纳了许多国家适用的概括性规定与列举性规定相结合的例示主义立法技术,并吸收了我国司法实践中的有益经验,在概括性地规定"如感情确已破裂,调解无效,应准予离婚"之后,又列举了 5 条导致夫妻感情破裂的具体情形,作为认定夫妻感情破裂的依据,以解决 1980 年《婚姻法》存在的抽象概括的离婚理由所带来的离婚标准不统一、缺乏可操作性的弊端。例示性的规定确定了裁判离婚自由的边界,使法官的自由心证有所依据,确保了执行法律的一致性和法律应有的尊严与权威。

3. 体现了离婚立法的指导思想。2001 年修订《婚姻法》时所确立的离婚立法的指导思想是保障离婚自由、反对轻率离婚,强化离婚救济,实现保护弱者利益的社会正义与法律公平。根据这一指导思想,我国婚姻法实行复合破裂主义,即以破裂主义作为离婚的基本原则,同时兼采过错原则和目的原则。保障离婚自由是婚姻自由原则的具体体现,是婚姻关系的本质要求,因此,我国坚持实行积极的破裂离婚主义。但保障离婚自由并不等于任意离婚,裁判离婚实行复合破裂主义,即在坚持离婚自由的同时,限定了离婚自由的边界,在离婚理由中,适当导入了过错原则和目的原则。从维护婚姻和保护离婚诉讼中弱势一方利益的立法目标的达成看,《婚姻法》是通过将几种重大过错行为列举为认定夫妻感情破裂、调解无效,准予离婚的依据来实现的。首先,在具备这些情形时,调解无效,即应准予离婚,从而最大限度地保护了原告的离婚自由,其次,这种列举也表明,感情破裂的离婚标准不是抽象的、空洞的、恣意的和轻率的,而是具体的、实在的、严肃的和慎重的。从而发挥了反对轻率离婚的作用。[1] 最后,这些列举性的规定具有救济无过错方,避免过错方在拒不离婚的前提下,继续实施恶意损害无过错方的行为,以实现对善意当事人和善良风俗的维护的作用。[2] 裁判离婚的法定标准既尊重了当事人的意愿,保护了当事人的离婚自由,也确立了离婚自由的边界,这不仅是立法水平的提高和具体条文的完善,更是强化了《婚姻法》的基本精神和立法宗旨,充分体现了离婚立法的指导思想。

### 三、我国司法实践中离婚纠纷的类型及其处理

离婚纠纷的类型根据离婚的原因、状况和不同的理论学说可以有多种分类方法。本书的分类方法是按照我国《婚姻法》第 32 条和最高人民法院《1989 年司法解释》中所列举的确定夫妻感情破裂的具体情形进行抽象分类的。

(一)外遇型离婚纠纷

外遇型离婚纠纷主要包括重婚、有配偶者与他人同居、通奸等违反一夫一妻制的行为。

1. 对外遇形离婚纠纷性质的界定。重婚、有配偶者与他人同居及通奸等外遇均会给当事人的婚姻造成极大的损害,是引起离婚纠纷的重要原因。事实上的重婚与有配偶者与他人同居、通奸在主

---

[1] 樊丽君:"中德离婚法定理由比较",载《法律科学》2005 年第 5 期。
[2] 巫昌祯主编:《婚姻法执行状况调查》,中央文献出版社 2004 年版,第 195 页。

体、侵犯的客体上相同，但在客观表现及主观心态上有所不同。同时，在现实生活中，三者还存在着一种转化关系。因此，在审理此类离婚案件时，应首先确定案件的性质。

重婚与有配偶者与他人同居性质的认定。重婚分为法律上的重婚与事实上的重婚。法律上的重婚是指有配偶者又与他人登记结婚。事实上的重婚是指有配偶者虽然未与他人办理结婚登记，但双方以夫妻名义共同生活，形成了事实婚姻。即无论法律上的重婚还是事实上的重婚，均是一个人在同一段时间内存在两个以上的婚姻关系。有配偶者与他人同居是指男女一方或双方有配偶，而又与婚外异性不以夫妻名义持续、稳定地共同生活。

由于事实上的重婚双方未办理结婚登记，因此与有配偶者与他人同居有许多相似之处：①二者的主体相同，都是一方或双方有配偶；②二者侵犯的均为合法的婚姻关系；③二者的当事人之间有共同的住所或有共同居住的事实；④有持续稳定的一段时间的同居生活。

事实上的重婚与有配偶者与他人同居有着重要的区别：①对外的表现形式不同。有配偶者与他人同居不以夫妻名义，周围的人也不认为他们是夫妻关系，而事实上的婚姻则公开以夫妻名义同居，周围的人认为他们是夫妻关系。②目的不同。有配偶者与他人同居的男女双方并未结为夫妻，以永久共同生活为目的，而事实上的重婚则以夫妻关系为名，以永久共同生活为目的。③承担的法律责任不同。有配偶者与他人同居是违法行为，违反了一夫一妻制的规定，但不是犯罪行为，只须承担离婚损害赔偿的民事责任。事实上的重婚不仅是违法行为，还是犯罪行为。《刑法》第258条规定："有配偶而重婚的，或者明知他人有配偶而与之结婚的，处2年以下有期徒刑或者拘役。"1994年最高人民法院在给四川省高级人民法院的批复中明确规定："有配偶的人与他人以夫妻名义同居生活的，或者明知他人有配偶而与之以夫妻名义同居生活的，仍应按重婚罪处罚。"因此，事实上的重婚不仅要承担婚姻无效、离婚损害赔偿等民事责任，还须承担相应的刑事责任。

有配偶者与他人同居及通奸性质的认定。有配偶者与他人同居是指男女一方或双方有配偶，而又与婚外异性不以夫妻名义持续、稳定地共同生活。通奸是指男女一方或双方有配偶，而又与他人秘密地、自愿地发生两性关系的行为。通奸的双方，对外不以夫妻名义，对内不共同生活。

通奸与有配偶者与他人同居的相同点为：①二者的主体相同，均为一方或双方有配偶；②二者侵犯的客体均为合法的婚姻关系；③二者在客观上均表现为男女双方自愿发生两性关系；④二者的两性关系都不以夫妻名义。

通奸与有配偶者与他人同居的不同点为：①通奸的双方没有共同的同居生活，有配偶者与他人同居则有共同的同居生活。②通奸关系具有隐蔽性，违法主体不愿被人知悉。有配偶者与他人同居则具有公开性，违法主体不怕暴露自己的违法行为。③通奸具有短期性，有配偶者与他人同居则是在一段时间内有持续稳定地同居生活。因此，长期公开化的通奸即可转化为有配偶者与他人同居关系。

2. 外遇型离婚纠纷的处理。

(1) 重婚。重婚是严重违反一夫一妻制的行为，也是对夫妻感情的严重破坏。对重婚引起的离婚纠纷处理的总原则是维护前婚、解除后婚。即使前婚当事人提出离婚，亦应在确认后婚无效，解除后婚的前提下再依法解决前婚的离婚纠纷。

第一，追究重婚者刑事责任。对因重婚而提出离婚的，无论由重婚方还是对方要求离婚，均应首先依法追究重婚者的刑事责任。

第二，宣告重婚无效。宣告重婚无效是重婚者承担的重要民事责任。因一方重婚而要求离婚的，应当宣告构成重婚的婚姻关系不具有婚姻的法律效力。重婚是婚姻无效的首要原因，除当事人外，当事人的近亲属以及居民委员会、村民委员会、当事人所在单位等基层组织均有权向人民法院申请该婚姻无效。以重婚为由要求离婚的，人民法院根据《婚姻法》第 10 条的规定，应首先宣告重婚的婚姻无效，再处理是否准予离婚的问题。

第三，根据判决离婚的法定条件决定是否准予离婚。对于双方均同意离婚的，应当准予离婚。对于无过错方提出的离婚，另一方不同意，经调解无效的，应当视为夫妻感情确已破裂，准予离婚。对于有过错方提出的离婚，在给予重婚者以刑事制裁的基础上，根据案件的具体情况，可以调解或判决准予离婚，也可调解或判决不准离婚。经过一段时间后，双方仍无法和好的，可视为感情确已破裂，调解或判决准予离婚。同时，应当通过离婚损害赔偿，多分共同财产等救济手段，保护无过错一方特别是受害者的利益。

(2) 有配偶者与他人同居及通奸。有配偶者与他人同居及通奸在性质上虽然没有重婚严重，但它对当事人婚姻关系的破坏作用，对受害者的伤害同样很大。处理因此类纠纷引起的离婚案件应注意以下问题：

第一，查清事实，分清责任。有配偶者与他人同居及通奸行为都是违反一夫一妻制的违法行为，因此，应当首先查清事实，分清责任。有配偶者与他人同居和通奸行为均违反了《婚姻法》夫妻应当互相忠实的规定，违反社会公德，破坏一夫一妻制度，影响夫妻和睦，败坏社会风尚，极易引起家庭纠纷，影响安定团结和社会的和谐稳定，是一种违法行为，可以采取批评教育、道德谴责、党纪处分、行政处分等方式予以处理。对构成有配偶者与他人同居行为的，无过错方有权要求依法追究其离婚损害赔偿的民事责任。

第二，分别情况，具体处理。对于双方均同意离婚的，经调解无效后应当准予离婚。对于无过错方提出离婚的，应当表示理解并进行适当的劝导。对双方婚姻基础较好，婚后感情也较好，感情尚未完全破裂的，一方面要批评教育有过错方，另一方面也要为夫妻和好创造客观条件，割断有过错方与第三者之间的联系。如果过错方执迷不悟，导致双方无和好可能，夫妻感情已经完全破裂的，经调解无效，应当准予离婚。

对于有过错方提出离婚的，要在查清事实，分清是非责任的基础上，对有过错方进行批评教育。如果夫妻双方婚姻基础较好，婚后感情也较好，结婚多年，生育子女，对方表示谅解，不愿离婚的，应当着重做调解和好的工作，即使调解无效，也可判决不准离婚。但经过一段时间，有过错方仍然屡教不改，夫妻感情确已破裂，双方无和好可能的，应在做好无过错方工作的基础上，调解或判决离婚。同时，对夫妻共同财产进行分割时应适当照顾无过错的一方，对生活困难的一方还可以通过家务劳动补偿、经济帮助等方式予以救济，以保障其合法权益。

例如，原告欧某某与被告李某某经人介绍相识后，于1982年12月22日自愿登记结婚。婚后生育二女一男，夫妻感情尚可。1995年，欧某某外出打工，从此与妻子分居。1998年4月，欧某某在外省打工时与有夫之妇王某相识，两人同居生活。1999年4月，欧某某与王某一同回到本村，在本村一山冲里喂养鸡、鸭、鱼等，并搭了个工棚，以夫妻名义公开同居生活。李某某对欧某某进行过规劝，但欧某某置之不理。欧某某与王某的同居，给李某某造成了精神上的严重伤害。李某某于2000年1月开始精神失常。同年7月24日，李某某到医院进行精神病鉴定，结论为：李某某患精神分裂症，目前无行为能力。李某某的胞兄共为她支付医疗费、鉴定费等共计3 368.50元。2000年8月25日，李某某以欧某某、王某犯重婚罪为由向县人民法院提起刑事自诉。2000年12月2日，欧某某、王某因涉嫌重婚，经县人民法院决定，被依法逮捕。2001年1月14日，该院以重婚罪依法判处欧某某、王某有期徒刑各1年。

2001年8月15日，欧某某以李某某起诉其重婚致其被判刑，造成夫妻感情完全破裂为由，向县人民法院提起离婚诉讼，并要求抚养儿女。[1] 在本案中，欧某某与王某在欧某某与李某某的婚姻尚未解除之前以夫妻名义共同生活，已经构成了事实重婚，虽然欧某某已经承担了刑事责任，但他仍然要承担相应的民事责任。县人民法院应当宣告欧某某与王某的事实重婚是无效婚姻，不具有婚姻的法律效力。由于欧某某与李某某自1999年以来实际上已处于分居状态，且李某某已经精神失常，可以认定夫妻感情确已破裂，判决欧某某与李某某离婚。同时，欧某某与王某的重婚行为，使李某某的身心遭受巨大的伤害，导致其患上精神分裂症，且经多方医治未能痊愈，欧某某应当承担离婚损害赔偿责任。对李某某因其过错所造成的精神损害和物质损害承担赔偿责任，赔偿李某某已支付的医疗费、鉴定费和生活费，并应承担李某某在离婚后的部分生活费、继续治疗费以及精神损害抚慰金等各项费用。

(二) 家庭暴力型离婚纠纷

家庭暴力型离婚纠纷主要包括因实施家庭暴力、虐待、遗弃家庭成员而引起的离婚纠纷。

1. 家庭暴力型离婚纠纷的认定。我国家庭成员的范围根据婚姻法的规定，包括夫妻、父母子女、兄弟姐妹、祖父母外祖父母与孙子女外孙子女。因此，家庭暴力的主体可分为两大类，一类是夫妻之间的家庭暴力、虐待和遗弃；另一类是其他家庭成员之间的家庭暴力、虐待和遗弃。如父母对未成年子女、成年子女对老年父母、儿媳对公婆、女婿对岳父母所实施的家庭暴力、虐待和遗弃。

---

[1] 最高人民法院中国应用法研究所编：《人民法院案例选》（总第38辑），人民法院出版社2001年版，第79页。

夫妻之间的家庭暴力、虐待、遗弃严重影响夫妻感情，夫妻一方对另一方的家庭成员实施家庭暴力或虐待、遗弃也会严重影响夫妻感情。因此，《婚姻法》将实施家庭暴力和虐待遗弃家庭成员作为认定夫妻感情确已破裂的重要情形之一。

禁止家庭暴力是2001年《婚姻法》修改后新增加的内容。最高人民法院《关于适用婚姻法若干问题的解释（一）》将家庭暴力的概念在司法层面上明确界定为，行为人以殴打、捆绑、残害、强行限制人身自由或者其他手段，给其家庭成员的身体、精神等方面造成一定伤害后果的行为。

虐待是指以作为或不作为的形式，对家庭成员歧视、折磨、摧残，使其在精神上、肉体上遭受损害的违法行为，如打骂、恐吓、冻饿、患病不予治疗、限制人身自由等。遗弃是指家庭成员中负有赡养、抚养、扶养义务的一方，对需要赡养、抚养或扶养的另一方，不履行义务的违法行为，如成年子女不赡养无劳动能力或生活困难的父母等。

鉴于家庭暴力与虐待在具体情节上有相似之处，如均有打骂、禁闭、限制人身自由的行为，对于二者的关系就有不同的观点。实际上，家庭暴力与虐待在本质上是相同的，就是对其他家庭成员造成身体或心理伤害的行为。其区别在于，一般的打骂不构成虐待，更不构成虐待罪，但已经构成家庭暴力，持续性、经常性的家庭暴力，构成虐待。因而，家庭暴力、虐待行为、虐待罪三者有程度上的差异，家庭暴力中情节较重的构成虐待，情节严重的构成虐待罪。

2. 家庭暴力型离婚纠纷的处理。实施家庭暴力，虐待、遗弃家庭成员不仅严重违反了婚姻义务，侵犯了对方的合法权益，也严重地伤害了夫妻感情。是婚姻法列举的感情确已破裂的情形之一。对家庭暴力型离婚案件的处理应考虑家庭暴力产生的原因、情节、当事人的态度、分别情况，具体处理。

第一，对于一般的家庭暴力引起的离婚纠纷的处理。对于情节比较轻微的家庭暴力，如偶发的打骂行为、限制人身自由行为或是其他影响到夫妻感情的胡乱猜测、无端怀疑等行为，无论是无过错方还是过错方提出离婚，人民法院都应当对实施暴力者进行批评教育，特别是对于那些有封建夫权思想的丈夫，要进行严肃的批评教育，帮助他们克服封建思想，转变观念。如果施暴者认识到了问题的严重性，表示愿意痛改前非，并有和好的行动，向对方承认错误、赔礼道歉，且受暴者经做工作后表示可以原谅的，一般应调解和好或判决不准离婚。如果受暴者不能原谅施暴者的过错、坚持要求离婚，应当考虑家庭暴力循环的特点和发展规律，调解或判决准予离婚。

对于男方无端怀疑女方有作风问题，或对女方不会持家不满，或认为女方不服管、不顺从等原因而实施家庭暴力并起诉离婚的，在处理时，应首先批评男方，教育他要消除封建夫权思想，正确对待女方，可动员男方撤回离婚诉讼请求，也可判决不准离婚。如女方同意离婚，也应在分清是非的基础上，调解或判决离婚。

第二，对于构成虐待、遗弃行为引起的离婚纠纷的处理。虐待、遗弃家庭成员不仅是民事违法行为，也是我国《刑法》规定的犯罪行为。对于家庭暴力情节严重，已经构成虐待、遗弃并引起离婚纠纷的案件，根据《刑法》的有关规定，应首先依法追究实施虐待、遗弃者的刑事责任。《刑法》第260条规定："虐待家庭成员，情节恶劣的，处2年以下有期徒刑、拘役或者管制。犯前款罪，致使被害人重伤、死亡的，处2年以上7年以下有期徒刑。第1款罪，告诉的才处理。"《刑法》第261条规定："对于年老、年幼、患病或者其他没有独立生活能力的人，负有扶养义务而拒绝扶养，情节恶劣的，处5年以下有期徒刑、拘役或者管制。"

除了夫妻之间的家庭暴力以外，父母对子女，成年子女对老年父母的家庭暴力也相当普遍。在实践中，儿媳与公婆、女婿与岳父母之间的矛盾甚至是虐待、遗弃行为也是导致夫妻感情破裂的重要原因。因此，人民法院在处理此类离婚纠纷时，无论是夫妻一方虐待、遗弃对方引起的离婚，还是夫妻一方受对方亲属虐待、遗弃或虐待、遗弃对方亲属，均应当对实施家庭暴力或虐待、遗弃的一方进行严肃的批评教育，对于家庭暴力、虐待、遗弃情节严重，甚至已经构成犯罪，严重伤害夫妻感情的，经法院调解，被虐待、遗弃的一方不予谅解，坚持要求离婚的，应当认定夫妻感情确已破裂，调解离婚或判决准予离婚。

对因家庭暴力、虐待遗弃所造成的离婚，人民法院应当调解或判决过错方对受害的无过错一方予以离婚损害赔偿，以分清是非，制裁有过错的一方，并对受害者所遭受的物质损害和精神损害给予补偿。使其获得心理上的慰藉，平复内心的伤痛。

（三）恶习型离婚纠纷

恶习型离婚纠纷主要包括因一方吸毒、赌博等恶习且屡教不改，导致夫妻感情破裂而引起的离婚纠纷。

1. 恶习型离婚纠纷的认定。近年来，因一方好逸恶劳，不务正业，不履行家庭义务，沾染吸毒、赌博、酗酒等恶习而要求离婚的案件呈上升趋势。由于一方沾染恶习，屡教不改，严重影响了家庭生活，影响了夫妻感情，甚至造成倾家荡产，使家庭生活无法维持，对当事人及其社会均产生了无可挽回的损失。最高人民法院在《1989年司法解释》中明确规定，一方好逸恶劳，有赌博等恶习，不履行家庭义务，屡教不改，夫妻难以共同生活的，一方坚决要求离婚，经调解无效，可判决准予离婚。2001年修订的《婚姻法》，根据这一司法解释实施以来的司法实践经验，将其作为认定夫妻感情确已破裂的5种情形之一。

对恶习型离婚纠纷的认定要注意以下两个问题：①须对恶习作明确的界定。所谓恶习，是指成瘾性的、难以戒断的不良癖好，如赌博、吸毒、酗酒等，而且具有屡教不改，难以根除的特点。一般性的不良习惯不能认定为恶习。②须对恶习型离婚纠纷予以界定。所谓恶习型的离婚纠纷，是指因染上恶习的一方不履行夫妻义务和家庭义务，给家庭生活和夫妻感情造成严重伤害和重大破坏，并导致夫妻感情破裂，而且这种伤害和破坏是无法修复，难以改变的。

2. 恶习型离婚纠纷的处理。对一方有赌博、吸毒等恶习屡教不改的，人民法院应当根据具体情况，在做好调解工作的基础上，确认夫妻感情是否确已破裂，应否调解或判决离婚。

对于一方已经染上赌博、吸毒等恶习，但时间较短，且能部分履行夫妻义务和家庭义务，人民法院应配合有关部门对有过错者进行批评教育，规劝其珍惜夫妻感情，珍惜家庭生活。如果夫妻婚姻基础较好，婚后感情也较好，夫妻感情尚未完全破裂的，可以调解或判决不准离婚。

一方长期赌博、吸毒、酗酒，屡教不改，不履行夫妻义务和家庭义务，严重伤害夫妻感情，破坏家庭共同生活，另一方坚持离婚，经调解无效，可以认定夫妻感情已经完全破裂，应当调解或判决双方离婚。

因赌博、吸毒等恶习造成夫妻感情破裂，引起离婚的，是《婚姻法》规定的应当在离婚时对无过错方予以损害赔偿的情形之一，人民法院应当依据具体情况，在调解或判决离婚的同时，对无过错一方予以损害赔偿。

（四）分居型离婚纠纷

分居型离婚纠纷是因夫妻双方感情不和而分居并导致夫妻感情完全破裂所引起的离婚纠纷。

1. 分居型离婚纠纷的认定。婚姻是物质生活、性生活和精神生活的共同体，共同生活是夫妻关系的重要标志。因此，在一些国家的家庭法中明确规定夫妻相互负有同居的义务，不履行同居义务达一定期间的，可导致对配偶的遗弃，也是认定夫妻感情破裂的重要标志。最高人民法院《1989年司法解释》明确规定，因感情不和分居已满3年，确无和好可能的，或者经人民法院判决不准离婚后又分居满1年，互不履行夫妻义务的，应认定夫妻感情确已破裂，准予离婚。2001年修订的《婚姻法》吸收了司法实践的经验，同时考虑到分居满3年才允许离婚时间过长，故将感情不和分居2年作为认定夫妻感情破裂的重要情形之一。对于如何确定是否构成分居，应考虑下列两项因素：①感情不和是夫妻分居的主观因素。夫妻分居的前提条件是夫妻感情不和，而不是客观原因，即夫妻有共同生活的条件，但因为夫妻感情破裂，无法共同相处，自愿不共同生活，实行分床、分食、分居，不再相互照顾、同床共枕、同桌就餐。如果因客观原因导致夫妻无法共同生活，如因一方长期在外地出差、生病住院，或房屋过于狭小，家庭成员过多无法共同生活等不能视为感情不和而分居。②如何确定分居。分居应以夫妻双方开始分床、分食、分别居住造成同居关系中止的行为来确定。在现实生活中，由于家庭情况的不同，分居的形式也有所不同。如有的当事人家庭条件较好，有两处住房，或可以找到第二处住房，分居后，可以各自居住在不同的居所，其分居的状况容易确定。有的当事人无法找到第二处住房，分居后仍然居住在同一套住房内，甚至同一间房屋内，但已经不存在夫妻的共同生活了。这种情况的分居状态就难以认定。外国法对此类情况有所规定。对于双方无争议的分居，可以认定。而对于双方有争议的分居，一方不承认分居事实的，则应由提出已经分居的一方提供分居的证据，如可以由有识别能力的子女或共同生活的其他亲属提供证据。如无法提供证据的，则不应认定为已构成分居。

2. 分居型离婚纠纷的处理。处理分居型离婚纠纷，应注意以下问题：①分居是离婚的充分条件。根据《婚姻法》第32条的规定，夫妻因感情不和分居满2年的，视为夫妻感情确已破裂，应当准予离婚。因感情不和已经达到分居满2年的，即可视为充分了离婚的法定条件，应当准予离婚。作为当事人，只要提出夫妻分居已达2年的证据,即可视为夫妻感情确已破裂,无需提供其他证据。而对于那些夫妻分居未满2年的当事人,显然不是不能要求离婚,而是需要以其他的理由提出离婚,换言之,需要提供其他证据证明夫妻感情确已破裂,否则,法院不能准予离婚。②是否准予离婚,应根据具体情况,分别处理。对于分居型离婚纠纷,一方提出离婚,或双方均要求离婚,并出示双方因感情不和分居已满2年证据的,人民法院应当首先进行调解,经调解无效,一方坚持离婚的,应视为夫妻感情确已破裂,准予离婚。对于一方要求离婚,但无法证实夫妻确实已经分居的,或无法证明夫妻因感情不和已分居满2年的,应当做好调解工作,并认真了解夫妻的婚姻基础、婚后感情的情况,特别是出现婚姻纠纷的具体原因,根据具体情况,确定夫妻感情是否已经破裂。对于夫妻感情尚未破裂的,应当调解或判决不准离婚。

例如,余某与万某1999年5月自愿结婚,婚后生活开始是甜蜜幸福的。但随着孩子的出生,丈夫余某便经常外出酗酒,不醉不归,后来更是在外泡小姐,彻夜不归。经万某多次规劝,余某不仅不听,反而拳脚相向。2002年5月余某因嫖娼受到行政处罚,万某极为伤心,遂回父母家居住。余某不仅不思悔改,反而多次到岳母家闹事。万某为了躲避余某骚扰不得不带孩子外出打工,并托人告诉余某,3年后将回来与余某离婚。3年后,余某回到老家向法院起诉要求与余某离婚。法院认为,余某不仅有酗酒的恶习,而且还对万某实施家庭暴力,且因嫖娼严重伤害了夫妻感情,万某为躲避余某,造成事实上的分居,外出打工已经3年,符合《婚姻法》第32条规定的因感情不和分居满2年的规定,应当准予离婚。

(五)其他类型的离婚纠纷

根据《婚姻法》第32条的规定,诉讼离婚的法定条件是高度概括的"夫妻感情确已破裂",与具体列举的常见、多发的离婚理由相结合。为了弥补具体列举不可能穷尽所有离婚理由的不足,《婚姻法》第32条第5项还作出了一个外延不确定的抽象性规定:"其他导致夫妻感情破裂的情形。"在实践中,其他导致夫妻感情破裂的比较常见的理由还有包办买卖婚姻导致的离婚、草率结婚导致的离婚、因一方判刑、劳教导致的离婚及因一方有生理缺陷或有生理疾病导致的离婚等等。

1. 包办买卖婚姻型离婚纠纷。包办婚姻、买卖婚姻均是违法婚姻,此类婚姻违背了当事人的意志,不具有结婚的合意,违反了婚姻自由的原则。对于当事人一方因受胁迫而与他方结婚的,可以在结婚登记后1年内或恢复人身自由之日起1年内向婚姻登记机关或人民法院申请撤销婚姻。

当事人未能及时向婚姻登记机关或人民法院提起撤销婚姻申请的,应当按照离婚的程序到婚姻登记机关办理离婚登记或向人民法院提起离婚诉讼。

人民法院审理此类案件,首先要切实维护婚姻自由,对有违反婚姻自由行为的当事人进行严肃的批评教育,构成犯罪的,要根据刑法的有关规定追究其刑事责任。

对包办婚姻和买卖婚姻所引起的离婚纠纷的处理原则是:对于已经结婚多年,生有子女,双方已经建立起夫妻感情,夫妻关系尚能维持的,应尽量做调解和好的工作,劝说双方珍惜已经建立起来的夫妻感情和家庭生活,改善夫妻关系,消除包办买卖婚姻带来的婚姻障碍,促使双方和好。不轻易调解离婚或判决离婚。对于结婚时间较短一方即提出离婚,或是婚后双方长期以来未能建立起夫妻感情,夫妻关系徒有虚名,夫妻感情确已破裂的,应当调解或判决离婚。同时,在离婚分割夫妻共同财产时要对无过错的一方适当多分割财产,并应注意安排好对子女的抚养及对困难一方的经济帮助。

对于转亲、换亲的婚姻关系，一方要求离婚引起连锁反应，其他婚姻关系的当事人也要求离婚的，在处理时首先要对包办强迫他人婚姻的人进行批评教育，其次要根据每对婚姻关系的具体情况，分别决定是否准予离婚。对没有建立起夫妻感情，一方坚决要求离婚的，应准予离婚；对于已经建立起夫妻感情，夫妻关系尚好，能够继续维持的，应调解和好，调解无效的，也可以判决不准予离婚。

2. 草率型离婚纠纷。草率型的离婚主要是指当事人对于自己的婚姻态度轻率，接触时间短，相互了解不深，婚姻基础差，结婚后不久即提出离婚。社会上称此类婚姻为"闪婚"。由于此类婚姻的当事人婚前缺乏必要的了解，没有良好的婚姻基础，其双方的结合就难以经得起挫折和考验。一旦结婚后出现矛盾或发现对方的缺点，往往难以容忍，无法协调，结果导致很快离婚。

在处理草率型离婚纠纷时首先要教育当事人慎重对待婚姻，草结不要草离。在婚姻生活中，要互谅互让，逐渐培养和建立夫妻感情。对于双方结婚时间不长，未生育子女的，经调解和好无效，一方坚持离婚的，应当调解或判决准予离婚。对于双方已经结婚一段时间，建立了一定的夫妻感情且已生育子女的，应当尽量做调解和好的工作，教育他们正确处理在共同生活中所遇到的困难和矛盾，树立对家庭、对子女、对社会的责任感，一般不要调解离婚或判决离婚。但经过一段时间后，双方仍不能共同生活，无法协调的，可以认定夫妻感情确已破裂，调解或判决准予离婚。

3. 罪错型离婚纠纷。因一方犯罪服刑、被劳教是导致夫妻感情破裂的重要原因，由于罪犯所触犯的罪名不同，判刑的时间长短不同，对配偶的伤害程度也有所不同。但即使是罪大恶极的罪犯，他们的民事权利也并没有被剥夺，在离婚诉讼中，双方仍然享有平等的诉讼权利，人民法院在审理此类案件时，既要贯彻婚姻自由的原则，保护当事人的婚姻自由权利，也要考虑有利于罪犯和劳教人

员的教育改造。既要考虑被告违法犯罪的性质,也要考虑夫妻感情的实际状况。在具体处理时要注意以下几点:

(1) 一方被判处长期徒刑以上的。一方被判死刑、死缓、无期徒刑或长期徒刑,对方坚决要求离婚的,应当准予离婚。如果死刑已经执行,该婚姻因一方死亡而自然终止,不发生离婚问题。

(2) 一方的犯罪严重伤害夫妻感情的。一方犯有强奸罪、重婚罪、虐待罪、遗弃罪等严重伤害夫妻感情的罪行,对方无法原谅,坚决要求离婚的,一般应视为夫妻感情确已破裂,准予离婚。

(3) 一方判处短期徒刑的。一方被判处短期徒刑或被劳教,原来夫妻感情较好,罪犯或劳教人员在改造期间表现较好,应当尽量做调解和好的工作,讲清有关政策与法律,说服原告撤诉或判决不准离婚。原告坚持要求离婚,夫妻感情确实已经破裂的,也可以调解离婚或判决离婚。

(4) 犯罪一方提出离婚的。对违法犯罪的一方提出的离婚,应查明原告离婚的原因和动机,如双方均同意离婚,可以调解离婚。如被告不同意离婚,应进一步做好原告的思想工作,鼓励其安心改造,争取减刑,不辜负亲属的期望,可以调解或判决不准离婚。

服刑和被劳教人员离婚后的子女抚养和财产分割问题有其特殊性。由于一方正在服刑或被劳教,无法履行其抚养子女的义务,原则上未成年子女应由另一方抚养,确有困难的,也可协商由服刑或被劳教一方的亲属代为抚养。对于夫妻共同财产的分割,既要维护另一方及子女的权益,也要注意保护服刑人员及劳教人员的财产权益。

4. 疾病型离婚纠纷。

(1) 因一方患精神病而引起的离婚。精神病患者的离婚一般应当通过诉讼程序,并需要为无行为能力或限制行为能力的精神病患者的当事人一方设置诉讼代理人。

因一方患精神病而引起的离婚,主要有三种情况:①一方婚前患有精神病，婚前隐瞒，婚后对方发现后提出离婚；②一方明知对方有精神病，而为达到个人目的自愿与其结婚，目的达到后又要求离婚的；③一方婚前没有精神病，婚后患精神病，对方提出离婚的。

处理因一方患精神病而引起的离婚纠纷，既要保障离婚自由，又要有利于患者的治疗和生活的安置。

对于双方婚姻基础较好，婚后感情也较好，一方的精神病并不严重，经过一段时间的治疗能够使病情稳定，或能够治愈的，应当做调解和好的工作，告知当事人夫妻间有互相扶助的义务，做好原告的思想工作，以不离婚为宜。如确系久治不愈，原告坚持离婚，应做好工作，准予离婚。

对于一方婚前隐瞒了病情，婚后经治不愈，原告坚持要求离婚的，经调解无效，应当准予离婚。

对于婚前明知精神病人的病情，为了达到某种目的，如贪图钱财、地位、改变生活环境等而自愿与之结婚的，不应轻易判决离婚，要对原告进行批评教育，如被告病情不严重，一般应判决不准离婚。如病人病情严重，确实久治不愈，影响夫妻正常生活的，也应在妥善安排好患者的治疗和监护的基础上，准予离婚。

（2）一方有生理缺陷、生理疾病引起的离婚。夫妻共同生活，包括性生活是夫妻关系与其他社会关系的重要区别之一，是婚姻的自然属性和特殊性。因此，我国1950年《婚姻法》曾经规定，有生理缺陷不能发生性行为者禁止结婚。尽管1980年《婚姻法》取消了这一规定，允许双方自愿结婚，但性爱是夫妻关系的基础，双方和谐的性生活是增进夫妻感情的重要因素，一方有生理缺陷是导致夫妻感情难以维系的重要原因。如果一方在婚前隐瞒生理缺陷，对方在婚后发现，并提出离婚的，经有关医疗机构检查属实的，经调解无效后，应当准予离婚。如果婚前一方知道对方有生理缺陷，自愿与之结婚，但婚后反悔，要求离婚的，经调解和好无效的，应当准予离婚。

对于一方患有生理疾病,影响夫妻性生活的,应当根据具体情况,决定是否应当准予离婚。生理疾病与生理缺陷不同,大多数是可以治愈的。如果一方以他方患有生理疾病提出离婚,应当做调解和好的工作,劝说原告给被告一段治疗的时间,并给予积极的配合。如经治疗无效,可准予离婚。

**四、我国现行裁判离婚标准之不足与完善**

现行裁判离婚的法定标准,虽经 2001 年修订后较之 1980 年《婚姻法》有所变化,法律规定和立法技术均有所提高,但不容忽视的是,也仍然存在着一些严重不足需要在今后的修法中予以改善。

1. 破裂主义离婚原则的表述不应坚持"感情破裂",而应改为"婚姻关系破裂"。感情确已破裂难以适应多元化的现代社会,且存在着无法克服的缺陷,应当将其修改为婚姻关系确已破裂。理由有以下五点:①婚姻关系的内容是多方面的,除精神生活外,双方共同的物质生活与性生活也是夫妻关系的重要内容,而感情只是精神生活的一部分,并非只有感情破裂才是婚姻解体的惟一原因。②感情属于意识形态范畴,是当事人的心理活动,不应也无法成为法律调整的对象,而婚姻关系才是法律调整的对象,婚姻关系破裂是夫妻感情破裂的表征和结果。③在司法实践中,"感情确已破裂"往往难以准确认定,可操作性差,法官的主观随意性会造成司法不公正。④婚姻关系破裂是大多数实行破裂主义离婚原则的国家所采用的用语,符合各国离婚立法的趋势。如《德国民法典》第 1565 条规定,婚姻如果破裂,可以离婚。如果婚姻双方的共同生活不复存在并且不可能期待婚姻双方重建此种共同生活,婚姻即为破裂。《美国统一结婚离婚法》第 302 条规定,确认婚姻已无可挽回地破裂是法庭准予离婚的前提条件。《英国家庭法》第 3 条将婚姻彻底破裂作为法院发出离婚令的实质条件。《日本民法典》第770条表述为,有其他难以继续婚姻的事由。《瑞士民法典》第142条规定"配偶双方均无法继续维持婚姻共同生活时"可以离婚。⑤"婚姻关系破裂"符合实行破裂主义离婚的理念。在破裂主义的裁判离婚标准中,法律所关注的是婚姻已经破裂的事实和状态,是婚姻已经死亡的后果,而不是原因。是"夫妻双方的婚姻共同生活已经不复存在,并且不能期待夫妻重新恢复共同生活"(《德国民法典》第1565条第1款第2项)。这恰恰符合"身份关系事实先行的性格,于身份法关系之发生及消灭之际,法规于身份的事实之前,极为无力。换言之,若事实已存在,则不得不承认法所不愿承认之事实,……"[1] 夫妻感情破裂可能是由于一方重婚、通奸、虐待、遗弃引起的,并因此导致了婚姻关系破裂,无法维持共同生活,但也可能并无上述原因,仅仅是夫妻感情由浓烈到淡漠到消失再到破裂,并因此导致婚姻关系破裂至无法共同生活,因此,从这个意义上而言,夫妻感情破裂可能与其他离婚的原因在同一层次上,仅仅是导致婚姻关系破裂的情形之一。

2. 修订后的《婚姻法》所列举的确认感情确已破裂的情形主要为一方有过错,包括重婚、有配偶者与他人同居、虐待、遗弃、实施家庭暴力、赌博、吸毒,而对于不能达到婚姻目的,致使无法共同生活,导致婚姻破裂的情形涉及较少,仅有双方分居2年和一方被宣告失踪两项规定,易产生在我国再次实行过错主义离婚的联想。虽然例示主义不可能将所有的导致婚姻关系破裂的情形全部列举,但列举本身是有导向性的,显示了立法者认为应当主要关注的方面,具体说在我国婚姻法中是导致夫妻感情破裂的主要情形。显然,婚姻法的列举易产生歧义。为防止理解上的歧义,2001年12月24日最高人民法院《关于适用婚姻法若干问题的解释(一)》第

---

[1] 林秀雄:《婚姻家庭法之研究》,中国政法大学出版社2001年版,第76页。

22条明确规定:"人民法院审理离婚案件,符合第32条第2款规定'应准予离婚'情形的,不应当因当事人有过错而判决不准离婚。"强调在我国实行的依然是积极的破裂离婚主义。因此,笔者认为应适当扩大列举情形的范围。对于那些虽非夫妻一方主观过错或有责行为,但因一定之客观原因致使婚姻目的无法达到,且不堪共同生活的,应列为允许离婚的情形。比如,一方患有严重的精神病久治不愈的,一方被处以长期徒刑无法共同生活的,在许多国家都作为目的主义的离婚理由,是离婚立法的通例。这样,可以使我国婚姻法所列举的确认感情确已破裂的情形既符合婚姻的本质,又便于法官操作。

3. 应当增设维护弱者利益的苛酷条款作为离婚的抗辩理由。裁判离婚是由法官确认是否应当准予离婚,根据现行法律规定,在夫妻感情确已破裂,调解无效的情况下,法官应当判决离婚,其自由裁量权几乎荡然无存。但是,法律的公平、公正、保护弱者利益的基本价值在裁判离婚的标准中就无法体现,法官即使认为如果判决离婚会导致一方或其利害关系人处于极其困难的境地,也无法律依据阻却离婚(尽管在司法实践中法官的离婚判决会考虑这一因素,但是于法无据)。因此,在保障离婚自由与保护弱者利益的社会公平原则之间应当设立一个苛酷条款,允许被告对感情破裂的法定离婚理由进行抗辩,使二者的利益得到衡平。现代许多适用破裂主义离婚的国家,均有类似的规定。如德国、法国、日本和英国离婚法均是以设立苛刻条款或严酷条款作为抗辩事由的。如《德国民法典》第1568条规定,为婚生的未成年子女的利益,如果且只要由于特殊原因而例外地有必要维持婚姻,或者且只要离婚基于非正常情况而对于拒绝离婚的被申请人会意味着较为严峻的苛刻,以至在考虑到申请人的利益的情况下也显得例外地有必要维持婚姻的,即使婚姻已破裂,也不应该离婚。《法国民法典》第238条第2款规定,如果离婚有可能对该配偶的疾病造成极严重的后果,法官得依职权驳回离婚申请。第 240 条规定,如另一方配偶能够证明,鉴于其本人的年龄与结婚时间,离婚对其本人与子女在精神与物质上均会引起极为严重的后果,法官得驳回离婚申请。《日本民法典》第 770 条第 2 款规定,虽有前款第 1 项至第 4 项事由,而法院考虑有关情事,认为继续婚姻为相当时,可以驳回离婚请求。英国 1996 年修订的《家庭法》规定的阻却离婚的情形之一就是婚姻的解除将给另一方当事人或子女造成巨大的物质上或其他方面的损害。从上述国家的规定可以看到,这些国家都将离婚对被告一方或子女所造成的严重损害作为被告一方的抗辩理由。显然在保障离婚自由的同时,兼顾法律公平,保护弱者的利益是这些国家的共同选择。我国作为一个发展中的国家,与上述国家相比,离婚后的社会保障制度和社会救助制度均不完善,当事人离婚后所遇到的困难可能更为严重,但我们的法律对此却无任何规定,这不符合我国建立社会主义和谐社会的要求,不符合法律公平正义、保护弱者利益的基本原则。笔者认为,有必要在裁判离婚法定标准之后规定一条:"离婚对一方当事人或其子女将造成极其严重损害的,法院可以驳回离婚请求"。这样的裁判离婚标准的设计相对比较周全,比较公平,即考虑了一般情形,也考虑了特殊情况。在一般情况下,法官可以根据夫妻感情确已破裂的具体情形判决准予离婚,但在特殊情况下,法官也可以根据具体情况,自由裁量被告的"离婚将遭受严重损害"之抗辩是否成立,应否准予离婚。当然,所谓"极其严重损害",应当是非常例外的情形,不应将离婚后发生的一般生活困难作为极其严重的损害,判决驳回原告的离婚请求。

---

在保障离婚自由的前提下,对离婚自由在程序和条件上予以适当限制,并作出明确具体的规定是各国离婚立法的指导思想和立法通例。我国的离婚制度在短短的五十余年里超越了过去以往几千年所发生的所有变化,经历了从裁判离婚标准的过

错主义到破裂主义，从离婚立法模式的概括主义到例示主义，从国家和组织介入离婚过程到完全由个人决定婚姻命运的巨大变化。这些变化是中国进入了一个崇尚自由、民主、以人为本的新时代的反映，是中国社会经济、文化、价值观念巨变的反映，是中国人婚姻家庭观念发生巨变的反映。正因为变化至巨，无论制度建设还是理论研究与社会实践的需求相比都略逊一筹。本章在比较各国对离婚自由适当限制的路径，特别是在具体的离婚程序及离婚法定标准规定中所体现的价值取向及制度理念，回顾五十余年来我国离婚法定程序与标准的变革，反思我国现行的离婚制度及其相关规定的基础上，探讨了如何在保障离婚自由的前提下，对离婚自由予以适当限制的进路，以期进一步完善我国的离婚程序与离婚标准。

# 第五章　在离婚财产清算体系中体现对离婚自由的衡平

自由、公平、正义均为离婚制度的基本价值，在保障离婚自由的同时，如何实现法律的公平正义是设计与构建离婚制度时必须考虑的因素。因此，各国在明确规定离婚法定条件与程序之后，对离婚时夫妻财产分割的原则与考量因素、离婚救济的方式与途径都作出了明确规定。

离婚财产清算是因婚姻解体所产生的重要财产效力，有广义与狭义之分。狭义的离婚财产清算仅指离婚时的夫妻财产分割制度。广义的离婚财产清算则包括了离婚财产分割制度及离婚救济制度等与财产相关的体系化财产效力。目前世界上许多国家采广义说，由离婚财产分割制度、离婚后的扶养制度、离婚经济困难帮助制度、离婚损害赔偿制度等一系列制度共同构成离婚时的财产清算体系。在广义的离婚财产清算体系中，首先在夫妻双方之间进行财产分割，之后，一方以自己的个人财产对因离婚而遭受损害的另一方给与补偿，对生活困难的一方在离婚后给付扶养费或经济帮助，进而使离婚时财产的流转和归属既能达到权利平等的目的，又尽可能地实现了对弱者利益的保护和救济。

在保障离婚自由的同时，在离婚财产分割与离婚救济制度中体现对婚姻关系中处于弱势地位的一方和抚养子女的一方予以法律救济和制度保障，才能够实现法律的公平正义和对弱者的人文关怀，体现法律扶弱济贫、保护弱势群体利益的人权理念与精神，也才能够真正实现离婚自由对人性解放的真谛。因此，也可以说，在离婚财产分割制度中导入公平理念，而不是实行绝对的均分原则，在离婚救济制度的设计理念里充分体现保障弱者利益的价值观念，适当提高离婚成本，可以起到对离婚自由的衡平作用。

# 第一节 "均等分割原则"与"公平分割原则"呈相互交融态势

## 一、比较法视野下的各国离婚财产分割制度

离婚财产分割是因夫妻身份关系解除而产生的重要财产效力，各国法律对此均有明确规定。离婚财产分割与夫妻财产制度密切相关，夫妻财产制因离婚而终止效力，发生清算与分割。由于夫妻财产制度的复杂多样性[1]，离婚财产分割制度亦相当繁杂。为了切中主题且便于比较和借鉴，笔者将对离婚时财产分割的比较研究限定于夫妻共同财产制的背景下。

（一）夫妻共同财产制及其范围的界定

共同财产制是指除特有财产外，夫妻的全部财产或部分财产归双方共同所有，双方享有平等的占有、使用、收益和处分的权利，

---

[1] 各国的夫妻财产制可分为妆奁制、统一财产制、联合财产制、分别财产制、共同财产制、剩余共同财产制等多种形式。

婚姻关系终止时始得加以分割。由于它能够反映夫妻关系的本质和特征，所以在当代婚姻立法中具有重要地位。因共有的范围不同，它又可分为多种形式[1]：①一般共同制，即无论是夫妻婚前还是婚后所得财产，也无论是动产还是不动产，一律属于夫妻共有，但法律另有规定的除外；②婚后所得共同制，即夫妻婚后所得的一切财产均为夫妻共同所有；③婚前动产及婚后所得共同制，即夫妻婚前的动产及婚后所得为双方共同所有；④婚后劳动所得共同制，即夫妻婚后的劳动、经营所得的财产为双方共同财产，非劳动所得的财产如继承、受赠所得等，则归各自所有。一些国家将共同财产制作为约定财产制，如德国、瑞士等；一些国家将共同财产作为法定财产制，如俄罗斯、法国等。

剩余共同制是20世纪中期发展起来的特殊共同财产制，又称所得分配财产制或延期共有制，是指夫妻在婚姻关系存续期间适用分别财产制，即财产归各自所有，各自保有管理权、使用权、收益权以及有限的处分权；在婚姻关系终止时，双方共同分享婚后所得财产的增值。自二战以后，原来采用分别财产制的一些国家为了达到实质上的男女平等，通过立法或判例进行修正，引入共有的因素，创设了剩余共同制，使之兼采分别财产制和共同财产制的特性。[2] 在婚姻关系存续期间适用分别财产制，保障夫妻双方的经济独立，维护交易安全与第三人利益。但同时承认夫妻任何一方在婚姻关系存续期间所得财产均是夫妻双方在婚姻家庭共同生活中多方面分工合作取得的成果，在离婚时由双方平等分享。换言之，在婚姻关系存续期间适用分别财产制，在婚姻关系终止时引入共同财产制的因素，以维护婚姻家庭共同生活的本质，保障夫妻双方实质上的平等。如《德国民法典》就将剩余共同财产制作为法定财产

---

[1] 巫昌祯主编：《婚姻家庭法新论》，中国政法大学出版社2002年版，第193页。
[2] 林秀雄：《夫妻财产制之研究》，中国政法大学出版社2001年版，第113页。

制。剩余共同制与共同财产制在离婚分割夫妻财产时适用的共享、均分的理念是基本相同的。

确定夫妻共同财产的范围是分割夫妻共同财产的前提条件，适用共同财产制的各国法律对此均有明确规定。

《法国民法典》以夫妻共同财产制为法定财产制，对夫妻共同财产范围界定清晰。如该法典第1401条规定，共同财产的资产组成是：夫妻在婚姻期间因来自各自的技艺以及他们的自有财产的果实、孳息与收入的节余而共同取得或分别取得的财产。第1402条规定，任何财产，不论是动产还是不动产，凡不能证明其依据法律的规定属于夫妻一方的自有财产，均视为婚后共同取得的财产。离婚时分割的是夫妻共同财产，属于个人财产的，归个人所有，不参与分割。对于夫妻个人财产的范围，《法国民法典》也作出了明确的规定，夫妻各方对各自所有的自有财产保留完全的所有权。以下财产，即使是在婚姻期间取得，依其性质，仍构成个人自有财产：①属于夫妻一方使用的衣、被及其他布织品；②对本人受到的身体或精神伤害请求赔偿之诉权；③不得让予的债权与抚恤金；④以及，一般言之，具有人身性质的所有财产以及专与人身相关的一切权利；⑤夫妻一方为从事职业所必要的劳动工具（第1403、1404条）。

德国的法定夫妻财产制是剩余共同产制。夫妻共同财产制在德国民法中是夫妻约定财产制中可选择的财产制度之一，《德国民法典》1416条至1418条对夫妻共同财产的范围也作出了明确规定，夫的财产和妻的财产因财产共同制而成为双方共同的财产。夫或妻在财产共同制存续期间所取得的财产，也属于共同财产。各个标的成为共同的，无须以法律行为转让之。已登记于土地登记簿或可登记于土地登记簿的权利，成为共同的权利的，配偶任何一方可以向另一方请求协助更正土地登记簿。已登记于船舶登记簿或建造中船舶登记簿的权利，成为共同权利的，准用前句的规定。特有财产和保留财产被排除在共同财产之外。特有财产是不能以法律行为转让的标的，如扶养请求权。保留财产包括：①被夫妻共同财产合同宣布为属于配偶一方的保留财产的标的；②配偶一方死因取得的标的或第三人向其无偿给予的标的，但以被继承人以终意处分或该第三人在给予时指定该项取得应属于保留财产的标的毁坏、损坏或侵夺的补偿，或因与保留财产有关的法律行为而取得的标的。

美国有关共同财产的界定在不同的州有所不同，但通常与《统一婚姻财产法》的规定相去不远。1983年美国州法律全国统一委员批准了《统一婚姻财产法》。该法采纳了婚姻作为合伙关系的理念，将婚姻财产界定为，结婚后双方获得的所有财产均为共同财产，双方对共同财产享有不可分割的一半利益。下列财产除外：①由赠与所得的财产或第三人死亡时留给夫妻一方而非双方的财产；②由其个人财产交换所得的财产；③根据判决、婚姻财产协议或其他书面协议确定为个人财产的财产；④个人财产的自然增值；⑤对个人财产损害的赔偿；⑥对个人人身伤害的赔偿，但对婚姻财产损失的赔偿除外。结婚后至判决合法分居前夫妻任何一方所得的任何财产，无论是以个人名义或双方名义享有的诸如联合租赁、共同租赁、不可分割的租赁和共同财产等共有形式占有的财产，均应视为婚姻财产。[1]

尽管各国对夫妻共同财产范围规定的表述有所不同，但实质上对共同财产与个人财产范围的规定各国相差不大，为避免赘述，不再一一列举。但对于应如何界定个人婚前财产转化形态的性质，以及对养老金、退休金等福利待遇的财产性质如何确认，在各国的规定及学说中或认识不一，或尚未得到足够的重视。

1. 应如何界定个人婚前财产转化形态的性质。对于个人财产

---

[1] 夏吟兰：《美国现代婚姻家庭制度》，中国政法大学出版社1999年版，第234页。

婚后转化形态,是作为个人财产还是作为夫妻共同财产,无论法律规定还是理论学说,均有不同见解。

《法国民法典》规定婚前个人财产的转化形态依然属于个人财产,本人可以取回,不参与离婚时的分割。如《法国民法典》第1467条规定,共同财产一经解除,不属于共同财产范围的财产实物尚存的,夫妻各方均得取回该财产,或者取回用以替代该财产的其他财产。有学者将其解释为初始所有权。即确定财产所有权的依据是取得所有权的第一时间,而不问其后的发展变化。如丈夫在婚前购买不动产,交付定金,签订分期付款合同并以抵押物作担保,夫妻双方在结婚后以夫妻共同财产继续支付并最终将抵押物赎回。离婚时,法院认为,根据初始所有权理论,对该不动产妻子无权要求公平分割,因为该财产的所有权在丈夫以抵押的方式签订购房合同时即已产生。一旦财产具有个人财产的性质,则不再考虑是否以夫妻共同财产支付价金或排除障碍。其妻只可就夫妻共同财产支付的价金部分要求分割。[1]

美国有学者不同意"初始所有权理论",提出"质变"理论。认为财产性质的变化取决于双方的主观意愿,一方将其个人财产与夫妻共同财产混同,并无法将个人财产与夫妻共同财产区分,就表明了原财产所有人在主观上愿意将个人财产并入夫妻共同财产中,此时,财产的性质已经由个人财产转化为夫妻共同财产,原财产所有人无权要求取回。[2]

对此,有学者认为,该理论剥夺了原财产所有人的财产权,又提出"资金来源理论",对夫妻财产的分类不应当根据其取得该项财产所有权的时间,而是应当根据取得该项财产的资金来源。根据

---

[1] John De Witt Gregory, Peter N. Sheryl and L. Scheible, *Understanding Family Law*, Matthew Bender & Company, Incorporated, 1993, P, 310.

[2] Oldham, Tracing,"Commingling and Transmutation", 23 *Fam. L. Q*, 249 (1989), 219.

"资金来源理论",当财产是由个人财产和夫妻财产共同取得时,这一财产应当分为个人财产和夫妻共同财产两部分,一方配偶所贡献的个人财产可以根据个人财产在全部投资中的比例获得利益,其余的财产则可视为夫妻共同财产予以分割。因此,以个人财产支付部分资金的配偶一方和以夫妻共同财产支付另一部分资金的配偶双方将根据资金投入的情况按比例划分,并均可对其投入得到公平回报。[1]

笔者认为,婚后所得共同财产制存在的前提条件就是婚姻关系成立,因此,确定夫妻共同财产的范围,应首先以取得财产的时间为界限,凡在婚姻关系存续期间取得的财产均应作为夫妻共同财产,法律另有规定的除外。对于无法确定财产取得的时间,或个人财产与共同财产混同的情况,应根据财产的资金来源确定财产的性质。这既有利于保护公民的个人财产所有权,不致使其因婚姻生活而丧失其个人的财产权利,也考虑到婚姻共同生活中共同资金的投入及其回报,可以兼顾公平原则。

2. 如何界定养老金或退休金等福利待遇的财产性质。对于养老金或退休金是否属于夫妻共同财产的范围,各国规定不一,学说和解释也有所不同。

美国一些州法院认为,养老金是否能够被认定为夫妻共同财产,应以是否被授权[2]或是否到期为限。已经到期或已被授权的养老金是夫妻共同财产,没有到期或未被授权的养老金不能作为夫妻共同财产。但相当多的州法院都认为,养老金无论被授权与否,均应认定为夫妻共同财产,离婚时应当分割。美国加利弗尼亚州高级法院在审理此类案件时指出,养老金不仅仅是一种可期待利益,

---

[1] John De Witt Gregory, Peter N. Sheryl and L. Scheible, *Understanding Family Law*, Matthew Bender & Company, Incorporated, 1993, p. 311.
[2] 美国养老金只有在达到最低数额的积累资金后才能被授权,经授权后方可按养老金计划领取。

它是对雇员所提供的劳务补偿,因此是一种重要的财产。目前养老金在受雇者报酬中的地位越来越重要,雇员自加入退休计划开始,养老金的价值就在不断的提高,并成为婚姻共同体中最重要的财产。在分割夫妻共同财产时将养老金全部给予一方,而对方没有任何补偿,不符合法律所规定的公平分割财产原则。因此,无论养老金是否到期,是否被授权,都应当作为共同财产予以分割。分割时,可以采取一方持有、对另一方予以补偿,或根据具体情况按比例分割,或迟延判决,直至受雇方根据养老金计划实际取得养老金时再判决。[1]

《德国民法典》在1976年的《亲属编离婚法修正案》中将剩余共同制的基本原理运用到养老金、退休金及其他类似的津贴上。婚姻双方当事人在婚姻期间所得的养老金、退休金、残疾及失业等津贴的期待权,依净益平衡的原则由夫妻双方均等享有,并在离婚时结算平衡。根据以前的法律规定,夫妻离婚后,只有在夫妻关系存续期间就业工作的一方在达到一定年龄或在此之前丧失了劳动能力时,才可以享有领取养老金和保险金等福利的权利。而当时德国的情况是,很多已婚妇女在家教育子女,从事家务劳动。如果没有离婚,当她们年老之后,能与丈夫一起享受养老金和保险金。一旦离婚,她们就不能享受这种权利。这种规定显然对从事家务劳动的女性不利,会使妇女因离婚而导致生活贫困,增加社会问题。改革后的离婚法规定,离婚的双方可以分割在婚姻关系存续期间建立的,在年老或丧失劳动能力时将能获得的养老金或保险金等福利。[2] 按此规定,在婚姻关系存续期间没有参加工作的配偶一方,离婚后可以向养老金或保险金等福利的支付机构提出申请,要求分得其应得的一半份额。养老津贴的期待权包括:①依公法上的隶属关系或

---

[1] Homer H. Clark, *Cases and materias on domestic ralations*, West publishing Co., 1990, p.785~788.

[2] 《德国民法典》第1587条。

基于公务员法上的规定而产生的津贴；②由法定养老金保险而产生的养老金或养老金期待权；③对于企业的养老金供养支付金及由此种养老金或类似的反复给予的支付金及对于此种养老金或支付金的期待权。但带有补偿性质的意外事故保险或因战争伤残抚恤而产生的养老金，不包括在内。学者认为，此制度设立的目的在于既保护个人因年老或退休后生活，又符合法律的男女平等原则和公平原则。[1] 笔者认为，德国法的规定充分考虑了夫妻共同生活中从事家务劳动一方对家庭的贡献，保障了在婚姻关系存续期间不能从事或不能充分从事社会劳动的离婚一方，特别是女性一方的利益。

(二) 离婚分割夫妻共同财产的原则及特别规定

对于确定为夫妻共同财产的部分应如何分割，各国均规定应首先由夫妻双方协商解决，在协商不成的情况下，由法院裁决。综观各国法律的规定，法院裁决的基本依据在大陆法系主要是均等分割原则，在英美法系主要是公平分割原则，一些国家同时还秉持对家庭住宅特别规定原则。

1. 均等分割原则。均等原则是离婚时分割夫妻共同财产的重要原则。无论夫妻共同财产的取得权人及其所有权人是何方，只要在法律上被认定为夫妻共同财产，离婚时，夫妻双方就有权均等分割，各自获得该共同财产的一半。均等原则很好地体现了夫妻在共同生活期间相互扶助、休戚与共的理念。

历史上由于受男女不平等的观念的影响，妻子往往只能分得共有财产的1/3甚至更少，如瑞士1907年的法定财产制就规定，在离婚时丈夫分得共同财产的2/3，妻子分得1/3。[2] 随着人们对婚姻关系本质认识的改变，所选择的财产分割原则也渐渐发生着变

---

[1] 陈苇主编：《外国婚姻家庭法比较研究》，群众出版社2006年版，第403、404页。
[2] 林秀雄：《夫妻财产制之研究》，中国政法大学出版社2001年版，第119页。

化。离婚财产分割的系统、原则和它所选择的婚姻模式是相一致的。[1] 从19世纪末到20世纪末,婚姻越来越被模式化为配偶之间的合伙关系。美国一些学者认为,在婚姻期间,夫妻是合伙人,在未来的商业活动中各自贡献他们的时间和聪明才智,作为共同的企业家,促进家——这个企业的发展。日本许多学者也同意这一观点,他们认为,如果把婚姻看作合伙,家事劳动可以看作合伙的劳务出资,而与生活费用的分担具有对价关系。由夫妻劳务出资或金钱出资所构成、取得的财产,若无特别的事由,推定为夫妻共有的财产。[2]

对于双方协力而得的共有财产,夫妻拥有平等的所有权,不论双方贡献的大小,也不论夫妻双方收入多少和有无,在对共有财产进行分割时,应当坚持均等原则,采取各半分享主义。这已成为世界上许多国家制定离婚财产分割制度的通例。如《法国民法典》第1475条规定,在对共同财产总额完成全部先取事项后,剩余的财产在夫妻双方之间对半分割。《德国民法典》第1476条规定,清偿共同债务后所剩余的夫妻共同财产,以等份归属于配偶双方。

为了更好地保护未成年子女和相对弱势一方的利益,一些国家在适用均等原则的同时,规定了特别条款,法官可以根据具体情况限制适用均等原则。如《俄罗斯联邦家庭法典》第39条规定,如果夫妻双方间的合同无另行规定,在分割夫妻共同财产和确定对该财产的份额时,夫妻的份额为均等。为未成年子女的利益和(或)为夫妻一方值得考虑的利益,特别是如果另一方无正当理由未获得收入或者损害家庭利益开支夫妻共同财产的,法院有权不按夫妻份额均等的原则判决。《越南婚姻家庭法》第42条规定,夫妻的共同财产分为两份,分割时应当合理地考虑财产状况、家庭的具体情况

---

[1] Catherine T. Smith, Marital Property, "University of San Diego School of Law", *Journal of Contemporary Legal Issues*, 2000, p. 11.

[2] 林秀雄:《夫妻财产制之研究》,中国政法大学出版社2001年版,第160页。

以及各方的贡献大小。家务劳动视为生产劳动。分割财产时，必须保护妻子和未成年子女的利益，保护生产和职业的正当利益。

2. 公平分割原则。公平分割原则是指离婚分割夫妻财产时，考虑到夫妻财产状况和离婚时双方的具体情况由法官公平决定财产分割的份额。与均等分割原则不同，根据公平分割原则，可能是双方各自获得50%，也可能是一方获得40%，另一方获得60%，或者更多。

美国有10个州适用共同财产制，其余州均适用分别财产制。但根据婚姻是合伙关系或分享关系的理论，绝大多数州在离婚分割财产时都采用公平分割法。威斯康星州高级法院指出，婚姻作为夫妻双方分享事业或共同事业的概念是离婚时分割财产的理论依据。婚姻实际上就是一种合伙关系，尽管合伙人的贡献在不同的合伙关系中有所不同，法院在审理个案时应考虑配偶的贡献并根据公平原则分割。

美国的财产公平分割原则主要分为对婚姻财产的公平分割和对双方全部财产的公平分割。《美国统一结婚离婚法》采用的是对夫妻全部财产实行公平分割。《美国统一结婚离婚法》第307条规定，法院在婚姻关系或合法的同居关系被解除时，……在不考虑婚姻的不当行为的前提下，……在双方之间对共同所有及分别所有的财产，无论是在何时以何种方式取得，无论是以夫妻一方或双方名义取得均实行公平分割。法院在分割时要考虑以下因素：①每一方对婚姻财产的获得所做的贡献，包括一方以操持家务的方式所做的贡献；②分割给夫妻一方的财产的价值；③婚姻持续的时间；以及④财产分割生效时双方的经济状况，包括对家庭的适当的供养或有子女监护权的一方生活适当一段时间的权利。[1] 这一原则被有些州所采纳，在这些州离婚财产分割的规定中，规定全部财产均适用公

---

[1] Harry D. Krause, *Family Law*, West Publishing co., 1997, pp. 430～436.

平分割法，而不问财产的来源和取得的时间，夫妻一方婚前所得财产与其婚后所得财产一样，均应公平分割。如蒙大拿州的家庭法对法院公平分割属于夫妻一方或双方的财产时，明确规定无需询问何时或如何取得的该项财产，以及该项财产属于夫妻何方名下。新罕布什尔州法律规定，所有的财产，无论是动产或不动产，无论是有形财产或无形财产，无论是属于一方名下还是属于双方名下，均是可分割财产，即使是一方婚前所得财产离婚时也可以予以分割。[1] 但在有些州适用对婚姻财产的公平分割原则，在这些州，将夫妻财产分为婚姻财产和个人财产，婚姻财产是夫妻一方或双方在婚姻关系存续期间及别居协议执行前或婚姻诉讼开始前取得的全部财产，而不论财产所有人为何方。对婚姻财产在离婚时适用公平分割法，根据双方的具体情况，特别是离婚后的需要进行分割。个人财产是一方个人的婚前财产，因个人身体伤害所受的补偿或双方约定为个人的财产等，个人财产离婚时不参与分割，仍归其个人所有。

《英国家庭法》及其相关法律也适用公平分割原则。1973年英国《婚姻诉讼法案》第25条规定，在作出离婚、婚姻无效或法定分居的判决时，法庭可以根据具体情况作出对一方和子女有利的财产分割判决。法院在处理离婚案件的财产分割时，应当考虑以下标准：①财产来源。法庭必须考虑婚姻双方具有的或可能具有的收入、挣钱能力、财物以及其他财产来源。②经济需求。法庭应考虑婚姻双方在可预见的将来具有的或可能具有的财产需求，抚养子女的一方将负有将来义务，直到子女独立。③婚姻期间的生活标准。在大多数案件中，法院会考虑双方当事人所习惯的生活水平，并竭力保持该水平。④双方年龄和婚姻持续时间。年龄较大，婚姻持续时间较长者对婚姻的付出较多，特别是家庭主妇在离婚后适应社会的能力和自食其力的能力较弱。⑤残疾。对无独立生活能力的精神或身

---

[1] 夏吟兰：《美国现代婚姻家庭制度》，中国政法大学出版社1999年版，第238页。

体残疾者法庭应予特别关注。⑥贡献。夫妻各方对家庭利益作出或在可预见的未来将作出的贡献,包括抚养子女和照顾整个家庭。⑦不当行为。在特殊情况下法院将婚姻关系中各自的不当行为作为考虑因素。⑧损失利益。对因离婚而使养老金持有者的配偶在获得养老金的权利方面的损失应予补偿。[1]

上述公平分割原则的考虑因素中不仅有体现人道主义的对于一方配偶的身体和精神缺陷的照顾,也有对从事家务劳动的一方对家庭无形贡献的肯定。尤其值得注意的是,离婚时配偶一方可预见的收入以及工作能力、可预见的将来的经济需要以及因离婚而丧失的可得利益都被作为财产分割时的考虑因素。这些内容由于其效力的将来性和价值的无形性使得在传统的财产分割制度中很少为人们注意,然而它们却又是客观存在并且在婚姻当事人的经济生活中起着非常重要作用的。英美等国公平分割原则的具体考量因素的规定较之均等分割原则更为具体,实际效果也更为公平。可以说,公平分割原则追求的是实质公平,而非仅仅是法律字面上的公平。

3. 家庭住宅特别规定原则。家庭住宅是一个家庭的重要财产,无论住房是夫妻共同财产,还是个人财产,离婚时都应当属于必须确定或分割的财产范围。但一些国家为了保护无房居住一方的利益,特别是为了保护子女的利益,对于家庭住宅在分割夫妻共同财产之外另行规定,以确保双方离婚后均有住所或抚养子女的一方能够有住所,或居住环境不发生重大变化,以保护未成年子女的利益,保护生活无着一方的利益,不至于使其在离婚后处于流离失所的状态。

如2000年修订的《瑞士民法典》第121条对此作出了明确的规定,如果有未成年子女或者有其他的重大理由使配偶中的一方使

---

[1] 参见《家庭法》(最新不列颠法律袖珍读本),徐妮娜译,武汉大学出版社2004年版,第61~81页。

用家庭住宅有充足合法的理由，并且配偶的另一方能够合理地预见到这种情况，法院可以把由租约产生的权利义务判归有充足合法理由的一方行使。配偶一方是原承租人的，须对租金负连带责任直到租约根据约定或者其他原因被终止，但是最长不超过 2 年。如果承租方被要求支付租金的，可以把按月支付的租金计算到应支付给另一方的生活费中。如果家庭住宅属于一方配偶所有，法院可以赋予配偶另一方在一定条件下使用该住宅的权利，这种权利的赋予并不排除适当补偿的义务和把这种权利计算在扶养金的份额中。如果有新的重要的事实出现，法院可以限制或者取消该方使用该住宅的权利。

英国 1996 年修订的《家庭法》在第四章中对家庭住宅有专门的规定，无论房屋的所有权人是何方，双方对此均有居住权利（第 30 条 b 款）。离婚后，一方无房居住的，法院可以根据《家庭法》第 33 条的规定，发布居住令，允许一方在离婚后依住宅所有权或使用权或依契约而有权占有家庭住宅或基于法律规定而有权继续占有家庭住宅（第 35 条）。一般情况下，该占有在子女完成全日制教育、一方当事人死亡或一方再婚、与他人同居时终止。在英国的判例中，法院可以根据具体案件的情况，决定离婚时如何处置家庭住宅。如法院可以判令一方将住宅或对住宅的份额转移给另一方，受让方可以作出补偿，如无能力者也可以无需作出补偿。法院还可以判令当事人出卖家庭住宅，以保证当事人一次性获得现金，另外购买住宅。但占有住宅的一方当事人不同意的，可以根据家庭法的住宅占有权登记，阻止对方出卖住宅。[1] 在美国，有 1/3 的州法律明确授权法院将家庭住宅判给对子女行使监护权的一方（大多为女方）居住。其他州法律虽然没有明确规定，但多数判例也适用这一原则。对家庭住宅的使用期限因各州规定的不同分别为最小的子女成年或高中毕

---

[1] [英] 凯特·斯丹德利：《家庭法》，屈广清译，中国政法大学出版社 2004 年版，第 192~194 页。

业，或离婚后享有家庭住宅居住权的配偶一方再婚。到期后，有居住权的一方享有优先购买权。[1]

《法国民法典》对夫妻共同财产以外的家庭住宅也作出了特殊规定。如果作为家庭住房的场所属于一方配偶的自有财产或者归其个人所有，于下列情形，法官得将其租让给另一方配偶：①在由该另一方配偶对一子女或数子女行使亲权时；或者在双方共同行使亲权的情况下，一子女或数子女惯常在此住房内居住时；法官应当确定租让契约的时间并且可以延展，直至最小的子女成年为止。②在宣告离婚是因作为住房所有人的一方配偶以共同生活破裂为由提出请求时，住房租约所订定的时间不得超过9年，但得依作出新的决定延展之。在承租人再婚的情况下，租约自然终止；如承租人公开与他人姘居，租约亦行终止（第285—1条）。

总之，无论是适用均等原则，还是适用公平原则，许多国家在分割夫妻共同财产时，都既考虑到夫妻双方的利益及共同生活的特性，也考虑到离婚时的具体情况，特别照顾抚养子女的一方，没有谋生能力的一方，没有房屋居住一方的利益，通过对均等原则的限制性规定，对家庭住宅的特别规定或充分考量离婚时的各种因素，保护离婚后的子女利益和弱势一方的利益，以达实现法律公平正义之目的。就此而言，现代各国离婚法对夫妻共同财产分割的"均等原则"与"公平原则"已具有相互交融的趋势。在均等分割的前提下，综合考虑各种因素，由法官根据具体情况进行公平裁决，不仅符合夫妻共同财产制的法律理念，也符合法律公平正义的价值观。

## 二、中国离婚分割夫妻共同财产原则之重构

我国《婚姻法》第39条第1款规定："离婚时，夫妻的共同财产由双方协议处理；协议不成时，由人民法院根据财产的具体情

---

[1] 夏吟兰：《美国现代婚姻家庭制度》，中国政法大学出版社1999年版，第249页。

况，照顾子女和女方权益的原则判决。"最高人民法院《关于审理离婚案件处理财产分割问题的若干具体意见》规定："人民法院审理离婚案件对夫妻共同财产的处理……坚持男女平等，保护妇女、儿童的合法权益，照顾无过错方，尊重当事人意愿，有利生产、方便生活的原则，合情合理地予以解决。"该意见第8条规定："夫妻共同财产，原则上均等分割。根据生产、生活的实际需要和财产的来源等情况，具体处理时也可以有所差别。"学者们根据婚姻法和司法解释的规定，将离婚财产分割原则概括为四原则[1]或六原则[2]，主要包括男女平等原则、保护妇女儿童合法权益原则、不损害国家、集体和他人利益原则、照顾无过错方原则、有利生产、方便生活原则、尊重当事人意愿原则。笔者认为，分割夫妻共同财产的原则是指导离婚财产分割的最基本准则，过多的指导原则反而降低了原则的地位，分不清主次，使离婚财产分割原则位阶不清。因此，应当以"均等原则"取代"男女平等"原则作为离婚财产分割原则，将其他各项原则作为分割夫妻共同财产时应当考量的因素，并根据公平理念和夫妻财产分割的特性作适当地增加或删减。

男女平等原则是我国《宪法》的原则，也是《婚姻法》的基本原则，它当然适用于《婚姻法》的各项规定之中，《婚姻法》中的所有规定，均不得与男女平等原则相违背。因此，以男女平等原则作为离婚分割夫妻共同财产的原则降低了男女平等原则的位阶。原则是有位阶上的高低之分的，高位阶的原则可以统领低位阶的原则，低位阶的原则应当能够体现高位阶的原则。男女平等原则是统领男女社会地位与家庭地位的总原则，均等分割原则是男女平等原则的具体体现，能够直接体现离婚财产分割制度的法律理念，反映离婚财产分割制度所要指向的对象和具体内容。在离婚对夫妻共同

---

[1] 巫昌祯主编：《婚姻与继承法学》，中国政法大学出版社2001年版，第183页。
[2] 杨大文主编：《婚姻家庭法》，中国人民大学出版社2001年版，第192页。

财产的分割中，适用均等分割原则能够很好地体现男女平等原则的精神，也是民法关于共同共有关系解体时财产分割的基本准则。如果离婚财产分割不以均等分割为基本原则，必然与我国法定夫妻财产制类型——婚后所得共同制的基本要求相背离。均等原则的前提是承认夫妻双方对于其共同财产享有平等的所有权，无论双方对夫妻财产增加的贡献大小，双方的收入状况差别如何，双方都有平等分割的权利。应该说，均等分割的原则在一定程度上反映了家务劳动的价值。一方主要从事家务劳动，没有收入，或收入较低，并不影响其对夫妻共同财产的共有权及在离婚时要求均等分割的请求权，因为家务劳动对夫妻财产的增加作出了贡献，应当得到肯定。

在坚持以均等分割为基本原则的前提下，还应当增加公平原则，以体现离婚法的公平理念和社会性别视角。《婚姻法》上的公平与民法财产法上的公平具有同等的法的价值，然其内涵又不尽相同。对离婚分割夫妻财产而言，就是要考虑到夫妻双方在婚内对家务劳动、扶养子女、照顾老人的付出，一方离婚后生活水平的下降等具体情况才符合公平原则。在经济、社会的转型时期，我国妇女整体经济地位低于男性，妇女离婚后面临着由传统文化和习俗带来的种种偏见和困难，离婚妇女在婚姻市场上大大贬值，再婚困难；离婚后，未成年子女又多由母亲抚养，如果简单机械地按照民法共同共有原理，只均等分割夫妻共同财产，将会导致对女方和子女非常不利的后果。因此，法律必须在均等分割原则之外，确立若干体现保护女性利益，保证婚姻的社会价值和家庭社会职能实现的公平分割原则。

在我国现有离婚财产分割原则之外，增加公平原则，对于消除离婚女性贫困化和子女生活水平严重下降的社会问题，具有积极意义。关于两项原则之间的关系，笔者认为，均等分割是基本原则，公平原则具有弥补、矫正均等分割不足的作用。为了确保公平原则的实现，可以根据我国的国情，制定一些法官在处理具体案件时应当考量的因素，以确保实现法律的公平正义和保护弱者利益的价值理念。公平原则的考虑因素如下：

1. 照顾子女的利益。抚养照顾子女是父母双方的共同责任和法定义务，也是夫妻共同财产的重要用途之一。照顾子女的利益体现在分割夫妻共同财产中，就应当根据未成年子女的实际需要对直接抚养子女的一方在分割财产时予以适当照顾，确保子女在离婚后的生活水平不下降或不致严重下降。同时，离婚后直接抚养子女的一方在子女的抚养教育过程中所投入的时间、精力、财力都要大大地多于另一方父母，并将因此而影响她（他）对工作的投入，最终影响她（他）的事业发展和收入水平，因此，在离婚财产分割时照顾直接抚养子女的一方，在均等的前提下，适当多分割一些财产，是符合公平原则的。

2. 照顾婚姻中处于弱势一方的利益。所谓照顾弱势一方的利益，实践中主要包括照顾女方的利益、照顾残疾人的利益、照顾无生活来源者的利益等。照顾女方的利益是我国《宪法》和《婚姻法》保护妇女合法权益原则的具体体现，也是基于中国妇女总体社会地位和经济地位低于男性的社会现实所作出的判断。根据北京美兰德信息公司在全国31个省会、自治区首府和直辖市对年龄介于18岁～69岁的当地市区居民的调查，我国目前城市中男女市民在权力、财富和机会等方面存在一定差距，女性在职业、社会阶层、收入和受教育水平等主要方面和男性相比仍处于劣势。从事收入较低的半技术劳动工人、服务性行业以及处于下岗、失业、待业的女性明显高于男性，而每月收入5001元以上的女性则大大低于男性，仅占14.4%，即使在女性相对较多的社会服务业，女性的平均工资也仅占男性平均工资的74.5%，[1]而残疾人和其他无生活来源者

---

[1] 国家统计局人口和社会科技统计司编：《中国社会中的女人和男人——事实和数据(2004)》，中国统计出版社2004年版。

都属于社会和家庭生活中的弱势群体,据我们在青海省所作的抽样调查发现大部分的残疾人需要社会救济,90%以上的残疾人人均月收入不足500元,超过一半的残疾人人均月收入在100元以下。[1]因此,对于这些婚姻生活中的弱势一方,在离婚财产分割时均应予以适当照顾。

3. 照顾无过错方的利益。尽管我国采取的是无过错离婚主义,但也将法定过错作为确定夫妻感情确已破裂的具体情形。无过错离婚主义强调的是不以一方是否有过错限制离婚诉权,不以一方是否有过错,限制离婚自由权。无论当事人一方是否有过错,均允许提起离婚诉讼。如果夫妻感情确已破裂均应当准予离婚。对于具有法定过错者(重婚、有配偶者与他人同居、实施家庭暴力、虐待、遗弃家庭成员),《婚姻法》规定了离婚损害赔偿制度,通过离婚损害赔偿对受害方给予救济。但除法定过错外,对于因其他过错而导致离婚的则无损害赔偿的规定。因此,将一方的过错作为离婚财产分割的考虑因素之一,对无过错的一方在离婚时给予一定的照顾,适当多分割财产,以弥补其感情上、精神上遭受的伤害和痛苦,体现了法律的公平正义精神。当然,对无过错方不能进行双重补偿,如果已经符合离婚损害赔偿的条件,就不得要求在财产分割时予以照顾。同时,笔者认为,离婚财产分割与离婚救济制度应作体系化设计,适当扩大离婚损害赔偿的范围,即可取消其作为离婚财产分割的考虑因素。这部分内容将在离婚救济制度中详述。

4. 考虑一方所从事的家务劳动。传统的"男主外、女主内"的家庭角色分工对女性事业的发展和谋生能力的提高影响较大。[2]

---

[1] 全国残联项目"残疾人婚姻家庭权益保障"在青海省的调查共发放调查问卷750份,回收有效问卷520份。
[2] 苏力:"冷眼看婚姻",载李银河、马忆南主编:《婚姻法修改论争》,光明日报出版社1999年版,第44页。

根据《第二期中国妇女社会地位抽样调查主要数据报告》的统计数据显示，有85%以上的家庭做饭、洗碗、洗衣、打扫卫生等日常家务劳动主要由妻子承担，女性平均每天用于家务劳动的时间达4.01小时（男性仅为1.31小时）。不可否认的是，在丈夫所获得的能为其带来可观收益的成就和地位中是包含着妻子所作出的贡献和牺牲的。反过来，妻子在作这些牺牲，成就丈夫的同时，也放弃了发展自己的机会，从而阻碍了其就业竞争能力和谋生能力的正常增加。如果婚姻不被中断，那么妻子的这些牺牲将在未来的婚姻生活中因分享丈夫的收益、从丈夫和孩子身上得到感情的慰藉以及因拥有一个稳定的婚姻和家庭而得到平衡。但是，一旦离婚，这些以作出牺牲个人发展为代价的可期待利益将化为泡影，这对于妻子来说是非常不公平的。在我国目前的离婚财产清算体系中，对家务劳动价值的认可规定在夫妻分别财产制下的家务劳动补偿制度中，"夫妻书面约定婚姻关系存续期间所得的财产归各自所有，一方因抚育子女、照料老人、协助另一方工作等付出较多义务的，离婚时有权向另一方请求补偿，另一方应当予以补偿。"（《婚姻法》第40条）但问题是该补偿制度是以夫妻双方适用分别财产制为前提的，在夫妻共同财产制下，离婚时一方无法因其从事的家务劳动获得任何补偿。因此，有必要将一方从事家务劳动和协助另一方工作作为分割夫妻共同财产时考虑的因素，在离婚时对从事家务劳动较多、对配偶帮助较多的一方适当地多分割财产，以补偿她（他）们在婚姻中的付出，体现法律的公平。在实行无过错离婚理由的制度下，为了鼓励夫妻为提高整个家庭的利益作出牺牲，应该把因一方的牺牲而导致的人力资本的变化及其所产生的预期利益作为婚内财产的一种形式在离婚时进行公平的分割，对作出牺牲的一方予以适当补偿。在有了法律上的保障之后，夫妻之间就会更多地以家庭利益为出发点来调整他们之间的位置和角色，对家庭作出更多的投入。在这样一个良性互动的过程当中，走向成功的婚姻会越来越多，而走向解体的婚姻会越来越少，这才是离婚制度所要追求的终极目标。

5. 考虑婚姻存续时间的长短及健康状况。婚姻持续时间的长短，对当事人的影响甚大。如前所述，传统的家务劳动分工模式，使得从事家务劳动时间越长的一方，对另一方的经济依赖越大，对婚姻中的预期利益依赖越大，其谋生能力和挣钱能力与另一方相比，差距就越大。离婚后，当然也越难以适应社会，年老体弱、健康状况较差的一方在离婚后也难以开始独立生活。对这些人，在离婚时，都应在均等分割的前提下，适当考虑多分割夫妻共同财产，以保护婚姻关系中弱者的利益。

6. 考虑双方对财产积累的贡献。夫妻共同财产是夫妻双方在婚姻生活中共同协力不断创造、不断积累的成果，无论双方从事何种劳动、贡献大小，对夫妻共同财产都有平等的权利。但如果一方不仅不从事任何劳动，对夫妻共同财产的积累没有任何贡献，还浪费或减损夫妻共同财产，离婚时，在均等分割的前提下，应考虑适当少分割财产。

在均等分割原则的前提下，兼顾公平原则，符合夫妻共同财产制的本质；符合保护弱者利益和实现法律公平正义的理念；有利于保护当事人的合法权利；也给了法官处理离婚财产分割案件一定的自由裁量权。法官应当根据公平原则的各项考虑因素，全面衡量离婚案件中的具体情况，确保离婚财产分割的公平正义。否则，如果只坚持均等分割原则，不考虑其他因素，或只注重其中某一、二项因素，而忽视了其他因素，都有可能导致离婚财产分割不公平正义的结果。

对于离婚财产分割时的一些技术性规定，如不损害国家、集体和他人利益、有利生产、方便生活等可以作为离婚财产分割的方法另作规定。尊重当事人的意愿是民法意思自治原则的体现，无须在离婚财产分割中作为一项原则单独规定。

## 第二节　家务劳动及无形财产在离婚财产分割中的意义

婚后所得共同财产制是我国法定的夫妻财产制度，它是指除特有财产外，夫妻双方或一方在婚姻关系存续期间所得的财产为夫妻共同共有。自1950年《婚姻法》颁布以来，历经50余年，我国的法定夫妻财产制度一直为婚后所得共同制，在实践中也为绝大多数夫妻所使用[1]。学术界的通说认为，婚后所得共同制符合婚姻法男女平等原则和保护妇女合法权益的原则，符合中国的实际情况，因而，1992年4月3日颁布的《妇女权益保障法》和2001年4月28日修订的《婚姻法》肯认了这一财产制度。但是，如果我们从女性主义的视角对夫妻共同财产的范围作一深度探究，就会发现在平等光环下的性别盲点。

### 一、共同财产制在中国夫妻财产制度中的地位与意义

我国《婚姻法》自1950年采取婚后所得共同制，虽历经修改，不断补充完善，但适用婚后所得共同制作为法定夫妻财产制度的原则仍保持不变，究其立法意图，主要有三：

1. 符合婚姻关系的特点。夫妻共同财产制的特点是将夫妻的婚后生活视为一个整体，共同管理、使用、处分其婚后所得财产，它反映了夫妻共同生活、共同居住的现实，使夫妻的经济生活与身份关系趋于一致，有利于婚姻关系的稳定。同时，夫妻关系是至为密切的社会关系，一方配偶在婚姻关系存续期间所得的财产，尽管另一方收入很低，甚至没有职业，只从事家务劳动，也应视为夫妻双方共同努力的结果，因为，在一方获得的财产收益中，包含了另

---

[1] 巫昌祯主编：《婚姻法执行状况调查》，中央文献出版社2004年版，第5页。

一方在操持家务、抚养子女、协助工作以及情感支持等方面的投入。就这个意义而言，婚后所得共同制确认了家务劳动的价值，为从事家务劳动的一方提供了有力的保护。因而，这一制度被认为是符合男女平等原则，有利于保护妇女合法权益的。

2. 符合中国的国情。夫妻财产制与夫妻身份制一样，总是与一定的社会制度相适应。一个国家采取什么样的夫妻财产制，既要受到社会生产力的制约，也要受其自身立法传统、风俗习惯等诸因素的影响。目前，我国仍然是发展中国家，人均 GDP 刚刚达到 1 000 美元/年，大多数公民的收入和财产数量仍然不高，共同财产制鼓励夫妻同甘共苦，可以使双方有限的收入发挥最大的效益，提高家庭的生活水平。同时，"同财共居"是中国几千年的婚姻习俗，共同财产制符合绝大多数人对婚姻的心理期待和社会认同。尽管有些学者认为分别财产制更能体现夫妻的独立人格和独立地位，更能体现男女平等原则，但就我国目前的状况看，仍不具备以分别财产制作为法定财产制的社会条件。一方面，妇女在受教育程度、就业、薪酬方面普遍低于男性，许多已婚妇女因从事家务劳动使职业发展受到很大影响[1]，实行分别财产制将置妇女于不利地位。另

---

[1] 2001 年第 2 期《中国妇女社会地位调查主要数据报告》显示，城镇在业妇女的年均收入是男性的 70.1%。在高收入人群中，女性的比例仅有 33.5%，而男性高达 66.5%，在最低收入人群中，这一分布则呈相反的态势。越接近最低收入者，女性的比例越高，而越接近于高收入者，男性的比例越高。同时，尽管男女的收入均值都随着教育程度的提高在增加，但在同等教育程度（如高中或大学）分组中，女性的平均收入都无一例外地明显低于男性。调查还显示，近十年新进入劳动力市场的男女两性的收入随着市场机制的引入而正在拉大。而家务劳动对收入的影响是负值，由于传统的社会分工模式的影响，女性在业者从事家务劳动的时间将近是男性的 2 倍（女性为 173.69 分钟/天，男性为 74.68 分钟/天）。家务劳动对女性在业者的影响存在一个互动的过程，家务劳动时间长会影响在业者劳动投入的质量和数量，同时，对女性劳动价值的低估也会带给女性劳动者负面的反馈，使其把更多的时间用于家庭。结果，只能使女性的劳动就业能力更为降低，收入也会随之下降。

一方面，实践中大多数人仍然不能接受分别财产制，尽管目前有些夫妻已实行了分别财产制，但数量很小[1]，以分别财产制作为法定财产制不符合中国国情。

3. 有利于交易安全。夫妻财产制不仅规范夫妻之间的财产关系，规定静态的"所有"的安全，而且也规范夫妻与第三人之间的债权债务关系，保护动态的交易安全。适用法定的共同财产制使第三人在通常情况下可以推定夫妻间的财产就是共同财产，除非当事人明确告知第三人夫妻之间实行了分别财产制，第三人与夫妻一方发生的债权债务关系是以夫妻双方的共同财产作为保证的。同时，在夫妻共同财产制下，夫妻对共同财产享有平等的处分权，因此，对第三人而言，一方对财产的处分，可以视为夫妻双方的共同意思表示，即使是夫妻一方单独擅自处分，未经对方同意，但第三人有理由相信该处分行为是夫妻双方共同意思表示的，夫妻中的另一方也不得以不知道或不同意为由对抗善意第三人[2]。

## 二、家务劳动在夫妻共同财产制中的价值

夫妻共同财产制源于中世纪的日耳曼法。与现代法的共同财产制理念不同，它是夫妻一体主义的产物。共同财产制顾名思义，是以夫妻一体的观念为基础而以夫妻之财产为夫妻共有的制度，表面上看似非常公平，其实不然。传统的夫妻共同财产制夫权色彩非常显著，丈夫是夫妻共同体的主人，对于共有财产可以行使绝对的权利。1804年的《法国民法典》中规定，夫为婚姻共同体之首长，单独管理共有财产，不须妻之同意可以将共有财产出卖、转让或抵押，而且于管理上对妻无报告义务（《法国民法典》第1421条）。此外，丈夫还可以管理妻之特有财产，且收取其所生之果实或利

---

[1] 蒋月：《夫妻的权利和义务》，法律出版社2001年版，第113~117页。
[2] 最高人民法院《关于适用〈中华人民共和国婚姻法〉若干问题的解释（一）》第17条。

益。如此，妻对于自己之特有财产也仅有"虚有权"而已，故处分时，往往需要夫之协力。[1] 换言之，早期的夫妻共同财产制尽管与妆奁制、统一财产制、联合财产制相比考虑到了女性的利益，但它仍然是夫权主义的产物。自近代以来，这种夫权色彩浓厚的夫妻共同财产制已逐渐被夫妻权利平等的共同财产制度所取代。现代的夫妻共同财产制已基本摒弃了以夫权为主导的夫妻一体主义，以夫妻各自人格独立、男女平权和保护夫妻弱势一方利益为立法原则。但是，如果我们以社会性别的视角，站在女性既存的社会性别制度化中所处的实际上不平等的特殊地位上，去审视现存的家庭角色分工，就可以看到夫妻共同财产的范围界定仍然存在着性别盲点。

女性主义学者认为，造成女性与男性不平等的因素不是两性之间在生理上的差异，而是两性的社会性别差异。把男女两性通过婚姻结合组成的生活单位定义为家庭，是以存在劳动和角色的社会性别分工为前提的，是既定的社会性别文化的产物。即家庭是由一个赚钱的丈夫和父亲，一个没有收入但照料家务的妻子和母亲，以及一个或多个子女组成[2]。在这种典型的家庭模式假定下确立的夫妻共同财产制，让没有工作的妻子获得丈夫收入的一半，似乎是对妇女的尊重和对她家务劳动价值的肯定。但我们不禁要问：没有任何社会工作的妻子的财产所有权能够真正实现吗？在现代大多数女性参与社会工作的情况下，如何看待家务劳动的价值？现行的夫妻共同财产范围是否充分考量了妻子的贡献？家庭中的无形资产应当如何评估？

（一）家庭中角色分工的社会性别分析

有关"男主外、女主内"的家庭角色分工是传统的社会性别规范，这一影响相当广泛和深远，具有全球性。据联合国统计司和提高妇女地位司的调查发现，在大多数国家，妇女无论是否就业，都

---

[1] 林秀雄：《夫妻财产制度之研究》，中国政法大学出版社2001年版，第33页。
[2] 鲍晓兰主编：《西方女性主义研究评价》，三联书店1995年版，第2~5页。

承担着家务劳动,打扫房间、整理床铺、买菜做饭、熨烫衣服、尤其是要承担照料子女及其他家人的主要责任。在发达地区,2/3~3/4的家务劳动是由妇女承担的,妇女每周花在家务劳动上的时间长达30个小时或更多,在日本,甚至高达53.6个小时。而男性每周从事家务劳动所花的时间大约为10~15个小时,在日本,仅为5.7个小时[1]。2001年第2期《中国妇女地位调查资料》显示,中国的城镇妇女每周花在家务劳动上的时间平均是28个小时,比男性的8.7个小时要多2倍,而她们中的大多数与男性一样是全职工作者。

　　家庭中的性别角色分工是决定家庭关系和女性地位的基础,性别角色分工虽然与生理因素有直接关系,但却不是由生理因素决定的,它是社会文化塑造的结果。决定家庭中性别角色分工和女性从属地位的根源在于以男性为中心的父权制社会。女性承担大部分生儿育女负担的"生理现实"是父权制产生并持续维持稳定的渊源;父权制规范产生的基础不是生物和生理上的原因,而是由于社会接受了男权统治的价值体系和意识观念;在父权制这种经济关系下,家庭成为男性免费使用和支配女性劳动力的场所。家庭中的男权中心是社会中男权中心系统的一个组成部分,社会中的性别不平等通过种种渠道渗透到家庭的权力结构中,而家庭中的性别不平等又反过来成为社会创造社会性别不平等范式的渠道之一。因此,家庭中的性别不平等应该是社会中两性关系不平等的延伸。女性社会角色的变化将推动家庭性别分工从"传统的"性别角色分工向"平等的"性别角色分工模式转变。调查显示,目前我国大多数家庭性别角色分工已经处于传统的与平等的两种范式之间,妇女的收入占家庭总收入比例的平均水平已由20世纪50年代的20%提高到90年代的40%,尽管实际上家务劳动的主要承担者仍然是女性,但赞成

---

[1] 谭琳、陈卫民:《女性与家庭》,天津人民出版社2001年版,第81~83页。

家务劳动应由男女共同承担的人已达到86.5％，且男女态度没有很大差异[1]。显然，对于家庭中性别角色分工的态度转变快于行为的转变，但我们相信态度的转变正是行动转变的先导。

（二）家务劳动在夫妻共同财产中的意义

是否需要评估家务劳动的价值，以及如何评价家务劳动价值的问题，早在20世纪中叶就已经在许多国家开始争论，并逐渐被女性主义纳入其研究的领域。1960年，日本的学者矶野富士子教授在《妇女解放的混迷》一文中提出，家务劳动不仅有用，而且产生价值。他认为，是否承认家务劳动的价值，关系到妇女在社会和家庭中的地位，只要承认妻子具有独立的人格，则妻应当对于自己的劳动，有要求相当报酬的权利。家务劳动是劳动力再生产所不可缺少的生产手段，当然产生价值，此价值构成劳动力即商品价值之一部分，因此，家庭主妇可以从丈夫的职业所得中要求因家务劳动所附加的价值部分。他的这一观点，得到许多学者的赞同。台湾学者林秀雄进一步指出，家务劳动非商品交换的劳动，故对社会而言，无经济的价值，但于社会关系中无经济价值的劳动，于家庭关系中，未必就无价值。事实上，家务劳动对整个家庭或丈夫而言，不仅有用，而且有价值。妻为家务劳动，则不必支付对价与他人，家计费用即可减少，而其减少部分，对家庭而言，就是家务劳动的价值。家务劳动之防止家庭中积极财产流出的功能，即为其获得评价的主要根据[2]。

这些对家务劳动价值的肯定性观点在一些国家的立法和司法实践中有所体现。如《瑞士民法典·亲属编》在婚姻的一般效力中规定，负责料理家务、照料子女或扶助配偶他方从事职业或经营事业的配偶一方，有权请求他方支付一笔合理的款项，供其自由处

---

[1] 谭琳、陈卫民：《女性与家庭》，天津人民出版社2001年版，第84~87页。
[2] 林秀雄：《夫妻财产制度之研究》，中国政法大学出版社2001年版，第147~155页。

分。[1] 英国的关于婚姻及离婚的王室委员会在其报告的第九编"夫妻间财产上诸权利"的一般考虑事项中提出：婚姻为夫妻平等运作的合伙，妻通过家事之照料、子女之养育而对共同事业的贡献，与夫之维持家计、扶养家庭具有同等价值（1950年）。日本在司法实务中也承认家务劳动具有价值。日本最高裁判所在其判决中认为，以女性在25岁结婚离职为理由，而不承认25岁以后所造成的逸失利益的原审判决为不当，而应以妻之家务劳动亦生财产上之利益为由，承认逸失利益之损害赔偿。

虽然有关承认家务劳动价值的理论与实践都将家务劳动视为妻子的当然职能，即所谓"主妇的权利"，仍然没有摆脱传统的"男主外，女主内"的家庭角色分工模式，但毕竟对承认家务劳动的社会价值和经济价值在理论上进行了梳理和探讨，并在一些国家的法律或实务上予以了肯认，这是一个重大的进步。如前所析，家庭角色分工模式的转变，由男女双方共同承担家务劳动，或真正全面地实现家务劳动的社会化，尚需时日，在此之前，明确家务劳动的社会价值和经济价值，有利于保障从事家务劳动的妻子的权利。

我国因1950年《婚姻法》就开始实行夫妻共同财产制，似乎家务劳动的价值已经在共同财产制中得到体现，无须另行规定了。但夫妻婚后所得共同财产制并没有解决家务劳动价值的问题。这一方面表现在获得夫妻共同财产的前提是基于夫妻身份，而不是夫妻协力，这就使专门从事家务劳动的一方因其劳动不被社会承认，不具有经济价值实际上处于仰人鼻息、受人恩惠的境地（盖房、买房、投资、贷款等重大家庭事务仍以丈夫决策为主，81%的住房以丈夫的名义登记，存款登记在丈夫名下的也占到69.3%），共同财产所有权无法真正行使[2]，法律上规定的独立人格也难以

---

[1]《瑞士民法典》第164条。
[2] 蒋永萍主编：《世纪之交的中国妇女地位》，当代中国出版社2003年版，第28、29页。

真正落到实处。而另一方面,许多既外出工作、挣钱养家,又要承担主要家务劳动的一方所从事的家务劳动在夫妻共同财产中没有得到任何体现。由于家庭角色分工的传统观念没有发生实质性的改变,在愈来愈多的妇女进入职业领域,从事有偿劳动的同时,家务劳动仍然主要由妇女承担。特别是在目前竞争愈加激烈的社会转型期,妇女所承担的社会压力更为严重,角色冲突也就愈加明显。因此,社会不仅要承认她们的职业劳动的价值,也应当承认家务劳动的价值。

承认家务劳动的价值,不仅可以在一定程度上促进家庭成员认识到家务劳动对家庭生活的贡献,同时也促使社会尽快认识家务劳动对家庭和社会的贡献,承认从事家务劳动的妇女所付出的时间成本和机会成本。按照我国签署和承诺的第四次世界妇女大会《北京宣言》的要求[1],应当由国家对此制定相应的政策和法律,如我国要制定对家务劳动等无酬劳动的评估方法,并将其列入国民核算体系。我国《婚姻法》应对从事家务劳动的价值作出肯定性的规范,承认家务劳动的经济价值。在离婚分割夫妻共同财产时也应将一方从事的家务劳动作为需要考量的因素之一。通过政策和法律导向,最终促使有关家庭角色分工的不平等状况向平等的方向发展。

(三)现行的离婚家务劳动补偿制度与社会现实脱节

2001年《婚姻法》修订时设立的离婚家务劳动补偿制度是要使那些在分别财产制度下,对家庭生活和他方事业发展付出义务较多、贡献较大的夫妻一方,在离婚时可以得到一定的补偿。其目的一是承认家务劳动或协助工作的价值,二是弥补分别财产制度存在的实际上的不平等。在夫妻分别财产制度下,离婚时双方无共同财产,如不作出一定的补偿,作出贡献的一方的价值就无从体现,作

---

[1]《北京宣言》,战略目标 H-3-206 (g)。

出的贡献也得不到任何回报。因此,适用分别财产制的夫妻一方应在离婚时对作出贡献或贡献较大的另一方予以补偿,以平衡夫妻双方的利益关系,体现法律的公平正义。

但是由于目前的家务劳动补偿制度是以双方在婚姻关系存续期间适用分别财产制度为前提条件,使其适用范围大大受限。笔者2002年参与主持的《婚姻法执行状况调查》发现,在离婚时提出家务劳动补偿者数量少,获得补偿者为零。如哈尔滨市调查的100例离婚案件中,仅有11人以在婚姻关系存续期间抚养教育子女、赡养老人、从事家务劳动较多为由,要求离婚时给予家务劳动补偿,但均因双方来实行分别财产制,未获法院批准。依笔者之见,离婚家务劳动补偿制度的规定具有一定的超前性,正如允许夫妻约定财产制度一样,对当事人而言是一种赋权性的规定,随着我国公民权利意识的发展,随着我国经济水平的提高、观念的变化,相信当事人选择适用分别财产制度的比例会有所提高。

但问题的关键在于,在不实行分别财产制度的情况下,如何承认家务劳动或协助对方工作或为对方事业、学业提高作出贡献的价值。有学者提出,共同财产制本身就是承认了家务劳动与社会劳动具有同等价值,否则,只从事家务劳动的一方无权分割共同财产。但实际情况并非如此简单明了,在夫妻双方均外出工作的情况下,对从事家务劳动较多的一方如何予以补偿法律并没有作出规定,目前我国双薪家庭仍然是家庭的主流,但妇女外出工作并没有完全改变传统的夫妻分工模式,在许多家庭中,妻子既要主外、也要主内,而离婚时,对妻子从事的家务劳动并不承认其价值。同时,男女双方结婚或者组成家庭,需要双方不断地投入感情、时间、精力、经济等各方面来经营。但在实际生活中,夫妻双方对婚姻家庭的贡献和从中获得的利益往往是不平衡的。承担家务较多的一方,或作出牺牲的一方,往往其职业发展和其他方面受到了较大的牵制,社会地位与谋生能力相对较弱。而配偶他方,则基于对方的奉献和牺牲从中获得巨大的利益,如学业的进步、事业的发展以及经济地位的提高等。若婚姻关系继续存续,付出较多的一方必然能够从未来的共同生活当中得到因自己的奉献和牺牲所带来的回报。一旦离婚,付出较多义务的一方因将其心血或精力大多数倾注于经营家庭,没有谋生能力或谋生能力较低,原有的生活水平必然会急剧下降,或无法达到预期的生活水平。如果在共同财产制下,对一方所作的贡献或付出法律不予认可的话,法律的公平性必然受到质疑。因此,笔者认为,对一方的家务劳动价值的承认不应仅限于适用分别财产制度,在保留离婚家务劳动补偿制度的同时,应将肯认家务劳动价值的理念适用于分割夫妻共同财产。即在分割夫妻共同财产时,也要将一方从事家务劳动和协助另一方工作以及对另一方事业发展所作的贡献作为分割夫妻共同财产时考量的因素。只有在对夫妻共同财产分割时,肯定夫妻一方从事家务劳动的价值和对另一方事业发展所作的贡献,对尽义务较多、贡献较大者适当多分财产,在目前我国的夫妻财产状态下才有可能通过对一方的救济和补偿实现法律的公平和正义。

### 三、无形财产应作为夫妻共同财产在离婚时予以分割

无形财产是与没有实体或实物存在形式的财产客体相关的法定权利。[1] 2001年修订的《婚姻法》虽然对夫妻共同财产的范围作出了更为明确具体的界定,但除规定知识产权的收益属于夫妻共同财产外,对无形财产中的文凭、执照、资格等具有预期利益的法定权利未作明确规定。笔者认为,此类财产也应当纳入夫妻共同财产范围。

在传统的财产法律中,文凭、执照、资格等无形财产并不属于财产之列,各国的婚姻家庭法中,也缺乏将其视为婚姻财产的相应法律依据。但20世纪末,一些国家对此问题开始进行反思。如美

---

[1]《牛津法律大辞典》,光明日报出版社1988年版,第438页。

国一些州的判例,就确认配偶一方因对方的帮助所取得的成就、学位、执照、资格等,应当属于衡平法上的婚姻财产。其理由是:①一方的贡献和努力增加了对方事业的价值;②婚姻财产,是指在婚姻关系存续期间所获得的财产,而不论其财产形式如何;③婚姻财产不必以是否具有交换价值来作为评价标准。如行医执照被认为有助于增加收入,故而持有者的配偶如果对此作出贡献,就可以分得其中的份额;④婚姻是双方彼此贡献的经济合伙,一方的成就、学位、执照、资格等包含了对方的贡献和投入,它应当是衡平法上分割婚姻财产时的决定因素[1]。

在婚姻关系存续期间一方所获得的文凭、执照、资格等法定权利能否作为夫妻共同财产实际上是对另一方所作贡献是否予以承认的问题。如前文所述,在家庭共同生活中,往往是妻子为了家庭的整体利益,对方事业的发展,在对方学习、培训期间,承担全部或主要的家务劳动,牺牲自己的发展机会,为对方的发展提供没有后顾之忧的家庭保障甚至是承担全部的生活费用和学习费用,帮助对方获得文凭、执照或资格。对此类文凭、执照、资格等无形财产,目前我国《婚姻法》及司法解释均未视为夫妻共同财产,只是对于在婚姻关系存续期间文凭、执照或资格已经转化为物质财富的,如提高的收入可以作为夫妻共同财产,但若尚未转化为有形的物质财富,则不视为夫妻共同财产。例如,妻子负担全部或者大部的家务劳动并以自己的收入支持丈夫接受教育和培训,而丈夫却在毕业或者获得学位、职业资格后提出离婚的情形。根据目前对夫妻共同财产的界定,此时丈夫所取得的能够带来高收入的文凭、执照、资格因尚未转化为有形财产,不能作为夫妻共同财产参与离婚财产的分割,而妻子则已将自己的收入支付了丈夫的学习和培训费用。其结果是,双方除丈夫的文凭、执照、资格外,几乎没有其他财产,离

---

[1] 李进之等:《美国财产法》,法律出版社1999年版,第88、89页。

婚时夫妻可供分割的共同财产微乎其微。

可见，否认了在婚姻关系存续期间获得的文凭、执照、资格等无形财产作为夫妻共同财产实际上就否认了妻子的付出和牺牲，使得离婚变成了对被离异妻子的一种无情的剥削和掠夺。这是与致力于实现男女平等、保护弱者利益的《婚姻法》的基本原则相违背的。因此，正确界定婚姻关系中财产的范围至关重要。

婚姻是一个共同体，婚姻关系是双方为共同利益而努力的伙伴关系。结婚是以永久共同生活为目的的，结婚者有理由相信，配偶一方的发展就是整个家庭的发展，自己也必然分享因发展所获得的成果及预期利益。一方牺牲自己的时间成本和机会成本从事家务劳动，为对方获得文凭、执照、资格在经济上和生活上予以支持，是因为她（他）确信在婚姻生活中，自己可以分享对方获得的成果和带来的相应经济利益。尽管在婚姻这种亲密的关系当中，利他主义可能发挥了一定的作用，但是眼前的和将来的可期待的利益仍然是促使夫妻作出这些牺牲的一个强大的动力[1]。在获取这一成果的过程中，取得文凭、执照、资格的一方，需要亲自参加学习、培训，是直接贡献者；夫妻另一方从事家务劳动，外出工作，维持家计，甚至用自己的工作收入支付学费或培训费，是间接贡献者，这两种贡献应当具有同等的价值。

文凭、执照、资格等法定权利能够证明一个人的受教育程度、知识或技术水平，反映了持有者的身份和资格利益，具有人身专属性。但文凭、执照、资格等的取得要付出一定的时间、精力和相应的金钱投入，在一定意义上可以视为其他财产权转化的产物。同时，文凭、执照等又是一个人的就业能力、收入能力的证明。通常情况下，文凭愈高、专业能力愈强，获得较高收入的工

---

[1] Allen M. Parkman, The ALI Principles and Marital Quality, *Duke Journal of Gender Law & Policy*, Spring / Summer, 2001.

作机会愈大，换言之，其获得的预期利益也就愈大。由此看来，文凭、执照、资格中确实包含着一定的经济利益，具有经济价值。但是，这种经济利益除了体现为已经实现的收入之外，又是无形财产，难以像有体物一样予以占有和使用。从价值的实现上来看，文凭、执照、资格等法定权利的物质利益是可预期的而且具有可持续性。夫妻婚后所得财产的内容应当包括所有的财产形式，不应仅仅包括有形财产及无形财产中的收益，否则，就人为地缩小了夫妻财产的外延，在立法上背离了夫妻共同财产制的本质，不利于保护当事人特别是为一方取得这些无形财产而协力贡献的妻子一方的利益。的确，在一个知识经济和无形资产已经日益并且可能成为最为重要财产的社会中，如果婚姻财产的分割还仅仅局限于有形财产，那显然是一个时代的错误。[1]

综上所述，在婚姻关系存续期间，夫妻一方取得的文凭、执照、资格等，应当属于夫妻共同协力的成果，对于因此所产生的利益，包括预期利益均应作为夫妻共同财产，列入夫妻共同财产的范围，在离婚时应当进行分割。

## 第三节　离婚救济制度中的衡平理念

离婚救济制度是法律为离婚过程中权利受到损害的一方提供的权利救济方式，也是为离婚时处于弱势一方提供的法律救助手段。离婚救济制度是离婚衡平机制中非常重要的一环，它是在离婚财产分割制度之外对离婚后处于不利地位的当事人一方所作的财产救助、补偿与赔偿，主要具有对因离婚而给当事人一方在经济上造成

---

[1] 苏力："冷眼看婚姻"，载李银河、马忆南主编：《婚姻法修改论争》，光明日报出版社1999年版，第48页。

的不利予以调整的作用。民法的救济权体系以财产责任形式为主，亲属法中离婚救济制度是离婚行为所产生的夫妻财产效力的延伸方式，是离婚财产清算体系中的重要组成部分。

如何在保障离婚自由的同时，实现法律公平正义是世界上实行自由离婚制度的国家所共同面临的问题。虽然对于离婚救济的性质是对因离婚受害一方的补偿、救助，还是对其重新生活的保障，在方法上是采取一次付清还是定期支付，各国的学者说法不一，[1]但离婚自由度的改革与离婚后果改革同步，注重对离婚效力的规定，强调对弱势一方的保护，是各国离婚立法的大趋势。各国的离婚救济制度主要包括两大部分，一是离婚后扶养，包括离婚后给付扶养费，离婚后的经济帮助，离婚后的救助责任等不同的形式。二是离婚损害赔偿。包括离因损害和离婚损害，离因赔偿和损害赔偿。有些国家两种救济方式并用，如《法国民法典》，有些国家只采用一种救济方式，全面系统地对离婚后扶养作出规定，如《德国民法典》。各国立法通过离婚救济制度，对因离婚而遭受损失或离婚后将面临生活困难，或生活水平严重下降的一方，对在婚姻中受到伤害的一方给予救济，以达衡平双方利益，慰抚受害方精神的目的，从而尽可能减少离婚事件给当事人和社会所带来的负面影响，维护社会的稳定和谐。

**一、各国离婚后扶养制度之比较**

离婚后扶养是指夫妻一方在离婚后将陷入经济困难，另一方又有能力提供援助的情况下，后者对前者所承担的救助义务。[2] 故也称之为救助性的扶养。离婚后扶养作为一项古老且普遍适用的离婚救济措施，无论是大陆法系、英美法系，还是伊斯兰法系均有国

---

[1] [日]利谷信义等：《离婚法社会学》，陈明侠、许继华译，北京大学出版社1999年版，第29页。
[2] [日]我妻荣：《亲族法》，有斐阁1961年版，第155页。

家适用。

(一) 离婚后扶养立法与学说之演进

传统意义上的离婚后扶养以扶养方有婚姻过错为原则,男女双方结婚后,丈夫有义务扶养妻子,因丈夫的过错造成婚姻关系终止的,丈夫须继续扶养妻子,以示惩罚。因此,离婚并不免除丈夫对妻子的扶养义务,且具有终身扶养性质。

早期英国与美国的判例和成文法均有此类规定。在英国教会法院用于作为婚姻终止时的补偿而产生的扶养费只有通过特殊的立法活动时才能得以适用;其中被扶养者的性别角色是固定的并且是不可以被诉请更改的;而且,丈夫具有法定的扶养妻子的义务这一原则也是被法律和民众普遍接受的。在离婚后丈夫继续对妻子履行扶养义务的理论基础,就是通过迫使丈夫扶养前妻使之成为对丈夫过错行为惩罚的理念。[1] 1857年英国的《婚姻诉讼法》规定,法院在斟酌女方财产的有无及多寡、丈夫支付生活费的能力、夫妻各方行为的基础上,就生活费确定合理的数额。生活费数额既可以采取给付本金的形式,也可以采取按年给付定期金的形式。如果采取后者,持续期间不得超过妻子的生存期间。1866年英国《婚姻诉讼法》规定,法院也可以要求丈夫在双方都生存的期间内,按周或按月向妻子给付生活费。[2] 进入现代社会以来,给予一方终身扶养费的判例越来越少,但并不是绝无仅有。1973年英国法律委员会的说明很有代表性,他们认为:①离婚后的扶养符合婚姻为终生的、永久的结合之需要。……。③夫妻一方对对方承担终生扶养义务尽管只能在很少的案件中才能落实,但该原则本身所具有的优点不应当受到任何影响。④夫妻一方对对方负担终身扶养义务有利于保护妇

---

[1] Larry R. Spain A, "Minnesota comparative family law symposium: The elimination of marital fault in awarding spousal support: The Minnesota experience", *William Mitchell Law Review*, 2001, p. 28.

[2] 张学军:《论离婚后的扶养立法》,法律出版社2004年版,第193页。

女利益。……。[1] 到了1996年，《英国婚姻法》作了较大的修改，但是仍然保留了终身扶养制度。

早期的《德国民法典》适用离婚过错扶养原则，且可以申请终身扶养。1896年《德国民法典》第一次对离婚后扶养作出规定，取得离婚后扶养的条件必须是扶养一方有过错，且无过错方生活困难，尽管对夫妻双方规定的困难条件有所不同，但丈夫已经开始成为请求离婚后扶养权的主体，夫妻双方已经趋向平等：①在丈夫单方面有过错的情况下，如果无过错的妻子无法通过自己的财产收益和劳动收入维持与其身份相适应的生活，有过错的丈夫必须对于无过错的妻子承担扶养责任；②在妻子单方面有过错的情况下，如果无过错的丈夫不能独立生活，有过错的妻子须对无过错的丈夫承担扶养义务。该法对离婚后的扶养期限没有作出明确规定，当然，这也意味着享有离婚后扶养权的一方有权申请终身扶养。到1960年，德国"联邦政府认为婚姻法之改革已迫在眉睫，……，司法部成立婚姻法规委员会，从事婚姻法、离婚法之修正准备工作。"[2] 其中的内容之一就是改变离婚后终身扶养制度。该委员会提交的草案包括原则和具体构想，其中认为：……②因为夫妻离婚后不再拥有共同经济，所以各方应尽可能地自行独立生活。不过，在离婚的效力中，还包含着使离婚后的扶养义务得以产生的夫妻相互之间的经济责任，其理由是夫妻基于双方的合意在共同生活中进行了分工。[3] 但是司法部长提出的讨论稿却对终身享有的、无限制的离婚效力予以明确否认。尽管联邦政府提出的草案对离婚后的扶养仅给予"例外的、暂时的承认"的观点，受到了广泛的批评，但最终，联邦议会法律委员会原则上支持了政府的草案，离婚后一方对他方仅负有

---

[1] S. M. Cretney, *The Principles of family law*, London: Sweet&Maxwell, 1990, pp. 763~765.

[2] 林菊枝：《亲属法专题研究》，五南图书出版公司1985年版，第225、226页。

[3] [日] 本尺巳代子：《离婚给付之研究》，一粒社1998年版，第177页。

例外的、短期的扶养责任。

与传统的离婚后扶养制度相比，现代各国的离婚后扶养制度有三大特点：

1. 权利主体具有平等性。离婚后扶养的原则上是基于需要，是对于没有独立生活能力的原配偶提供的必要的救济方法，无论丈夫还是妻子，只要符合离婚后扶养的条件，均有提起离婚后扶养的权利。

2. 离婚后扶养以公平、补偿和救助为理念。日本学者我妻荣说，"尽管认为婚姻关系终止之后，在原夫妻之间承认扶养请求权并无依据的学说有一定的道理，但是，婚姻不仅是肉体上的和精神上的协同体，而且是经济上的协同体。人们试图通过婚姻关系永久性实现生活的安定和提高。婚姻破裂之后，经济上富裕的一方对于生活穷困的另一方提供相当的扶养并不应该是人道上的责任，而应该是德国民法学者所说的婚姻的事后效力。不过，如果社会保障完备，任何人的生活均由国家负责，离婚后的扶养义务就没有必要承认。但是，在国家的社会保障未完备、个人的生活首先由夫妻、亲子和其他近亲属保障的情况下，承认该义务很可能是最为妥当的。"[1] 有学者将离婚后扶养分为补偿性扶养和救助性扶养。所谓补偿性扶养是通过要求夫妻一方对另一方的婚姻投入加以补偿的机制，将失败婚姻的经济负担在夫妻之间加以分配，从而有效地抑制夫妻一方在自己获得利益后，支付报酬之前解除婚姻关系的动机。而救助性扶养把离婚扶养看作是向弱势一方（主要是女方）提供的救济，可以起到社会救济的补充作用。离婚后需要扶养的一方首先从对方获得生活费，在不能从对方获得生活费或获得的生活费不足以维持生活时，才能从国家领取社会救济。[2]

---

[1] [日] 我妻荣：《亲族法》，有裴阁1961年版，第155页。
[2] 张学军：《论离婚后的扶养立法》，法律出版社2004年版，第286～298页。

3. 大多数国家一般不再实行终身扶养。如 1984 年英国的《婚姻诉讼法》吸收了法律委员会的建议，对离婚后扶养规定的指导思想作出了根本性的修改：从离婚丈夫对离婚妻子给付终身性生活费转到给付短期的生活费甚至不给生活费。其实质是要求妻子在离婚后自行实现经济独立。而 1996 年《英国家庭法》的规定再次肯定了定期扶养之理念："本法所称的金钱给付判决是指：（a）在法院确定的期限内，夫妻一方向另一方为定期给付的判决；（b）在法院确定的期限内，夫妻一方向另一方为得到法院认可的、附担保的定期给付的判决；（c）在法院确定的期限内，夫妻一方向另一方为一次性给付或分期给付的本金。"德国也不承认终身扶养制度。《德国民法典》第 1585 条规定了给予离婚后扶养费的方式有两种：①当前的扶养费，必须以支付金钱定期金的方式给予之。该定期金必须按月预付之。即使扶养请求权在 1 个月当中因权利人再婚或死亡而消灭，义务人也负担该月的全额。②权利人可以请求资金的一次性补偿以代替定期金，但以存在重大原因且义务人不因此而被不公平地加重负担为限。尽管美国没有明确表示放弃终身扶养制度，但在《统一结婚离婚法》第 308 条规定离婚后扶养费时，明确指出："提倡法庭通过分配财产而不是通过提供扶养费的方法来满足夫妻双方的经济需要。只有当现有的财产不能满足这个目的而且要求被扶养的一方找不到与其技术和利益相符的工作或必须照看子女时，才可规定提供扶养费。"

美国一些州自 20 世纪 70 年代以来，对离婚后的长期扶养制度进行了许多检讨，他们认为这一制度一方面不利于受扶养方的自立，是对受扶养方下的"毒药"，另一方面，长期扶养费用过低，未能充分考虑受扶养方离婚后的职业培训和教育，更无法补偿在婚姻期间配偶一方为他方受教育或事业发展作出的贡献和牺牲。因此，创设了修复性扶养费和补偿性扶养费制度。目前这两种扶养制度已有取代终身扶养制度之势。

所谓修复性扶养费,是指对于离婚后有能力找到工作或接受职业教育和培训的一方,提供短期的包括教育费用在内的数额较大的扶养费,以帮助原配偶获得必要的教育和工作技能,最终能够就业成为自食其力者。同时鼓励受扶养方寻找工作机会或进行将来有利于寻找职业的教育和培训。修复性配偶扶养也给予那些待在家里照顾年幼子女的家长一段合理的时间,直至其能够离开家庭外出工作。对于多长时间是合理的时间,没有统一的规定,但一般地说,当最小的孩子到全日制学校上学时,父母即可离开家庭外出工作。也有学者认为"修复性"配偶扶养有潜在的危险,法院受到现代大多数女性均外出工作的影响,在妻子实际上没有能力养活自己的情况下判决"修复性"扶养,就有可能最终使妻子生活无着。为了防止这类不幸结果的发生,一些法院提出对于老年妇女、没有特殊工作技能或工作史的妇女、生病的妇女以及其他没有能力自食其力的妇女仍判决给予终身性配偶扶养。还有些法院认为只有在受扶养人取得了工作并有可能达到原有生活水准的时候,"修复性"配偶扶养才是适当的。同时,当配偶一方获得大量的婚姻财产,结婚时间较短或者配偶一方有能力接受另外的教育并实质上提高他或她的工作能力时,"修复性"的扶养才会更适合。

所谓补偿性扶养费,是指当配偶一方为他方受教育或事业发展作出了贡献和牺牲,另一方要求离婚时,夫妻无婚姻财产,或婚姻财产很少,一方获得的有价值的事业暂时还不能转化为财产,法院根据衡平原则可以判决受益方对贡献方所作的贡献在离婚后以扶养费的形式予以补偿或赔偿。其数额由法官根据贡献方的贡献以及受益方的收入确定。假设医院的护士与医学院的学生结婚并在其求学期间以护士的所有收入维持家计,甚至支付学费,当医学院的学生毕业后要求离婚时,该名护士就应当获得补偿性扶养费,以补偿其在婚姻关系存续期间的付出。美国的一些学者认为这种补偿性扶养费是扶养费和财产分割的混合体,称之为混合型配偶扶养。法官在判决时也可以选择给作出贡献的配偶一方在分割财产时划分大部分财产予以补偿。但由于这一类的婚姻往往是在一方完成学业后即告解体，婚姻财产微乎其微，只有通过补偿性扶养才能达到公平、公正的目的。玛克（Mark）教授认为，配偶经常会为了婚姻共同体的利益而牺牲他们自己的赚钱能力，新的扶养费原则应该得到发展，以补偿作出贡献的配偶一方所预期的利益。他指出，在离婚时对丧失赚钱能力的一方给予补偿是为了确保婚姻的分担原则，也就是说，婚姻不仅要分担费用，也要分享利益。[1]

离婚后扶养与夫妻之间的扶养性质不同。尽管各国对离婚后扶养制度之制度价值的认识不甚相同，比如，英国学者认为：离婚后的扶养符合婚姻为终身的、永久的结合之需要；而日本学者认为：离婚后夫妻之间的扶养是亲族之间扶养的补充；德国学者却对配偶终身享有的、无限制的余后效力予以明确否认。但大多数学者都认为，离婚后扶养与夫妻之间的扶养性质不同，离婚已解除了夫妻之间的身份关系和财产关系，双方自婚姻关系解除之日起，相互扶养的权利义务即已消灭。但对于因离婚而陷于生活困难，或生活水平严重下降的一方，则通过离婚扶养的方式，补救因离婚所产生的消极后果，补偿婚姻期待利益的损失。设立离婚扶养制度意在确保离婚自由的同时，有效保护当事人的合法权益，特别是婚姻关系中弱者的利益，以实现法律的公平正义，维护社会稳定，减轻社会负担。所以，有学者认为离婚扶养请求权是因夫妻身份而生之扶养义务在离婚时的延伸和表现，或者说是离婚导致的婚姻生活保持请求权的丧失之填补或救济，是对离婚不良后果的有效弥补[2]。1995年，美国法律学会在其"家庭解体"的项目中，提出重新使用扶养

---

[1] John De Witt Gregory, Peter N. Sheryl and L. Scheible, *Understanding Family Law*, Matthew Bender & Company, Incorporated, 1993, pp. 255～261.
[2] 陈小君主编：《海峡两岸亲属法比较研究》，中国政法大学出版社1996年版，第209页。

(alimony)一词，作为补偿给付的一种形式，使离婚所造成的经济损失在当事人之间能够得到公平的平衡。美国学者指出，现在关于离婚扶养费的判定有两种不同的理论基础，一种是基于过错而生的受害人主导主义，一种是以夫妻平等为基础的合伙人主义。在受害人主导主义中，一种观点认为，过错的对价就是对由过错行为而生的损害的责任和补偿；另一种观点则认为，扶养费的目的不是惩罚性的，并且这种补偿或者惩罚最好还是分别留给侵权法和刑法去解决。[1]

(二) 享有离婚后扶养权的条件

对于享有离婚后扶养权的资格各国的规定较为接近。主要是没有生活来源，没有劳动能力或由于客观原因不能通过劳动所得维持生活，也有一些国家将过错作为获得离婚扶养的考虑因素之一。

美国《统一结婚离婚法》第 308 条第 1 款明确规定离婚时只要要求被扶养的一方具有下列条件之一，法庭就可以裁决他方为其提供扶养费：①其财产，包括分得的财产，不足以维持其合理的生活需要，而且②不能通过从事适当的工作维持其生活需要，或者作为子女的监护人，而子女的状况和环境又不允许监护人离家外出工作。

《德国民法典》对离婚扶养请求权的资格规定的比美国法更为详尽、适用范围也更大，包括：①因照管子女而要求生活费，只要因离婚，配偶一方须照料或教育共同子女而不能预期其从事职业的即有权向另一方请求扶养。②因年老而要求生活费，离婚配偶一方在离婚时、共同子女的照料或教育结束时，因年老而不再能够预期其从事职业的，可以向另一方请求扶养。③因疾病或残疾而要求生活费，只要配偶一方在离婚时、共同子女的照料或教育结束时，教

---

[1] Larry R. Spain, "Minnesota comparative family law symposium: The elimination of marital fault in awarding spousal support: The Minnesota experience", *William Mitchell Law Review*, 2001, p. 28.

育、进修或培训结束时因疾病或其体力或脑力上的其他残疾或者衰弱而不能预期从事职业的，可以向另一方请求扶养。④因无业而进行的扶养和增加的扶养费。离婚配偶一方不具有上述规定的扶养请求权之条件之一的，只要在离婚后不能谋得适当职业，仍可以请求扶养。即使从事了适当职业，但由适当职业所得的收入达不到全部扶养费的，可以请求适当增加扶养费，以最终达到应获得全部扶养费的标准。离婚配偶虽已尽力，但仍不能做到在离婚后通过从事职业来持续保证生计，致使其由适当职业所得的收入丧失，离婚配偶也可以请求扶养。该配偶能够做到部分地持续保证生计的，可以请求持续保证的部分与全部扶养费之间的差额。⑤因就业培训、进修或转职教育而要求生活费。在对婚姻的预期中或在婚姻存续期间没有接受或中辍学校教育或职业教育的离婚配偶一方为取得持续保证生计的适当职业而尽快接受此种教育或相当的教育且可预期成功地获得教育文凭的，可以向另一方请求扶养。⑥出于公平理由而应当支付生活费的情况：只要由于其他重大原因而不能预期离婚配偶一方从事职业且在考虑到双方利益的情况下拒绝扶养会显失公平的，该方即可以向另一方请求扶养（《德国民法典》第1570～1576条）。由于扶养费的给付与是否从事适当职业密切相关，《德国民法典》第1574条对何谓适当职业作出了明确规定：与离婚配偶的教育、能力、年龄、健康状况和婚姻生活状况相当的职业，即属适当；就婚姻生活状况而言，必须考虑婚姻存续期间和照料或教育共同子女的期间。

对于确定离婚扶养是否考虑过错因素，外国法主要有考虑过错因素和不考虑过错因素两种立法例。

1.必须考虑过错因素，主要有三种立法主义：①将过错规定为资格要件，即请求方要想得到扶养费必须证明对方有过错；②将过错作为障碍要件，即请求方如果有过错就失去了请求离婚后扶养的资格；③将过错规定为影响确定扶养费数额的因素，有过错者即使获得扶养费,数额也将降低。《德国民法典》即是在确定离婚扶养时考虑过错因素的典型代表,其第 1579 条规定,在婚姻持续时间短暂、权利人对义务人或义务人的近亲属犯有犯罪行为或严重的故意违法行为、权利人故意导致其自身陷于贫困、权利人故意忽视义务人的重大财产利益、权利人在分居之前长期粗暴违背其交付家庭生活费的义务、权利人对于针对义务人的明显重大且确系权利人之过错的错误行为负有责任等情形下,即使权利人是出于照料或教育共同子女利益的原因,仍认为严重不公平的,可以不给予生活费请求权或者对该权利予以削减或规定期限。在美国的一些州,至今过错仍然是获得离婚后扶养费的考虑因素。如明尼苏达州的法律规定,在判决离婚扶养费的案件时不需理睬婚姻中的过错行为,但是过错及过错行为是可以被迂回地考虑进来的。因此,尽管在这样的案件中,原告的通奸行为不足以成为阻碍其诉求的原因,但其却可以作为被告一方对原告扶养费请求的抗辩理由。在考虑扶养费时,一个有通奸行为的妇女是不可能与那些行为上无可指责的妇女具有平等地位的。在决定具体的数额时,双方行为的好坏也一直是一个重要的因素。[1] 在确定离婚后扶养时考虑过错因素的理由是:①这符合公平原则的要求。作为经济实体的家庭的解体会给夫妻双方造成经济困难,即原来供养一个家庭的财产可能不足以供养两个家庭。在这种情况下,依据公平原则,对婚姻破裂负主要责任的一方就应该承担经济上的不利后果。②过错观念也不违反公共政策。生活费的目的之一是确保夫妻离婚时付出最小的社会的和经济的代价。婚姻当事人既然已经缔结有效的合同,依据公共政策,违约方就应该在力所能及的范围内和避免使无过错方承担较大的经济负担所必需的范围内,继续承担经济责任。③有利于法院作出公正的判

---

〔1〕 Larry R. Spain, "Minnesota comparative family law symposium: The elimination of marital fault in awarding spousal support: The Minnesota experience", *William Mitchell Law Review*, 2001, p. 28.

决。这样的立法还可使法院超越夫妻赚钱能力平等的假设,依据各自实际经济地位作出对所有当事人都公平和正义的判决。[1]

2. 不把当事人有过错作为限制享有扶养权的条件,有过错者仍可享有离婚扶养权。离婚后扶养不具有惩罚过错方的功能,离婚后扶养与离婚损害赔偿演变为两种不同的救济制度。无论当事人是否有过错,被扶养方需要扶养的,有扶养能力的一方都应当支付扶养费。如《法国民法典》在 2004 年修订的《亲属编》中明确实行离婚原因与离婚后果区分原则。在《法国民法典》中,长久以来,在离婚中胜诉一直与过错和不道德的行为相关。有过错的一方必须为自己的过错和不道德行为付出代价,牺牲自己现有的财产利益和将来的养老金利益。1975 年的《亲属编》虽然建立起离婚原因与离婚后果区分原则,但被各种各样的例外情况所限制。2004 年修订法在剔除所有的道德性考量因素后,最终实现了离婚原因与离婚后果的区分。作为缔结婚姻时允诺的象征——扶养责任,被离婚时的补偿性扶养费所取代。离婚时,任何一方都可以向对方主张补偿性扶养费,只要符合法定条件,即使是有过错的一方也可以向对方主张补偿。[2] 再如,《加拿大离婚法》第 12 条规定,离婚扶养不拘于配偶的不端行为——在决定是否根据本法制定扶养令时,法院可以不拘于任何当事人在处于婚姻中配偶地位时所犯的不端行为。2000 年修订的《瑞士民法典·亲属编》也采取无过错的原配偶扶养制度,离婚时,需要扶养的一方无论是否有过错,均有权要求对方支付离婚扶养费。

(三) 确定扶养费数额的原则与标准

关于确定扶养费数额的标准,多数国家都是以公平、补偿、考虑婚姻关系期间原有生活水平为原则。有学者将其分为三类:公正

---

[1] 张学军:《论离婚后的扶养立法》,法律出版社 2004 年版,第 113、114 页。
[2] Hugues Fulchiron, *The New French Divorce Law*, *The International Survery of Family Law*, 2005 Edition, Jordan Publishing Limited, 2005, pp. 247~249.

的或衡平的判决主义、依婚姻生活情况确定主义、补偿各自生活条件的差异主义。[1]

1. 公正的或衡平的判决主义，在法院斟酌成文法所列举的与请求方的需要和被请求方的能力有关之一切情况的基础上，由法院作出公正的或衡平的判决，如美国、英国、希腊等国。英国1975年《婚姻诉讼法》规定的获得离婚扶养费应特殊考虑的事项包括：家庭中未成年子女的利益；双方离婚时的经济来源、经济需要、义务和财力；婚姻关系存续期间的生活水平；当事人的年龄和婚姻持续时间；身体残疾和精神障碍；对家庭利益的贡献、忽视之被导致不公平的行为；未来利益的损失（该法第25条）。

2. 依婚姻生活情况确定主义，法院须依据婚姻生活情况确定扶养费数额，如德国、葡萄牙。《德国民法典》第1578条规定了确定扶养费的标准有三项：①扶养费的标准，根据婚姻生活状况定之。尤其在考虑到婚姻存续期间以及家务料理和职业活动的情况下依照第1句进行的无时间限制的计算会有失公平的，可以在时间上限制根据婚姻生活状况而进行的扶养请求权计算，并在此后按照适当的生活需要来计算；但受扶养权人并非只是暂时地已经或正在单独或主要照顾共同子女的，原则上不适用前半句的规定。照顾子女的期间，视同婚姻存续期间。扶养费包括全部生活需要。②就疾病和需要照料的情况下而支出的适当保险的费用以及第1574、1575条所规定的学校教育和职业教育、进修或培训费用，也属于生活需要。③离婚配偶有第1570～1573条规定的扶养请求权的，针对年老和从业能力减弱的情形而支出的适当保险的费用，也属于生活需要。

3. 补偿各自生活条件的差异主义，法院必须依据因婚姻中断而造成的各自生活条件的差异，确定扶养费的数额，如法国的补偿

---

[1] 张学军：《论离婚后的扶养立法》，法律出版社2004年版，第309页。

性扶养费。《法国民法典》第270条规定：除基于共同生活破裂宣告离婚之情形外，离婚即告终止本法第212条规定的夫妻相互间的救助义务；但是，一方配偶得向另一方配偶支付旨在补偿因婚姻中断而造成的各自生活条件差异的补偿金。对生活差异的评判，由法官行使自主评判权，认定婚姻中断后将使原夫妻双方的生活条件造成差异，从而应当通过补偿性给付予以补偿。虽然说补偿性给付具有赔偿性质，但它也具有生活费性质，因此，补偿性给付只能在离婚程序中提出请求并进行审理裁决。补偿性给付具有属人性质，只能由应当进行给付的一方配偶个人负担。法官不得判决在进行财产分割时考虑一方配偶获得补偿，因为这种给付与财产分割没有关系。

离婚后扶养制度变化的趋势在理念上表现为从惩罚主义发展为救助主义和补偿主义，在具体制度上更加追求公平正义，注重保护弱者利益，逐渐摒弃过错理念，注重对受扶养方自身就业能力的培养，不拘泥于形式平等。

**二、中国离婚经济帮助制度的坚持与完善**

按照我国《婚姻法》的规定，我国的离婚救济制度包括离婚经济帮助制度（第42条）和离婚损害赔偿制度（第46条）。其中离婚经济帮助制度是我国传统的离婚救济方式。离婚损害赔偿是2001年修订《婚姻法》时新增加的制度。

（一）我国离婚经济帮助制度的演进

我国最早的离婚经济帮助可以追溯至古代为限制男性专权离婚的"七出"制度而设立的"三不去"。即：凡结婚时生活贫困，结婚后荣华富贵的；或想休妻时妻之父母已经故去的；或儿媳曾经为公婆尽孝3年的，即使符合"七出"的条件，丈夫也不得休妻。因为这违背了"夫妇之伦"。这里所谓的伦，乃伦理道德也。因此也可以说，为防止出现被休之后，妻子无家可归，无人扶养的情况，基于伦理道德的要求，古代法通过限制丈夫离婚自由以达到避免出现妻子生活无着状态的目的。

1911年《大清民律草案》第53条规定，呈诉离婚者得准用前条之规定，即妻之特有财产归妻所有。因夫之过错而离婚的，应暂给妻以生计程度相当之赔偿。此处所谓给妻以生计程度相当之赔偿，可以理解为现代意义的离婚后丈夫对妻子经济帮助之鼻祖。

1930年12月中华民国《民法典》第1057条规定，夫妻无过失之一方，因判决离婚而陷于生活困难者，他方纵无过失，亦应给与相当之赡养费。此处之赡养费，可以理解为对陷入生活困难者给与的经济帮助费用。

比较明确地提出离婚经济帮助制度的是中国共产党在根据地发布的一些法律文件。1931年11月26日颁布的《中华苏维埃共和国婚姻条例》是共产党领导下的苏区的第一部婚姻立法。该法第19条规定，离婚后男女均不愿离开房屋时，男子须将他的一部分房子，赁给女子居住。第20条规定，离婚后，女子如未再行结婚，男子须维持其生活，或代种田地，至再行结婚为止。[1]这是离婚经济帮助制度第一次在中国的立法中出现，其奠定了随后我国离婚经济帮助制度立法的基础。此后的1934年《中华苏维埃共和国婚姻法》（1934年4月8日）、1943年的《晋察冀边区婚姻条例》（1943年2月4日）、1946年《陕甘宁边区婚姻条例》（1946年4月23日）等革命根据地的婚姻立法均坚持了离婚帮助制度（有的称之为赡养费）。

1950年4月13日颁布的新中国第一部《婚姻法》，对经济帮助制度作出了明确规定："离婚后，一方如未再行结婚而生活困难，他方应帮助维持其生活；帮助的办法及期限，由双方协议；协议不成时由人民法院判决。"

---

[1] 刘素萍主编：《婚姻法学参考资料》，中国人民大学出版社1989年版，第27页。

1980年9月10日颁布的第二部《婚姻法》仍然保留了离婚经济帮助制度，但作了一些技术性的修改。修改后的条文表述为，离婚时，如一方生活困难，另一方应给予适当的经济帮助。具体办法由双方协议；协议不成时，由人民法院判决。

2001年我国在修改《婚姻法》时，对离婚经济帮助制度作了进一步完善。修改后的条文表述为，离婚时，如一方生活困难，另一方应从其住房等个人财产中给予适当帮助。具体办法由双方协议；协议不成时，由人民法院判决。这一规定强调了经济帮助与分割夫妻共同财产的界限，明确了离婚经济帮助是在分割夫妻共同财产之后，以个人财产进行帮助，并注意到没有住房应属于生活困难。

（二）离婚经济帮助制度是否应修改为离婚后扶养制度

对于离婚时生活困难的一方，自1950年《婚姻法》后一直采取经济帮助的方式予以救济。2001年修订的《婚姻法》沿袭了经济帮助的规定，但对帮助的财产来源作出了较为明确的规定，该法第42条规定，离婚时，如一方生活困难，另一方应从其住房等个人财产中给予适当帮助。对于何为"生活困难"，2001年12月24日最高人民法院《关于适用〈中华人民共和国婚姻法〉若干问题的解释（一）》（以下简称《婚姻法解释（一）》）第27条规定，"一方生活困难"是指依靠个人财产和离婚时分得的财产无法维持当地基本生活水平。一方离婚后没有住处的，属于生活困难。[1]

由此看出，我国的离婚经济帮助制度，系采单要件主义，只要离婚时一方有生活困难，即应给与经济帮助。尽管学理解释也包括给付方是否有帮助的能力，但在法律规定和司法解释中均未对此作

---

[1] 黄松有主编：《婚姻法司法解释的理解与适用》，中国法制出版社2002年版，第95、96页。

出明确规定。[1]在理解何谓"困难"时，采用的是狭义的"困难"含义，即绝对困难标准[2]。

我国离婚经济帮助制度之制度价值有三：①离婚经济帮助制度本身是一种伦理道德的法律化。通过此一制度，占社会支配地位的伦理道德观念[3]能够实现对社会生活的规范和调整。②离婚经济帮助制度，将解决离婚后一方生活困难的义务和责任交由另一方承担，减轻了国家和社会之负担，间接地以私法之手段解决了公法之需要。此点与扶养制度之制度价值相近。③离婚经济帮助请求权为婚姻生活保持请求权的丧失人填补了请求权。[4]尽管在现代社会婚姻以永久共同生活为目的并未写进法律，但配偶一方对他方是有信赖利益和预期利益的，在离婚时对困难一方予以帮助是对一方保持婚姻生活不被破坏之期望的填补。

有学者认为，我国目前的经济帮助制度就是离婚后的扶养制度，[5]笔者亦认为，二者具有趋同性，其价值取向及其后果在实质上相同。①两种制度的功能相同，都承认在离婚时配偶一方应对另一方予以"补偿"、"扶养"或"帮助"以救济因离婚而陷入生活困难的一方。我国《婚姻法》中经济帮助制度的规定在结果上，同国外的离婚后扶养制度并无实质性不同。②两种制度在"补偿"方式上大体相同。在我国，经济帮助的具体方式主要是金钱帮助、住房帮助以及金钱帮助和住房帮助的结合。在金钱帮助方面，可以一次性支付也可以分期支付。这同国外的离婚后扶养制度比较一致。

---

[1] 没有能力提供经济帮助与困难之间尚有区别。在前者，一方提供经济帮助后，自身或可陷入经济困顿，如不提供帮助则尚可维持一般生活水平；在后者，依我国现行观点，乃指不能维持一般生活水平而言。

[2] 黄松有主编：《婚姻法司法解释的理解与适用》，中国法制出版社2002年版，第95页。

[3] 有关占社会支配地位道德之观念的论述，参见［德］卡尔·拉抡茨：《德国民法通论》（下），王晓晔等译，法律出版社2003年版，第599～644页。

[4] 史尚宽：《亲属法论》，中国政法大学出版社2000年版，第520页。

[5] 张学军：《论离婚后的扶养立法》，法律出版社2004年版，第323～330页。

③最终的价值取向相同。无论是我国的经济帮助制度，还是国外的离婚后扶养制度，最终的价值取向都是通过物质性给付，对离婚后陷入困难的一方予以适当照顾，给予人文关怀，并减轻国家对离婚后困难一方的福利性照顾和支持。④无论是离婚经济帮助制度还是离婚后扶养制度，在法律适用方面都有一定的条件。在法律规定上，我国离婚经济帮助制度采单要件主义，而国外的离婚后扶养制度采多要件主义。

既然离婚后经济帮助制度与离婚后扶养制度有很大的趋同性，在离婚后所起到的作用也相当近似。是否有必要改变在我国已经实行五十多年，且运行尚好，被国民和社会普遍接受的一种制度，改用另一个名称不同，内容相近的制度呢？笔者认为，大可不必。

1. "离婚后扶养"不符合我国对"扶养"一词的学理解释。所谓扶养，"谓一定亲属间有经济能力者，本于身份关系，对于无力生活者，应予以扶助维持"[1]。身份关系是产生扶养的前提条件。因此，在民国时代，我国学者多将离婚后扶养费称之为"赡养费"[2]，至今我国台湾地区"民法典"仍将离婚后扶养称之为"赡养费之给予"，以示区别。通说认为，离婚后，原夫妻双方之间所有权利义务关系全部解除，已形同路人，自不存在身份关系。身份关系既已解除，任何一方均不承担法律上的扶养义务，如要以"离婚后扶养"取代"离婚经济帮助"，极易混淆因身份关系所生之法定扶养义务与因伦理道德关系所生之经济帮助责任。如是，"离婚后扶养"一词在逻辑上难言周全，徒然混淆视听。离婚经济帮助之所以不称之为"扶养费"，是因为它不同于婚姻关系存续期间的扶养义务，不是这种法定扶养义务的延伸，而只是派生于原夫妻关系的一种责任，是离婚的一种善后措施。[3]

---

[1] 史尚宽：《亲属法论》，中国政法大学出版社2000年版，第751页。
[2] 史尚宽：《亲属法论》，中国政法大学出版社2000年版，第520页。
[3] 杨大文主编：《亲属法》，法律出版社2004年版，第197页。

2. 离婚后扶养同我国固有传统道德观念以及民事习惯格格不入。我国古代休妻制度中被休之妻仍回其父母之家,由其家族扶养,离婚后男方不承担扶养义务。此种制度千年以降,至20世纪初才渐次退出历史舞台,但其观念已经深入人心,绝非朝夕能改。民国时期,中国共产党领导的各根据地施行自己的法律和政策,其中与离婚有关的法律和政策奠定了建国后离婚帮助制度的基础。可以说,从始至终,我国的广大民众就没有离婚后对另一方的扶养观念(离婚不离家者除外),具有的仅是最质朴的与中华民族道德息息相关的乡土意识——帮助观念。显然,"离婚后扶养"制度会被强大的民事习惯势力挡在门外,失去生存的土壤。

3. 没有变更离婚经济帮助制度的必要。我国的经济帮助制度固然存在着一些缺憾,但总体来说,其与离婚后扶养制度异曲同工,最终的价值取向和所欲求的结果基本相似,甚至相同。他们在不同的社会经济生活中发挥了各自的效应,解决了各自所处社会中所要解决的问题。从两种制度的比较中可以发现,他们之间并不存在先天设计方面的优劣高下之分。离婚经济帮助制度更加符合我国国民的价值认同感,并且从创立、实施至今已经形成了一种法律传统和路径依赖,而这种传统和路径应当被尊重和保留。因此,我们没有必要彻底否定离婚经济帮助制度,换之以容易产生歧义的离婚后扶养制度。

(三) 离婚经济帮助制度在审判实践中的适用状况

在婚姻法执行状况调查项目中,[1]我们重点对离婚后经济帮助在法院的适用情况作了考察,结果显示,尽管在离婚家务劳动补偿、离婚损害赔偿和离婚经济帮助这三种救济方式中,离婚经济帮助是离婚时提出请求者最多,也是法院判决适用最多的,但仍然呈现出寻求帮助者比例低、实际受助者比例低、获得帮助数额低的

---

[1] 详见第一章引言部分。

"三低"状态,离婚经济帮助制度在审判实践中的适用状况不容乐观。

1. 离婚时寻求救济帮助者比例较低。在三个分项目中,北京的比例最高,厦门的比例最低。在北京市第二中级人民法院2001年5月至2002年12月所审结的所有涉及离婚的1 032件上诉案件中,涉及离婚生活困难经济帮助的案件有76件,占7.3%;哈尔滨市中级人民法院2002年度审结的439件离婚案中,涉及经济帮助的离婚案件为24件,占5.46%;厦门市某区法院2001年至2002年审结的240件离婚案中,涉及经济帮助的离婚案为6件,仅占2.5%。

离婚时提出经济帮助要求的人数偏低,是否是当事人生活不困难不需要帮助,我们可以通过分析当事人的职业和收入状况得到答案。

哈尔滨分项目的调查显示,在随机抽取的100件离婚案件中,男方职业以工人为多,占30%;第二位是农民,占17%;第三位是无业和事业单位员工,均占12%;第四位是公司职员,占10%;第五位是个体户,占6%。女性职业中居首位的是无业,占23%;第二位是农民,占21%;第三位是工人,占19%;第四位是公司职员,占11%;第五位是事业单位员工,占8%;第六位是商业服务行业,占7%;此外,在押犯人、审判员、退休干部、工人、打工等职业也有不同程度的体现,但所占比例仅为1%~2%。

北京分项目对要求经济帮助的当事人双方职业的统计数据显示,男方职业中居首位的为工人,占被调查案件总数的25%;第二位是干部,占22.4%;第三位是无业,占19.7%;第四位是农民,占15.8%;第五位是企业职员,占11.8%。女方职业居首位的是无业,占31.6%;第二位是农民,占25%;第三位为工人的占22.4%;第四位是企业职工,占13.2%。此外,还有工程师、教师、医生、个体户等职业,但所占比例很小。

上述数字说明：①丈夫的经济条件较妻子要好，职业相对稳定，工资收入较高。②无业在离婚当事人的职业中所占比例相当大，尤其是女性，在哈尔滨、北京及厦门（女性为无业的占 32%）的调查中无业均居职业之首。显然，无业者无固定收入或根本没有收入，离婚后一旦失去原有的生活保障，很有可能将面临生活水平急剧下降，甚至陷入需要社会救济的境地。③经济帮助制度需要重构，以帮助当事人开始新的生活，减少社会负担。在这些有可能面临生活困难，离婚时亟待帮助的当事人中，只有很少的一部分提出了生活困难的经济帮助，显然，除了法制观念不强、法律宣传不到位之外，与制度设计中存在的缺位及不周延密不可分。

2. 离婚时请求经济帮助者以女性为主。尽管《婚姻法》对有权请求经济帮助主体的规定没有性别之分，凡离婚时生活困难者均有权请求经济帮助。但实践中，请求离婚时生活困难经济帮助的，主要是女方。调查显示，离婚时，女性要求经济帮助的，哈尔滨最高，占被调查案件总数的 91%；北京次之，占 90.8%；厦门最低，也占 71.43%。其原因主要有二：①与离婚当事人的职业分布、收入状况相关，女性无业或从事低收入职业者大大多于男性，离婚后面临生活困境具有必然性。②住房状况男性明显好于女性，离婚时，大多数房屋或者是所有权归男方，或者是租住男方单位之房，或者是租住男方父母之房，即使是双方共同所有的房屋，也大多是从男方单位购买的福利房，致使女方很难分得房屋的所有权，甚至是居住权，使其在离婚时面临居住困难。

3. 没有住房、没有收入或没有固定收入，身患疾病、子女上学是请求经济帮助的四大主要原因。以北京为例，请求经济帮助的首要原因是无房居住，占 52.6%，说明住房问题是造成生活困难的主要原因。其次为"无业"，占 25%，加上失业的 9.2%，因无工作而致生活困难的占 34.2%，居第二位。再次是由于"患病"，占 22.4%，居第三位。调查显示，女性在中老年时期普遍体弱多病，在债务负担的调查项中,女方因治病而负债的,占7.9%,而男方则无一例因病负债的。第四位是因子女上学而请求帮助的,占10.5%。住房、医疗、教育三大门类是当今普通中国家庭的主要消费,且所占比重较大,完整家庭尚可应付,若离婚时一方患病在身,或单方抚养子女供其上学,或无房居住的,生活的贫困程度可想而知,若不依照法律给予一定的救济,将使贫困一方的合法权益得不到保护,权利平等难以实现。

4. 请求提供经济帮助的方式。请求提供经济帮助的方式从大类上分,主要可分为金钱帮助和住房帮助两大类。请求金钱帮助的超过半数以上,在北京为51.3%,在哈尔滨为87.5%。从要求的数额看,各地的情况有较大的差别,主要与当地的生活水平及当事人的观念有关。如在哈尔滨以一次性帮助3 000元~5 000元为多,占33.3%,高于8 000元的占16.7%。而北京则大部分要求在1万元以上,其中多数为2.1万~5万元,有6.6%的当事人要求的数额超过10万元。从我国目前的经济水平以及当事人的职业状况来看,在数额要求上普遍偏高。同时,还有当事人提出以每月提供生活费的方式予以帮助,以求得稳定的生活保障。请求住房帮助的又可分为要求住房所有权、居住权、暂住权等,在北京要求提供住房所有权的,占34.2%;要求提供住房暂住两年的占2.6%;要求提供住房无限期居住权的有8件,占10.5%。此外在补充填写项中还有"提供生活费及住房"等要求,也大多与住房有关。说明住房作为最基本的生活资料是实现公民生存权的重要内容,因而它既是造成生活困难的主要原因,也是解决生活困难的重要方面。这一结果说明,《婚姻法》修订后将住房作为经济帮助的重要内容是符合我国国情,有利于保护当事人合法利益的。

5. 法院判决准予离婚经济帮助的数额低,难以解决实际困难。调查显示,判决准予离婚经济帮助的原因和请求离婚经济帮助的理由大致相同,分布状况也几近一致。在北京分项目的调查中,"无房居住"仍然居于首位,占 58.7%;其次是一方无工作,占 23.5%;居第三位的仍然是患病,占 19.0%。哈尔滨分项目中,无房居住的占 42.5%,患病和收入低各占 12.5%。当事人的请求与法律的规定和法院在执行中所认同的经济困难的标准是基本一致的,这说明《婚姻法》和最高人民法院司法解释中确定的经济困难的原因是符合实际情况的,解决离婚当事人的住房问题及生存困难是经济帮助的焦点。

尽管无房居住是首要困难,但直接以房屋予以经济帮助者甚少,法院实际判决的经济帮助方式中,大多为金钱帮助,有的帮助只是杯水车薪,点到为止。如在北京分项目的调查中,在准予经济帮助的 63 件案件中,离婚时提供住房作为经济帮助的共计有 9 例,占 14.2%。其中,以住房所有权的形式提供帮助的只有 1 例,占 1.6%;以提供住房居住 2 年的形式进行帮助的有 3 例,占 4.8%;提供住房无限期居住的有 4 例,占 6.4%。此外,还有 1 例判决提供住房至其有房或者再婚时止。其余均为金钱帮助,且在数额上与请求帮助的数额相比也普遍偏低,大多集中在 2 万元以下。其中,3 000 元以下的占 15.8%,3 000 元~10 000 元的占 32%,10 000 元~20 000元占 19%,2 万元以上的占 19.1%。这说明,在实践中,并未解决无房居住者的住房困难,金钱帮助的数额也偏低,难以真正解决当事人的困难。经济帮助的方式和数额除取决于当事人的经济状况外,也取决于审判者的社会性别意识和公正尺度。对此,尚未引起立法者和司法者的关注。在审判实践中如何在衡平当事人双方利益的前提下,更好地保护弱者的利益,是一个需要很好研究的课题。

通过调查我们发现,尽管离婚经济帮助制度在中国已实行多年,但依然存在许多问题:①离婚经济帮助适用的条件过于苛刻,受助者范围小,忽视了婚姻中贡献较多一方的利益;②住房帮助的规定难以落实,帮助的方式仍以金钱帮助为主;③金钱帮助数额偏低，仅具有安慰性质；④经济帮助与财产分割混淆，经济帮助实际上没有到位。因此，笔者认为应当进一步完善我国的离婚经济帮助制度。

(四) 完善我国的离婚经济帮助制度

1. 完善经济帮助构成要件。构成现行离婚经济帮助制度的法规和司法解释是《婚姻法》第42条以及《婚姻法解释（一）》第27条。如果根据这两个条文理解，我国离婚经济帮助制度施行的是单要件主义，即只要离婚一方有经济困难，另一方即应当给予帮助，而没有考虑到经济帮助方的经济条件和帮助能力。这不符合公平原则也不利于经济帮助制度在实践中的运用，因为，如果经济帮助方没有经济能力，所谓的经济帮助只能是镜中花、水中月，无法实现。因此，我国的离婚经济帮助制度应当采双要件主义：第一个要件是一方存在经济困难，需要帮助；第二个要件是负有经济帮助义务的一方有经济帮助的能力，可以进行帮助。只有在两个要件同时具备的情况下，经济帮助才可以实现。

2. 对生活困难应重新定义。《婚姻法》第42条规定，离婚时，如一方生活困难，另一方应从其住房等个人财产中给予适当帮助。对于何为"生活困难"，最高人民法院《婚姻法解释（一）》中采用了绝对困难主义，即必须是指离婚后依靠分得的共同财产和个人财产，无法维持当地基本生活水平。[1] 这一生活困难的标准是以当事人能够生存为条件的，没有考虑双方在婚姻关系存续状态时的生活水平、因婚姻所获得的有形或无形利益、一方对另一方或家庭生活所做的贡献或牺牲，以及一方在离婚后为谋求职业或提高就业能力所需的培训与教育成本以及其他具体情况。显然，这一定义只适合于1980年《婚姻法》所处的计划经济和全民均处于相对生活水

---

[1] 黄松有主编：《婚姻法司法解释的理解与适用》，中国法制出版社2002年版，第95页。

平较低的状况，毕竟在那个时代能够维持温饱已属不易。但在人民生活水平普遍提高，市场经济已经相对发达，社会竞争日趋激烈的21世纪，这一标准已无法真正保障需要帮助的人，实现法律的实质公平。因此，应采相对困难主义界定经济困难，即离婚后依靠分得的共同财产和个人财产，无法维持当地基本生活水平的属于生活困难，离婚后一方即使能够维持自己的生活，但生活水平比婚姻关系存续期间大大下降或明显降低的，也可视为生活困难。相对困难主义可以灵活地照顾到各个家庭不同的实际情况，能够最大程度地照顾到离婚双方以及子女的权益，更加符合公平原则，也与国际社会对需要扶养者普遍采用的原有生活主义或合理生活主义的判断标准相接近。[1] 这样可以适当扩大受助者的范围，保证其能够基本维持原有的生活标准或不致在离婚后陷于生活困顿。

3. 经济帮助的方式应灵活多样。明确规定经济帮助应当在离婚分割共同财产之后进行，由一方以分割后获得的个人财产对受助方进行帮助。根据受助方的具体情况，经济帮助可以是长期性的，也可以是暂时性的，还可以在离婚时提供一次性帮助。对于年老病残、无劳动能力、无生活来源的生活困难者，应提供长期经济帮助；对于暂时无生活来源有劳动能力的生活困难者，可以提供修复性经济帮助，在经济帮助的费用中，增加学费、培训费等费用，帮助受助方接受培训或其他教育以提高技能、自立生存。在经济帮助期间，受助方再婚或死亡的，帮助方可终止帮助。

4. 规定明确具体的考量因素。由于经济帮助的情况比较复杂，应规定较为具体的考量因素，作为法官在确定是否给予帮助，帮助的具体数额时的尺度，以免法官自由裁量权过大，有失公平。应当考量的因素主要包括：①离婚时的财产状况；②婚姻存续时间的

---

[1] 原有生活主义是指请求方无法通过自己的全部财产和收入维持离婚前原有的生活水平，即需要扶养。合理生活水平是指请求方无法通过自己的全部财产和收入达到合理的生活标准时。

长短；③双方的年龄、健康状况；④离婚前的生活水平；⑤离婚后双方的就业能力；⑥离婚后是否与子女共同生活。

5. 对无房居住的困难一方进行帮助。经济帮助作为我国《婚姻法》传统的离婚救济方式，在对 1980 年《婚姻法》修订之前，主要是采取金钱等物质帮助。由于修改后的《婚姻法》明确规定了夫妻一方个人财产的范围，最高人民法院以前关于一方所有的不动产等贵重物品经双方共同生活一定时期后转为夫妻共同所有的司法解释不再适用，在目前主要由男方准备婚姻住房、女方准备供婚后使用的电器、细软的现实情况下，不利于保护女方的利益，甚至会出现女方净身出屋的情况。因此，《婚姻法修正案》出台后，最高人民法院《婚姻法解释（一）》强调离婚后一方无房居住属于生活困难，另一方应当予以帮助。"一方以个人财产中的住房对生活困难者进行帮助的形式，可以是房屋的居住权或者房屋的所有权。"《婚姻法解释（一）》第 27 条第 3 款最高人民法院民一庭负责人就司法解释答记者问时说，以个人所有的住房对另一方进行帮助时，"立法未明确是以何种形式予以帮助，是临时居住权、还是长期居住权、还是彻底将房屋的所有权都转移给生活困难者。根据立法的本意，并经征求各方的意见，《解释》中采取的是最大限度保护弱者的做法，规定了必要时可以将帮助者的房屋所有权转移给生活有困难的被帮助之人"[1]。这一司法解释对于保护离婚后无房居住的生活困难者解决其无房居住的问题提供了重要的司法依据。

6. 婚姻关系存续期间购买的房屋或主要以婚姻关系存续期间的财产支付购房款的房屋，应作为夫妻共同财产分割。当夫妻共同财产中没有房屋可以分割时，无房居住的一方可以此作为生活困难的理由，要求他方提供帮助。但帮助方对房屋的帮助应当是该房屋

---

[1] 最高人民法院民事审判第一庭编：《婚姻法司法解释及相关规范》，人民法院出版社 2002 年版，第 18 页。

的居住权,而不应当是所有权。笔者认为,对大多数人而言,住房是其个人重要的具有较大价值的财产,如果以房屋所有权进行帮助,一是超越了一般意义上"帮助"的含义[1],二是对宪法保护公民私有财产权利规定的漠视。对生活困难没有住房的一方,应以居住权予以帮助。居住权根据具体情况,可以是临时居住权,亦可以是长期居住权。对于有劳动能力,又不抚养子女的暂时困难一方,其居住权应当是短期的,一般为2年;对于有劳动能力抚养子女且生活困难的一方,如果其收入不足以租赁房屋或购买房屋的,居住权可以是长期的,居住到其有房居住、再婚或子女成人为止。对于年老病残,没有劳动能力,生活困难无房居住的一方,应允许其居住至再婚或死亡时为止。居住权不能继承、处分,当生活困难的居住方有其他住房、再婚或死亡后,原房屋所有权人有权收回住房。

### 三、各国离婚损害赔偿制度之比较

离婚损害赔偿是指夫妻一方因离婚而受到损害时,无过错的一方可以向有过错的一方,或者过错较小的一方向过错较大的一方请求赔偿。[2] 离婚损害赔偿制度是一项古老的离婚救济方式,1791年《法国宪法》中曾规定"法律视婚姻为民事契约",开创了把婚姻规定为契约的先河。1804年的《法国民法典》第146条确认了婚姻的契约属性:"未经合意不得成立婚姻。"基于婚姻契约而产生的违约责任即应运而生。1907年《瑞士民法典》首次明确规定离婚损害赔偿制度,第151条规定:①因离婚,无过错的配偶一方在财产权或期待权方面遭受重大损失的,有过错的一方应支付合理的赔偿金;②因导致离婚的情事,配偶一方的人格遭受重大损害的,法

---

[1] 《现代汉语辞典》,商务印书馆1989年版,第34页。
[2] 史尚宽:《亲属法》,中国政法大学出版社2000年版,第516页。

官可判予一定金额的赔偿金作为慰抚。1941年修订的《法国民法典》也设立了离婚损害赔偿制度,其第226条规定,如离婚被判为过错全属夫妻一方,则该方得被判赔偿损害,以补偿他方因解除婚姻而遭受的物质或精神损失。这一规定一直沿用至今。

(一)离婚损害赔偿之类型

离婚损害赔偿在理论上可以分为两大类,以造成损害赔偿的原因作为划分标准,可以分为离因损害和离婚损害;以获得损害赔偿的目的为划分标准,可以分为离因赔偿和离婚过错赔偿。

1. 离婚损害赔偿以赔偿的原因为标准,可以分为离因损害和离婚损害。早在1907年颁布的《瑞士民法典》就区分了因离婚产生的财产损害以及因导致离婚的情势而产生的对配偶一方的精神损害。《瑞士民法典》第151条规定:①因离婚,无过错的配偶一方在财产权或期待权方面遭受损害的,有过错的一方应支付合理的赔偿金;②因导致离婚的情事,配偶一方的人格遭受重大损害的,法官可判予一定金额的赔偿金作为慰抚。离因损害是指夫妻一方之行为是构成离婚原因之侵权行为时,他方可请求因侵权行为所生之损害赔偿。例如,因杀害[1]而侵害对方之生命、身体或人格,或因重婚、通奸等贞操义务之违反而侵害到对方之配偶权等都属于离因损害。而离婚损害与离因损害不同,不具备侵权行为之要件,而离婚本身即为构成损害赔偿之直接原因。例如,由于夫妻一方被判处徒刑或虐待他方配偶的直系尊亲属而离婚时,对他方配偶不构成侵权行为,但他方配偶仍得请求损害赔偿。离婚损害赔偿既然是离婚本身所生的损害,则凡因侵权行为而致离婚时,亦当然产生离婚损害,因此,既可以请求离因损害赔偿,亦可以请求离婚损害赔偿。

2. 离婚损害赔偿以获得赔偿的目的为标准,可以分为离因赔偿和离婚过错赔偿两种情形。

---

[1] 林秀雄:《婚姻家庭法之研究》,中国政法大学出版社2001年版,第115页。

(1) 离因赔偿是指离婚时一方当事人向另一方支付一定的财产，以弥补对方因离婚而遭受的损失。离因赔偿重在公平，保障离婚当事人不因离婚而造成生活水平严重下降，减少离婚给当事人以及社会造成的负面影响。同时，离因赔偿的请求权人无须负担他方有过错的举证责任，只要负责举证离婚使自己的生活水平下降或遭受了某种损害即可，是否应当给予补偿，则由法官根据具体情节裁判。如《法国民法典》第270条规定，离婚时，一方配偶得向另一方配偶支付旨在补偿因婚姻中断而造成的各自生活条件差异的补偿金。补偿的数额，依受领方的需要以及给付方的收入情况而定，但一般应当考虑离婚时双方的生活水平以及在可预见的将来此种情况的变化。多数国家把离因补偿中对生活水平下降的补偿作为判决离婚后扶养费或经济帮助的考虑因素之一，而不再另外设立离因赔偿制度。

(2) 离婚过错赔偿是指配偶一方侵害他方合法权益并导致离婚的，过错方对另一方配偶因婚姻解除而受到的物质上与精神上的损失，负有损害赔偿的责任。离婚过错赔偿与离婚扶养、离因补偿制度均有所不同，其目的和功能不是重在对离婚后一方生活的保障，而是重在慰抚受害方，填补受害方精神痛苦，制裁过错方，达到明辨是非、伸张正义、保障无过错配偶合法权益的目的。

因此，在一些国家，将离婚过错赔偿称为离婚慰抚金，强调对无过错方的精神痛苦予以赔偿。如《日本民法典》第710条规定，因侵害他人的身体、自由、名誉及他人财产权，依民法第709条应承担损害赔偿责任的，除对于所产生的财产损害进行赔偿外，加害人还应承担财产损害以外的赔偿责任。日本判例认为，上述规定是在因配偶一方的过错而导致离婚的案件中，判断无过错方是否可以向有过错方请求损害赔偿的依据。据此，离婚时，无过错的配偶一方可以向有过错的配偶一方请求损害赔偿。日本大审院允许因遭受虐待、侮辱请求离婚并蒙受了痛苦者，可以以此为由同时请求离婚慰抚金[1]。

(二) 离婚损害赔偿之请求权基础

对离婚损害赔偿的请求权基础各国的学者有不同的解释。主要有违约责任、侵权责任及二者之竞合三种观点。

1. 认为离婚损害赔偿请求权的基础是违约责任。西方的许多学者和立法例都承认婚姻的实质是一种契约关系，是有关夫妻双方人身关系的并由夫妻双方通过合意建立的特殊契约。1791年《法国宪法》就明确规定："法律视婚姻为民事契约。"1804年的《法国民法典》第146条确认了婚姻的契约属性："未经合意不得成立婚姻。"婚姻契约本身及相关法律的规定是离婚损害赔偿责任发生的基础，配偶一方违反婚姻契约的约定，拒不履行所应承担的义务，实施了诸如重婚、姘居、家庭暴力等违法行为，就是对夫妻忠实义务、扶养义务、同居义务的违反，就是违约行为，应当承担因违约而造成另一方损害的赔偿责任。

2. 认为离婚损害赔偿请求权基础是侵权责任。损害赔偿请求权，以他方配偶有过失为条件，为侵权行为法上权利，为财产法上之请求权。[2] 过错方的过错行为违反了亲属法所规定的配偶双方的责任或义务，剥夺了无过错方本应享有的婚姻关系中的基本身份权和忠实期待权，是对无过错方配偶权的严重侵害。如日本的多数学者认为，在由于夫妻一方的过错行为而导致离婚时，无过错配偶一方可以以侵权行为为由请求离婚抚慰金。同时，日本的判例也以因对方的过错侵权行为而不得不离婚为由，按照侵权行为法的构成，逐渐承认了这种抚慰金请求。由于离婚是法律上所承认的制度，是依照当事人的合意或法院的判决来进行的，因此，采取以离婚本身为侵权行为的理论构成显然有不妥当之处。为此，日本一些

---

[1] 罗丽："论日本的离婚抚慰金制度"，载《法学评论》2002年第2期。
[2] 史尚宽：《亲属法论》，中国政法大学出版社2000年版，第515页。

学者又提出了如下观点：即有见解认为，在成立侵权行为时，在离婚原因与离婚行为之间，在法律上存在着应该将由于离婚而发生的损害作为原因与离婚行为本身同等对待的关系；或者认为，在离婚原因与离婚原因的结果即离婚之间具有相当因果关系等，从而得出离婚原因的侵权性结论。但是，对上述理论构成，存在以下批判，即离婚并不一定以一方当事人存在侵权行为为前提，而且，如果认识到婚姻是两人之间的作用和反作用的无数连锁反应的过程的特性，则"离婚本身成为侵权行为的理论构成，并不适合于婚姻这一人与另一人之间关系的实质"。有鉴于此，目前，日本多数学说也认为，与其强调原因行为的违法性，倒不如应该重视被侵害利益的重要性，即便在原因行为的违法性程度较弱的情况下，也可以根据被侵害利益的重要性程度来判断该原因行为是否具有违法性。在能够据此而确认该行为的违法性时，也可以承认侵权行为的构成。在这里，被侵害利益是指婚姻关系乃至夫妻关系本身，或者是指不得不离婚的丈夫或妻子的作为配偶的地位。它是作为社会基础的夫妻关系的前提，是值得受法律重点保护的利益，因此，由于该利益受到侵害而产生的具体的精神损害，可包括由于离婚而导致的社会评价的降低、对结婚生活的绝望、将来生活的不安、离开子女的痛苦等方面。[1]

3. 认为离婚损害赔偿请求权基础是违约责任和侵权责任的竞合。过错方的违法行为既是违约行为，又是侵权行为。过错方的行为既违反了婚姻契约，没有履行相互忠实、相互扶助、共同生活的义务和责任，又侵犯了另一方的配偶权，使其作为配偶的期待权和财产权受到损害，因此，过错方既要承担违约责任，又要承担侵权责任。台湾地区法院在 1966 年台上字第 2053 号判决及 1971 年台上字第 498 号判决中认为，侵权行为是指违法及不当加损害于他人

---

[1] 罗丽："论日本的离婚抚慰金制度"，载《法学评论》2002 年第 2 期。

的行为而言，至于侵害何种权利，则非所问；而所谓违法及其不当，不仅限于侵害法律明定的权利，即违反保护个人法益的法规或广泛悖反法律社会生活之根本原理的公序良俗者亦同。配偶因婚姻契约而相互诚实之义务，配偶一方行为不诚实而破坏共同生活之圆满及幸福者，即为违反婚姻契约之义务而侵害他方之权利。

（三）离婚损害赔偿制度构成

对于离婚损害赔偿的制度构成，主要有两种立法例：①原则性、抽象性立法主义。亲属法仅对离婚损害赔偿的发生原因、赔偿范围、请求权的权利主体和义务主体作出原则规定，离婚损害赔偿的具体构成要件适用民法中有关侵权行为之财产损害及非财产损害赔偿的相关规定。②原则性规定与具体规定相结合之立法主义。亲属法不仅确立了离婚损害赔偿的原则，而且对离婚损害赔偿的发生原因、赔偿范围、请求权的权利主体和义务主体等离婚损害赔偿制度的具体构成均作出了具体规定。

过错是构成离婚损害赔偿的发生原因，但何谓过错大部分国家未作明确规定，只是概括性规定为一方对造成离婚有过错。如《墨西哥民法典》第288条第1款规定，如果因离婚导致无过错配偶一方的利益遭受损害或侵害，有过错配偶一方作为违法行为的行为人应负损害赔偿责任。可以理解为，夫妻一方违反了婚姻义务，导致离婚，就是对他方配偶权利的侵害，即可视为有过错。因配偶一方的过错导致离婚而被侵害的利益是婚姻关系乃至夫妻关系本身，或者是指不得不离婚的丈夫或妻子作为配偶的地位。夫妻之一方有责行为引起婚姻之破绽，而致使婚姻共同体毁灭，乃是有违法性，而此违法性就是对他方配偶人格权的侵害。[1] 由于该利益受到侵害而产生的损害后除了物质利益的减损之外，其精神损害可包括由于离婚而导致的社会评价的降低、对结婚生活的绝望、将来生活的

---

〔1〕 林秀雄：《家族法论集》，台湾三民书局1987年版，第128页。

不安、离开子女的痛苦等愤怒、恐惧、焦虑、沮丧、悲哀、羞辱的情感障碍或反应等。

当夫妻一方存在过错，损害了对方的利益时，根据民法"为自己行为之责任"的原则，应当承担相应的民事责任，即民事损害赔偿，包括财产上损害赔偿和非财产上损害赔偿，这也是大部分适用离婚损害赔偿制度国家的通例。如《法国民法典》第266条规定，在因一方配偶单方过错而宣告离婚的情况下，该一方对另一方配偶因婚姻解除而受到的物质上与精神上的损失，得受判处负损害赔偿责任。同时，该方当然丧失另一方配偶在结婚时或其后原已同意的一切赠与及一切财产利益。

离婚损害赔偿请求权的主体分为权利主体与义务主体。大多数国家和地区将权利主体限于无过错的一方配偶，有过错者不得要求离婚损害赔偿是各国立法的通例。但也有一些国家和地区有例外规定，如我国台湾地区将离婚损害赔偿的权利主体依照财产损害与非财产损害区别规定：夫妻之一方，因判决离婚而受有损害者，得向有过失之他方，请求赔偿。前项情形，虽非财产上之损害，受害人亦得请求赔偿相当之金额，但以受害人无过失为限（台湾地区"民法"第1056条）。换言之，因离婚造成财产损害的，请求赔偿的一方，不以无过错为限，而对于非财产损害，则必须以无过错为限，只有无过错方才有权对离婚造成的精神损害请求赔偿。

对离婚损害赔偿请求权的义务主体，大多数国家和地区的立法将其限定为离婚时有过错的一方配偶。但在法国、德国、美国及日本的判例中允许向有过错的第三人要求损害赔偿。如日本最高法院1979年就配偶一方有外遇，受害配偶和未成年子女向引起家庭破裂之第三者请求损害赔偿的两个案件所作出的判决中确立了允许受害配偶向第三者请求损害赔偿的原则，但妻子或丈夫向第三者提出的损害赔偿请求，只有在因第三者故意或过失而构成违法行为的情况下，法庭才予以承认。同时，该判例允许未成年子女向第三者提出损害赔偿请求,但只有在第三者怀有故意并积极阻止父亲或母亲对子女履行监护等义务的情况下,法庭才予以承认[1]。在美国,北卡罗来纳州法院1997年8月5日作出了要求破坏夫妻关系的第三者向受害方赔偿100万美元的判决。该州一名妇女援引北卡州一项有百年历史的保护家庭不受第三者破坏的法律,向法院控告第三者与自己的丈夫通奸,使原本美满幸福的婚姻关系破裂而离婚,要求第三者为此支付赔偿金。对此,北卡州格拉姆法院的陪审团作出了要求第三者为其破坏婚姻的行为承担法律责任,向受害人支付100万美元的裁决。[2]

离婚损害赔偿请求权的行使时间大多数国家和地区均限定为离婚之时。婚姻关系存续期间不得要求离婚损害赔偿,婚姻关系解除之后也不可以再要求离婚损害赔偿。如《法国民法典》第266条第2款规定,他方仅得在离婚诉讼之际请求损害赔偿。

关于如何确定离婚损害赔偿金额,各国主要有两种规定:

1. 原则性规定,不具体列举确定数额应考虑的条件或因素,由法官根据具体情况自由裁量。如《墨西哥民法典》第288条规定,在离婚案件中,法官考虑到案件的详情,配偶双方的工作能力以及他们的经济状况,应当责令有过错的一方支付扶养费给另一方。

2. 明确规定判决确定赔偿数额的各种因素及情形。如《法国民法典》第271条规定,赔偿金的确定应根据被给予的夫妻一方的需要和他方的财力,并考虑到离婚时的情况,以及将来可预见的情况变化。法官在决定需要与财力时,应考虑以下情形:①夫妻双方的年龄与健康状况;②夫妻双方已用于子女受教育或须用于子女受教育的时间和费用;③夫妻双方的专业资格;④夫妻双方对新职务

---

[1] 罗丽:"日本关于第三者插足引起家庭破裂的损害赔偿的理论与实践",载《法学评论》1997年第3期。
[2] "美国一妇女向第三者索赔百万美元",《民主与法制》1997年第21期。

的选择余地；⑤夫妻双方现有的与可预见的权利；⑥夫妻双方可能丧失的领取可复归养老金的权利；⑦在夫妻财产制解体后，夫妻各方的全部财产，包括资金与收入。

《法国民法典》对离婚损害赔偿金给付方法也作出了明确具体的规定。第274条规定法院判决赔偿金的给付以本金的形式支付，包括：①支付一笔款项；②以所有权、用益权的形式实物放弃财产，动产和不动产，以供使用或居住；③将能产生收益的有价证券存入第三人手中，由该人负责向作为补偿金债权人的一方配偶支付证券收益，直至规定的期限为止。[1] 第275—1条规定，如赔偿金债务人无力按照第275条规定的条件支付本金时，法官可以确定在8年期限内按月或按年支付之形式支付本金，并规定按照生活费所适用的规则增加计算指数。在特殊情况下，根据债权人的年龄或健康状况，其生活需要不能满足，法官可以以特别说明理由的决定采用终身定期金的形式确定补偿性给付。给付定期金的时间等于或少于作为债权人的一方配偶的寿命时间。给付补偿金的一方死亡后，由其继承人继续负担。[2]

离婚损害赔偿制度作为一项古老的离婚救济方式，能够一直沿用至今，就是因为，过错可以不作为是否准予离婚的法定条件，但法律对确因一方过错所引起的离婚不应无所作为，只有追究有过错方的损害赔偿责任，才符合法律的正义。因此，尽管现代社会盛行无过错离婚主义，一些国家仍将离婚损害赔偿作为重要的离婚救济方式。

### 四、离婚损害赔偿制度在中国离婚制度中的功能与意义

2001年4月修订的《婚姻法》，根据近年来我国离婚率上升、

---

[1]《法国民法典》第275条。
[2]《法国民法典》第276、276—2条。

重婚、姘居、家庭暴力现象有所增加的情况，基于公平正义理念，与维护离婚当事人合法权益的需要，增设了离婚损害赔偿制度。《婚姻法》第46条规定，有下列情形之一，导致离婚的，无过错方有权请求损害赔偿：①重婚的；②有配偶者与他人同居的；③实施家庭暴力的；④虐待、遗弃家庭成员。之后，最高人民法院《婚姻法解释（一）》和《婚姻法解释（二）》相继根据审判实践中的情况就离婚损害赔偿制度作出了具体细化的规定。这些规定共同构成了我国的离婚损害赔偿制度。

但不可否认的是，离婚损害赔偿制度在司法实践中的适用情况不理想，例如，辽宁省在2004~2005年所作的关于离婚案件的调查显示，在随机抽取的100件离婚案件中，大连有3％，沈阳有2％，盘锦有1％的当事人获得了离婚损害赔偿。[1]

基于此，在我国有学者提出要以离婚后扶养取代离婚损害赔偿："透过近几年的司法实践，我们发现，离婚损害赔偿制度存在着重大缺陷：①它背离了当代离婚法的无过错离婚原则，加大了离婚成本，使得纠纷时间延长、当事人之间的鸿沟扩大、当事人难以摆脱离婚阴影。②举证困难，通奸、有配偶者与他人同居等过错行为具有很大的隐蔽性，要利用合法的手段获得足以证明案件事实的证据是极其不易的。在司法判例中，运用离婚损害赔偿制度而获得赔偿的案件非常少。基于离婚损害赔偿制度的重大缺陷，建议以其他的离婚救济制度来代替离婚损害赔偿制度，以补偿性扶养给付取代离婚损害赔偿是可行的。"[2] 离婚损害赔偿制度在司法实践中的确遇到了举证困难、索赔困难的问题，但这些困难是否意味着应当取消这一制度，使之与离婚扶养制度合二为一，笔者不以为然。原因如下：

---

[1] 焦淑敏、关淑兰："和谐社会是实现婚姻家庭权益的根本保障—辽宁省婚姻法修改五年情况调研之一"，载《中国法学会婚姻家庭法学研究会2006年年会论文集》。
[2] 马忆南："离婚救济制度的评价与选择"，《中外法学》2005年第2期。

1. 我国没有离婚后扶养制度，我国的离婚经济帮助制度与离婚后扶养制度虽然价值理念相同，但并不能视为离婚后扶养制度。目前，在我国不适合以离婚后扶养制度取代离婚经济帮助制度。对此，上文已经作出了较为透彻的论证，在此不再赘述。

2. 离婚损害赔偿制度的制度功能与离婚后扶养制度不同。离婚后扶养的功能在于解决离婚后一方的生活水平下降或生活困难的问题，通过物质性给付，对离婚后陷入困难的一方予以适当照顾，给予人文关怀，并减轻国家和社会对离婚后困难一方的福利性照顾和帮助。离婚损害赔偿的功能与之不同，台湾学者认为，离婚损害赔偿是因为："婚姻原为终身之结合，中道离异，实非得已，而一方不得不诉请离婚，实由于他方种下离婚原因，难以偕老，则其所受之财产上、精神上之损害，自必甚大，应有填补之道。"[1]

离婚损害赔偿的功能包括三个方面：①填补损害。过错方违反婚姻义务，侵害无过错方的合法权益，造成了无过错方财产损害的，无论是直接损害，还是间接损害均应当给予赔偿。对于精神损害，虽然不能直接用财产衡量，但是，以财产方式补偿受害人所遭受的精神损害，对受害人的精神利益和精神痛苦的赔偿，仍然具有填补损害的作用。②慰抚受害方。离婚时对无过错方的损害赔偿，还具有慰抚受害方的心灵，减轻其痛苦的作用。虽然人的精神损害是难以用财产补偿的，但是财产毕竟还是有价值的，在一定程度上可以满足人的需要。由侵权人赔偿受害人的精神损害，是对受害人感情和精神损害的一种安慰、平息或中止受害人的怨愤、报复等不良感情折磨，有助于受害人恢复身心健康。③惩戒过错方。让过错方承担损害赔偿责任，是《婚姻法》对漠视配偶利益、违反婚姻义务和《婚姻法》规定的过错行为的谴责和惩戒。这种制裁不仅是对侵权人的惩罚，而且对他人也会起到警示和预防作用，使行

---

[1] 陈琪炎、黄宗乐、郭振恭：《民法亲属论》，台湾三民书局1990年版，第242页。

为人预见自己过错行为将产生的损害后果,以减少这类侵权行为的发生,从而维护婚姻家庭的稳定。[1] 显而易见,这些功能不是离婚后扶养制度所能取而代之的。

3. 离婚损害赔偿制度体现了法律的正义,对离婚自由具有重要的衡平作用。它伸张了正义,明辨了是非,使受害者获得了精神安慰,使加害者得到了应有的惩罚。它与无过错离婚主义并不相互排斥,有过错方有权提出离婚,也可以不应过错而准予离婚,但他们应当为其过错行为承担相应的民事责任。"过错的实质是加害行为的不可原宥性,它体现着社会对个别行为的价值评断。通过这种评断来划分责任界限,并进而达到行为制导、积极预防、道德评价和间接平衡的效果。"[2]

4. 对于离婚损害赔偿制度中的举证困难问题,应考虑修改证据原则,而不是取消这一制度。对涉及隐私权的过错认定可以适用表见证明原则。即因一定的事实经过,依高度盖然性的经验法则,必然产生一定的结果,因而推定行为人的行为有过失,或行为与该结果的发生具有因果关系的要件事实存在,从而减轻该事实主张的一方当事人的举证责任。[3] 离婚损害赔偿的法定过错大多发生在私人或隐秘场所,其行为很难为他人所知,涉及隐私权,这恰恰是造成取证困难,受害方举证不能的重要原因。如家庭暴力大多是发生在家庭内的暴力行为,因此,无过错一方举证相当困难,即使获取了证据,因证据渠道的问题,也难以为法院认定。这必然造成离婚损害赔偿难以真正实现其本应具有的作用和价值,甚至引起负面影响。根据表见证明原则,就可以适当减轻作为原告的受害人一方

---

[1] 田岚、何俊萍:"论离婚有过错方的精神损害赔偿责任——析因配偶一方婚外恋导致离婚的现状及其民事责任",载《东南学术》2001年第2期。
[2] 王卫国:《过错责任原则:第三次勃兴》,中国法制出版社2000年版,第171页。
[3] 陈明侠等主编:《家庭暴力防治法基础性建构研究》,中国社会科学出版社2005年版,第112页。

的举证责任,以家庭暴力为例,受害人只要能够证明其遭受了施暴人实施的伤害,则法院即可直接推定施暴人对该伤害具有过失或故意,构成家庭暴力的民事责任。如果作为被告的施暴人要想推翻该表见证明,则必须就不具有过失或故意,伤害是因其他意外事件而引起的等事项承担举证责任。

既然在现有法律框架内离婚损害赔偿制度的功能是不可替代的,作为学者要做的工作就应当是发现问题并提出完善之道。

1. 应适当扩大离婚损害赔偿的过错范围。离婚损害赔偿的前提是一方有导致离婚的过错。根据民事责任理论,过错是不法加害行为的主观要素。它在本质上是指社会对个人行为的非道德性、反社会性的价值评断。过错标志着行为人在实施行为时对社会利益和他人利益的轻漫,以及对义务和公共行为准则的漠视。[1]换言之,它是指行为人应当预见其行为会产生危害后果但仍然实施该行为的心理状态。目前,我国婚姻法所规定的离婚损害赔偿行为的过错是法定过错,这些过错实际上是婚姻一方故意或过失违反婚姻义务的结果。这些过错包括重婚、有配偶者与他人同居、实施家庭暴力或虐待、遗弃家庭成员四种。这些过错行为都是对他方配偶权利的严重侵害,过错方应当承担民事责任,对受害方给予损害赔偿。但事实上,婚姻关系中的过错行为甚至是严重的过错行为远不止这些,这也是上述比较法研究中其他国家和地区对婚姻过错的具体情形不作明确规定的重要理由。我国学界几乎一致认为现行婚姻法的列举式规定过于狭窄,应当扩大离婚损害赔偿适用的情况。有些学者通过列举方式阐述应当增加的可以适用离婚损害赔偿的情形,如有学者主张"有配偶者与他人存在或保持婚外性行为情节严重或造成生育子女之后果

---

[1] 王卫国:《过错责任原则:第三次勃兴》,中国法制出版社2000年版,第158页。

的"[1]应允许受害方请求离婚损害赔偿。也有学者通过列举加概括的方式阐述应当增加的可以适用离婚损害赔偿的情形,如有学者认为,一方面要增加列举的具体情形:与他人发生婚外行为未达到同居程度的;使他方欺诈性抚养子女的;因犯强奸罪被判入狱。另一方面,还须增设兜底条款:其他导致离婚的重大情形。[2]笔者认为,我国在立法技术上应考虑采取列举性规定与概括性规定相结合的方式,但列举再多,也无法涵盖生活中千变万化的情形,因此,可以在现有的列举性规定之后增加一个概括性的规定:"其他导致离婚的重大过错"。具体何种行为构成重大过错可由法官根据过错情节与伤害后果确定。

2. 应明确离婚损害赔偿请求权是一项实体权利,不仅适用于诉讼离婚,也应适用于登记离婚。离婚不应当因登记离婚或诉讼离婚的不同程序而异其效力。在登记离婚中,无过错方提出损害赔偿请求的,男女双方应该就离婚损害赔偿问题与财产分割、子女扶养一并达成协议,不能达成协议、无过错方又坚持自己权利的,应当通过诉讼离婚程序解决。同时,在登记离婚中当事人没有提出损害赔偿要求的,不表示无过错一方放弃了损害赔偿的请求权,应当允许无过错方在协议离婚之后就损害赔偿单独起诉,但诉权的行使期限应限定在自离婚效力发生之日起1年之内,以免因当事人不及时行使权利而造成证据灭失,权利得不到保护,或因当事人怠于行使权利而造成讼累。

3. 立法应明确规定离婚损害赔偿的范围包括财产损害与非财产损害。有损害结果是离婚损害赔偿的构成要件之一,因离婚所造成的财产损害应与当事人所适用的夫妻财产制度为依托。在婚后所得共同制下,财产损害的范围应当包括:①夫妻共同财产的

---

[1] 江启疆、王衍伦:"论完善离婚损害赔偿制度的三个问题",载《广东社会科学》2004年第4期。
[2] 薛宁兰:"我国离婚损害赔偿制度的完善",载《法律适用》2004年第10期。

减损；②夫妻共同财产所生收益的减少；③因夫妻收入差异导致收入较少一方财产的损失；④因分割共同财产引起的共同财产损失；⑤受害方个人财产的减损。除财产损害之外，离婚对受害方所造成的精神损害也是必须得到赔偿的。从上述比较法的研究可以看出，离婚损害赔偿的重要功能之一是慰抚精神，在有些情况下，对当事人的精神损害赔偿在某种意义上较之物质赔偿更为重要。事实上，我国《婚姻法》修订后出现的夫妻一方离婚时要求判决有过错方给付一元钱的损害赔偿，正是要达到明辨是非、慰抚精神的目的。因此，最高人民法院在《婚姻法解释（一）》中明确规定，《婚姻法》第 46 条规定的损害赔偿包括物质损害赔偿和精神损害赔偿。精神损害是指配偶一方的过错行为使另一方产生悲伤、恐惧、怨愤、绝望、羞辱等精神痛苦和创伤。精神损害侵害的客体是配偶一方的人格尊严和配偶权，使无过错方遭受精神上和感情上的痛苦和折磨，影响其正常的生活和工作，导致婚姻关系的完全破裂，其痛苦在某种程度上远胜于财产损害。对于精神损害的赔偿目前可参照最高人民法院 2001 年 2 月 26 日《关于确定民事侵权精神损害赔偿责任若干问题的解释》执行。但将来在《婚姻法》中应当予以明确规定。

4. 对离婚损害赔偿数额的确定应规定具体的考量因素。通过规定具体的考量因素，以确保实现损害赔偿制度所要达到的对权利的补救和对过错行为制裁的功能。因此，法定考量因素主要应当考虑一方的过错程度以及具体情节、过错给受害方所造成的损失的程度和后果，包括财产损失的具体情况和精神痛苦的程度，兼而考虑当事人的年龄、健康状况、生活水平、就业能力等情形。

5. 离婚损害赔偿请求权人的范围应适当扩大。目前《婚姻法》和司法解释的规定都将离婚损害赔偿请求权人的范围限定为无过错一方，如果配偶双方均实施了过错行为，则配偶双方共同丧失离婚损害赔偿请求权。笔者认为，首先婚姻法应当就所谓无过错是在婚姻关系中没有任何过错，还是指没有法定过错作出明确规定。实际上，婚姻关系的破裂是多种原因造成的，双方的混合过错是离婚时的常态，因而，将离婚损害赔偿的请求权人仅限于完全无过错一方就严格限制了离婚损害赔偿制度的适用，所以，应当将无过错方作扩大解释，此处的所谓无过错是指没有法定过错或没有导致婚姻关系破裂的主要过错，不应包括当事人的一般过错。

---

在离婚财产清算体系中对离婚自由的衡平是通过在离婚财产效力上对弱势一方及其子女利益的倾斜规定，适当提高离婚成本的方式实现的。本章通过比较研究推导出现代各国在离婚财产分割制度中已经出现了均等原则与公平原则相互交融之势。许多国家在分割夫妻共同财产时，既考虑到夫妻双方的利益及共同生活的特性，也考虑到离婚时的具体情况，特别照顾抚养子女的一方，没有谋生能力的一方，没有房屋居住的一方的利益，通过对均等原则的限制性规定，对家庭住宅的特别规定或充分考量离婚时的各种因素，保护离婚后的子女利益和弱势一方的利益，以达实现法律公平正义之目的。而这正是我国离婚财产分割制度所要改革的方向。

中国的离婚经济帮助制度与外国法的离婚后扶养制度在价值取向与实际后果方面有趋同性，但从法律理论体系到中国的民事习惯及其法律传统的进路看，离婚后的经济帮助更符合中国国情。实证研究表明，离婚经济帮助制度存在着寻求帮助者比例低、实际受助者比例低、获得帮助数额低的"三低"状态，应当从完善离婚经济帮助制度的构成要件、对生活困难重新定义、确定灵活多样的经济帮助方式以及规定明确具体的考量因素等方面进一步完善离婚经济帮助制度，使之真正能够为离婚时经济困难的一方提供实际到位的经济帮助。

与离婚经济帮助制度不同，离婚损害赔偿制度具有填补损害、慰抚受害方、惩戒过错方的功能，二者在离婚救济制度中具有不同的使命。实证研究表明，离婚损害赔偿制度适用者少，举证困难，获得赔偿者寥寥。应适当扩大离婚损害赔偿的过错范围，明确离婚损害赔偿是实体性权利，赔偿的范围包括财产损害与非财产损害，对涉及隐私权的过错认定可以适用表见证明原则。

# 第六章　子女本位立法理念与父母离婚自由的利益均衡

　　从家族本位到子女本位，从家长权力到父母责任，从家长决定子女的命运到子女最佳利益原则，发端于20世纪下半叶的亲子关系立法改革席卷全球，并带动了离婚亲子关系的立法变革，成为21世纪离婚亲子关系立法不可逆转的大趋势。尽管我国离婚亲子关系立法已经考虑到了子女[1]利益，并以保护子女权益为己任，但这种保护仍是以家长和社会利益为视角的，没有充分考虑子女的权利和愿望，没有将他们真正作为权利主体。在我国现行的法律规定和司法解释中仍然可以发现不少"父母本位"立法思想的痕迹，我们必须彻底摒弃传统的亲子关系理念，履行我国承担的联合国《儿童权利公约》义务，在保障父母离婚自由的同时，制定出符合21世纪亲子关系立法大趋势的离婚亲子关系法，以实现子女本位立法理念与父母离婚自由的利益均衡。

---

[1]　国际公约中的"儿童"，是指18周岁以下的未成年人，与我国《民法通则》中规定的未成年人为不满18周岁略有不同。

## 第一节 离婚亲子关系立法的演进

### 一、从家族本位到父权本位

以家父权、家长权为特征的"家族本位"立法曾普遍存在于人类早期的亲属制度中,无论是大陆法系、英美法系,还是中华法系、伊斯兰法系概莫能外。古罗马时期,家父即家长,最年长的男性尊亲属是家族的绝对统治者。在人身上,家父握有生杀之权,对他的子女、家庭像对待奴隶一样,不受任何限制。[1] 他可以变更家子的个人身份,替他们娶妻,将女许嫁,也可令子女离婚,可以用收养的方法将他们在不同家庭间"割让",还可以出卖他们;在财产上,家父又是全部家庭财富的唯一所有权代表,家庭财产集中于家长,家长对于其拥有完全的自物权,一切家庭事务都由家长做主。在整个真正的罗马时代,罗马私法就是"家父"或"家长"的法。[2] 此时,子女是为了家族的利益而存在,是父系家族的子孙,父母离婚后子女也自然留在家族中随父亲生活,受其抚养。但到罗马法后期,随着社会的进步,大的家族制度逐渐瓦解,自然家庭出现,传统罗马家庭之职能趋于消亡,原有的家父权内容受到相当大的限制,发生了质变。例如,取消了家父权中对子女生死的决定权、限制了家父对子女的惩罚权,并将对有犯罪行为子女的处罚权收归国家,而不再由家父直接处理。同时,特有财产制[3]的发展,

---

〔1〕 [英]梅因:《古代法》,沈景一译,商务印书馆1959年版,第71页。
〔2〕 [意]彼德罗·彭梵得:《罗马法教科书》,黄风译,中国政法大学出版社1992年版,第116页。
〔3〕 在古罗马帝政初期,奥古斯都为鼓励市民从军,规定了家子在军役中取得的财产归自己所有,即"军役特有产"制度。帝政后期,又出现了家子为官所得的"准军役特有产"和家子由第三人处无偿取得或自己劳动之所得的"外来特有财产",这些"特有产"均归家子所有。

使得家子得以拥有属于自己的财产，而家父对未成年家子的财产权利则受到了限制，只能行使使用收益权，而没有处分权。到查士丁尼时代，家父权已经成为有节制的矫正权和规束权。[1] 家族本位逐渐向父权本位过渡。

与古罗马同时代的中国古代宗法社会同样也实行父权、家长权。中国的家族是父权家长制的，父祖是统治的首脑，一切权力都集中在他的手中，家族中所有的人口——包括他的妻妾子孙和他们的妻妾、未婚的女儿孙女、同居的旁系卑亲属分以及家族中的奴婢，都在他的权力之下，经济权、法律权、宗教权都在他的手里。在一个只包括父母和子女两个世代的家庭，父亲是家长；在包括三个世代的家庭，则祖父为家长。家庭范围或大或小，每一个家庭都有一个家长为统治的首脑。他对家中男系后裔的权力是最高的，几乎是绝对的，并且是永久的。子孙即使在成年以后也不能获得自主权。一家之内以家长为首，在内统率家属，总摄家政；对外代表全家，独揽大权。家中一切权力集于家长，家长对子女有教令权、生杀权、主婚权。家长对全家财产有支配权、处分权，卑幼不得擅自动用。[2] 所谓："身体发肤受之父母，不敢毁伤，孝之始也。立身行道，扬名后世，以显父母，孝之终也。"[3] 例如，唐律规定，子孙必须遵从祖父母、父母的教令，否则构成"违犯教令罪"；祖父母、父母在，子孙不得别立户籍，不得分异财产，违者构成"别籍异财"罪；子孙缔结婚姻关系，由祖父母、父母主婚，子孙不得自专；家庭财产由家长支配，其他成员未经许可，不得占有、使用家庭财产，否则均构成犯罪。[4]

---

[1] [意]彼德罗·彭梵得：《罗马法教科书》，黄风译，中国政法大学出版社1992年版，第128页。
[2] 瞿同祖：《中国法律与中国社会》，中华书局1981年版，第5~18页。
[3] 《孝经》，载法学教材编辑部婚姻法教程编写组：《婚姻立法资料选编》，法律出版社1983年版，第23页。
[4] 朱勇主编：《中国法制史》，法律出版社1999年版，第243、244页。

以 1804 年《法国民法典》为代表的近代民法典，创设了亲权制度，亲子关系由"家族本位"发展为"父权本位"。随着家长权的衰微，家长权逐渐演变为父权，父亲为一家之长，而不再是男性尊亲属。早期的亲权制度仍带有浓厚的封建家族色彩，保留了古代家长权的痕迹。如 1804 年《法国民法典》的亲权制度，重父系，轻母系，男女不平等相当严重，强调父亲对子女的控制、支配、管束的权利。首先，尽管将家长权限制为父母权利，但仍规定以父亲行使亲权为常态，以母亲行使亲权为补充。法定亲权人是未成年子女的父亲。父母婚姻关系存续中，亲权由父单独行使之。[1] 父母离婚时，关于未成年子女的亲权和监护也归属于父亲，母亲不享有亲权。[2] 只有在父亲死亡后，母亲才可以行使有限亲权。[3] 其次，尽管亲权制度将亲权的内容限制在父母对子女的身份权和财产权方面，父母对子女不再享有生杀予夺之权，但父母对子女仍拥有十分广泛的支配、管束权利。子女在成年或亲权解除前，均处于父母权利之下，[4] 子女人身、财产均由亲权人控制、支配。父亲有权请求将未成年子女予以拘留，依父亲的请求而发出的拘留令，无须记明理由。[5] 亲权人有权管理未成年子女的财产，对其财产享有用益权。[6] 1900 年的《德国民法典》也规定了由父亲行使亲权，只有在父亲事实上不能行使亲权或亲权被停止的，母亲于婚姻关系存续中，可以行使亲权。如果婚姻解除，而父亲的亲权已经停止时，法院可以依母亲的申请将亲权委托其行使。[7] 1898 年的日本旧民法也规定父

---

[1]《法国民法典》第 373 条。
[2]《法国民法典》第 286、287 条。
[3]《法国民法典》第 394～396 条。
[4]《法国民法典》第 327 条。
[5]《法国民法典》第 376～378 条。
[6]《法国民法典》第 374、375、384 条；《拿破仑民法典》，李浩培、关传颐、孙鸣岗译，商务印书馆 1979 年版。
[7]《德国民法典》第 1685 条。

亲是法定监护人。父母离婚不能以其协议确定子女监护人的，由父任监护人。[1]

近代亲子法初期实质上尚未失去其家长的实质。家族共同体虽废，父仍保有为家父之权力，父于家族制度意识的残余上，拥有虚位而握有实权。这时的亲子法，家族共同体已不存在，但家族制度的传统及理论依然残留，为亲者得托家族制度之虚名而美化及实行其专断与自私。[2]

## 二、从父母本位到子女本位

随着各国经济的发展，妇女地位的提高，对未成年子女权利的重视，肇始于20世纪上半叶，发展于20世纪中下叶的现代亲权制度，在完成了从父权本位向父母本位的过渡之后，开始了以子女本位为特征的亲子关系立法进程。

尽管20世纪以来世界经济迅猛发展，妇女地位逐渐提高，但有关规范身份关系的法律一直滞后于经济的发展和财产法的发展。直到20世纪70年代各国的亲子立法才真正由父权本位发展为父母本位。《德国民法典》1957年才通过了《有关民法上的男女平权法》，将父方单独亲权改为父母共同亲权。但同时又规定了当父母意见不一致时，应该努力协调，仍不一致时，则由父决定。直到1979年此规定被判违宪后，德国民法典才将此条修改为：当父母意见不一致，协调不成时，由监护法院决定。男女平等的共同亲权原则终于真正的得以确立。《法国民法典》也是在1970年修订时才将"父母婚姻关系存续中，亲权由父亲单独行使"改为由"父母双方共同行使"[3]，离婚后父母对子女的亲权也由一律由父亲行使，改为根据未成年子女的利益，对子女的照管可托付于夫妻一方或

---

[1]《外国婚姻家庭法典选编》，北京政法学院民法教研室1981年，第102页。
[2] 史尚宽：《亲属法》，中国政法大学出版社2000年版，第533页。
[3]《法国民法典》第372条。

他方[1]，并取消了父母对子女人身支配和管束的权利[2]。父母本位的亲子法，既强调父母子女关系中父母对于子女的权利以及子女应服从父母，也强调父母对于子女的抚养、教育义务。

子女本位的现代亲子法的立法原则可以追溯至1924年《日内瓦儿童权利宣言》[3]，儿童最大利益（the best interest of child）[4]的表述在国际文件中的首次出现。在此后的1959年《儿童权利宣言》[5]、1979年联合国《消除对妇女一切形式歧视公约》[6]、1986年《关于儿童保护和儿童福利、特别是国内和国际寄养和收养办法的社会和法律原则宣言》[7]等若干国际文件中，这一原则得到了

---

[1]《法国民法典》第287条。

[2]《法国民法典》，马育民译，北京大学出版社1982年版。

[3]《日内瓦儿童权利宣言》第2条规定："儿童必须受到特别的保护，并应用健康的正常的方法以及自由、尊严的状况下，获得身体上、知能上、道德上、精神上以及社会上的成长机会。为保障此机会应以法律以及其他手段来订定。为达成此目的所制定的法律，必须以儿童的最佳利益为前提作适当的考量。"

[4] "the best interest of child"有两种翻译，一为儿童最大利益，一为儿童最佳利益，为保持与国际文件中文版的一致性，本文从"儿童最大利益"之翻译。

[5] 1959年《儿童权利宣言》原则2规定："儿童应受到特别保护，并应通过法律和其他方法而获得各种机会与便利，使其能在健康而正常的状态和自由与尊严的条件下，得到身体、心智、道德、精神和社会等方面的发展。在为此目的而制订法律时，应以儿童的最大利益为首要考虑。"原则7规定："儿童的最大利益应成为对儿童的教育和指导负有责任的人的指导原则；儿童的父母首先负有责任。"

[6]《消除对妇女一切形式歧视公约》第5条（b）项规定："保证家庭教育应包括正确了解母性的社会功能和确认教养子女是父母的共同责任，但了解到在任何情况下应首先考虑子女的利益"；第16条第1款（d）项规定："不论婚姻状况如何，在有关子女的事务上，作为父母亲有相同的权利和义务。但在任何情形下，均应以子女的利益为重"；（f）项规定："在监护、看管、受托和收养子女或类似的社会措施（如果国家法规有这些观念）方面，有相同的权利和义务。但在任何情形下，均应以子女的利益为重"。

[7]《关于儿童保护和儿童福利、特别是国内和国际寄养和收养办法的社会和法律原则宣言》第5条规定："在亲生父母以外安排儿童的照料时，一切事项应以争取儿童的最大利益特别是他或她得到慈爱的必要并享有安全和不断照料的权利为首要考虑。"

重申和进一步发展。1989年《儿童权利公约》的制定和颁行被认为是确立儿童最大利益原则的里程碑。《儿童权利公约》第3条明确规定:"关于儿童的一切行动,不论是由公私社会福利机构、法院、行政当局或立法机构执行,均应以儿童的最大利益为一种首要考虑。"[1] 在公约中确立了一个重要理念,即把儿童的利益宣布为权利,从人权的角度予以保护。将儿童作为独立的权利主体,享有权利并得到保护,而不是将儿童视为权利客体从而认为对儿童的保护是一种可怜和施舍,"儿童也是平等的人;作为人类成员,儿童拥有与成人一样与生俱来的价值"[2]。公约所确认的最大利益原则主要有两大意义:一方面它赋予这一原则条约法的效力,可以对儿童权利的保护发挥更大的作用,并为解决儿童保护问题和与之相关的紧张与冲突提供一个合理的解说;另一方面,它确立了一个重要理念,即涉及儿童的所有行为均应以"儿童的最大利益"为首要考虑,而且把这种考虑宣布为儿童的一项权利。换言之,公约特别强调把儿童作为个体权利主体而不是作为一个家庭或群体的成员来加以保护。[3] 我国是《儿童权利公约》的提案国之一,从1980年起就积极参加起草工作,1990年8月29日正式签署,其间经过一系列程序,从1992年4月1日起《儿童权利公约》正式在我国生效。

《儿童权利公约》是世界上加入国家最多、影响最广泛的公约之一,对各国的国内立法和儿童权利保护产生了深远的影响,并由此带动了各国亲属立法由"父母本位"发展为"子女本位"。一些国家对其国内亲子法进行修订,不仅将子女最大利益原则作为亲子

---

[1] 联合国人权事务中心翻译:《人权国际文件汇编》,联合国出版物,C.94.XIV.1,第159页,以下所引《儿童权利公约》均根据这一版本,不再标注。
[2] 李双元、李赞、李娟:《儿童权利的国际法律保护》,人民法院出版社2004年版,第289页。
[3] 王雪梅:"儿童权利保护的'最大利益原则'研究(上)",载《环球法律评论》2002年冬季号。

法中的基本原则,还抛弃了原有的法律术语,以彻底改变父母本位的亲子法,实行子女本位的亲子法。

例如,1989年修订的《英国儿童法》最关键性、实质性的变革之一就是用"家长责任"这一理念替代"家长权利与义务",[1]用"居所令"和"联络令"分别取代"监护令"和"探视令"。《英国儿童法》的这一变革最终废除了长期沿用的"监护权"概念。至此之后传统的监护纠纷,再也不能适用这样的概念。父母就子女问题产生纠纷时,可以诉诸法律寻求的裁定包括:①裁定子女与谁居住(居所令);②裁定探访子女或其他联络方式(联络令);③解决其他任何纠纷,例如,子女教育、医疗或姓名纠纷(禁制令或特定问题令)。但是,在决定是否作出这类裁定时,法律要求法院不要作出任何裁定,"除非法院认为作出裁定比不作出裁定更符合子女的利益。"[2] 总之,英国儿童法将父母监护改称为父母责任,强调父母的身份是责任而非权利,这些责任是父母不能推卸,而且是必须履行的。

2002年版的《德国民法典》亲属编第五节以父母照顾(elterliche Sorge)取代了亲权(elterliche Gewalt)。第1626条明确规定:父母有照顾未成年子女的义务和权利。父母照顾包括对子女的照顾(人的照顾)和对子女的财产的照顾(财产照顾)。在抚养和教育时,父母考虑子女不断增长的能力和子女对独立地、有责任感地实施行为的、不断增长的需要。父母与子女商谈父母照顾的问题并力求取得一致意见,但以这样做按照子女的发展状态是适宜的为限。

---

[1] 1989年《英国儿童法》第一部分第3条规定:父母责任(parental responsibility)是父母对其未成年子女及其财产的所有权利(right)、义务(duties)、权力(powers)和责任(responsibility)及权威(authority)的总称。以父母责任(parental responsibility)取代父母权力(parent power),并取消了监护权的概念。

[2] N. V. Lowe, "The Allocation of Parental Rights and Responsibilities—The Position in England and Wales", *Family Law Quarterly*, Volume 39, Number 2, Summer 2005, pp. 267, 268.

可见,在德国父母照顾首先是父母的责任,其次才是父母的权利。相比之下,亲权(elterliche Gewalt)所强调的是"亲"(父母亲)对子女的一种权力(Gewalt)。在儿童权利受到普遍尊重的今天,"亲权"这样的字眼在德国的法律术语中是被禁止使用的。[1]

《俄罗斯家庭法》将"未成年子女的权利"单独成章,确立了未成年子女在法律上的的权利主体地位,并专门作出明确的保障性规定[2]。俄罗斯学者认为,严格说来,俄罗斯法律学说和立法中都没有西方家庭法中提到的监护权这一概念,无论是指身心监护或法律监护,共同监护或独自监护,完全监护或部分监护。而且在分配家长权利与义务时也不使用"监护权"一词。《俄罗斯宪法》规定,照顾并抚养子女是父母双方的权利和义务。父母权利的分配并非取决于是否结婚,是否共同生活,是否离婚或是否与子女共同居住。父母双方无论身份如何,均是子女的法定代理人,从法律角度来讲,没有一方是"拥有监护权的家长"。批准《联合国儿童权利公约》后,俄罗斯修正了《家庭法典》中的儿童权利部分,并确保儿童权益作为首要考虑因素。《俄罗斯联邦家庭法典》力图认真对待儿童权利并将儿童视为法律上的个人和主体,而不仅仅视为家长权利的附属物。《家庭法典》非常重视儿童利益,其中有专门一章来规定儿童权利,以将儿童置于家庭关系的中心,并确保儿童拥有独立地位而且尊重其观点。[3]

这些立法在法律术语、名称、体例上的变化均体现出父母子女法律地位平等,子女具有独立的主体地位、子女最佳利益的立法理念。同时,由于离婚率的逐步上升,亲属立法也强化了离婚后父母

---

[1]《德国民法典》,陈卫佐译,法律出版社 2006 年版,第 509 页。
[2] 1995 年《俄罗斯联邦家庭法典》第 11 章。
[3] Olga A. Klhazova, "Allocaotion of Parental Rights and Responsibilities after Separation and Divorce under Russian Law", *Family Law Quarterly*, Vol. 39, Summer 2005, pp. 377~385.

子女关系的规定。子女最大利益原则成为离婚亲子关系立法的准则，在确定离婚后父母子女关系，子女抚养费数额、一方对子女的探望等问题时，强调父母对未成年子女责任的持续性，重视父母双方在决定有关子女利益事项中的积极参与。同时，在确定子女与父母的居住权、联络权时要充分考量和尊重子女的意愿，将子女利益放在首位，以保障父母离婚后子女最大利益的实现。有学者指出，现代亲权或监护权是一种基于父母身份而产生的对未成年子女身体上和财产上管教保护的权利义务综合体，以关心、照顾未成年子女为特点，是一种以法律形式为子女利益而行使的权利，实际上就是一种义务，也称为义务权。[1] 这种以重视子女利益，保护子女权利，强调父母对于子女的义务和责任的立法，就是具有现代亲子法精神的子女本位立法。

自20世纪下半叶以来，《德国民法典》、《法国民法典》、《日本民法典》、1995年《俄罗斯联邦家庭法典》、1996年《美国联邦福利法案》、1989年《英国儿童法》、1995年《苏格兰儿童法》、1995年《澳大利亚家庭改革法》等许多国家在其亲子立法的改革中不同程度地体现了子女最大利益原则，并将父母责任与义务的理念贯穿在离婚亲子关系的立法中。

综上所述，世界大多数国家的亲子法包括离婚亲子关系立法均经历了从家族本位到父权本位到父母本位再到子女本位的发展轨迹。在现代社会，以父母履行责任与义务、保障子女最大利益为特征的子女本位立法作为确立亲子关系的基本原则不仅超越了法系，也超越了社会制度，无论大陆法系或英美法系，无论何种国家体制或社会体制，均有国家采用，成为21世纪亲子关系立法发展的世界性大趋势。

---

[1] [德]卡尔·拉伦茨：《德国民法通论》（上），邵建东等译，法律出版社2003年版，第263页。

### 三、儿童最大利益原则之中国表达

中国自 20 世纪 90 年代初加入《儿童权利公约》，颁布《未成年人保护法》以来，在国内政策和立法、司法中逐步确立了"儿童优先"原则，形成了以《宪法》为基础，以《未成年人保护法》、《民法通则》、《婚姻法》、《继承法》、《收养法》、《义务教育法》等相关法律法规、司法解释为主体的具有中国特色的儿童权利保障体系，我国的儿童权利保护进入了一个崭新的时代。

"儿童优先"的表述最早见诸 2001 年 5 月公布的《中华人民共和国 90 年代儿童发展状况报告》和《中国儿童发展纲要（2001～2010 年）》，《中华人民共和国 90 年代儿童发展状况报告》在序言和正文中均提出了"儿童优先"的理念：坚持"儿童优先"的原则，充分保障儿童的生存、发展、受保护和参与权利，是中国政府的一贯政策；在各项工作实践中贯彻"儿童优先"原则，保护所有儿童的合法权益；（国家级行动）坚持"儿童优先"原则，加大对儿童事业的资金投入；"儿童优先"的原则进一步深入人心；涉及儿童发展的重大活动，中国党和国家领导人都亲自参与，率先体现"儿童优先"的原则；强化"儿童优先"的意识；中国的大众传媒始终把"儿童优先"的宣传作为重要内容；国家在制定法律法规和政策时注意充分体现"儿童优先"的原则，有利于儿童的发展。《中国儿童发展纲要（2001～2010 年）》中也有类似的表述：各级政府和有关部门坚持"儿童优先"的原则……使我国儿童生存、保护和发展取得历史性的进步；坚持"儿童优先"原则，保障儿童生存、发展、受保护和参与的权利，提高儿童整体素质，促进儿童身心健康发展；国家制定相关法律法规和政策时要体现"儿童优先"原则，有利于儿童发展。

2006 年 3 月 14 日第十届全国人民代表大会第四次会议批准的《中华人民共和国国民经济和社会发展第十一个五年规划纲要》在

其第10篇"推进社会主义和谐社会建设"第38章"全面做好人口工作"第4节"保障妇女儿童权益"中提出:"坚持儿童优先原则,实施儿童发展纲要,依法保障儿童生存权、发展权、受保护权和参与权。"此处所谓"儿童优先",是指在涉及儿童事项的国家立法、司法、行政活动中应优先考虑儿童的权利和利益,保障儿童的生存权、发展权、受保护权和参与权,改善儿童成长环境,提高儿童整体素质,促进儿童身心健康发展。

在与子女利益攸关的婚姻立法中,也开始体现出"儿童优先"原则。例如,我国《婚姻法》在离婚财产分割的规定中,长期以来都以照顾妇女和子女利益为重要原则[1],均将"子女"置于财产分割需要照顾和考量的第二位,而2001年4月修订的《婚姻法》第39条将其表述改为"照顾子女和女方权益的原则判决",首次把子女放在置于财产分割需要照顾和考量的第一位,这种顺序的改变似乎不明显,只是从第二位提升为第一位,但它表明父母离婚时的财产分割以子女利益为先,是子女本位的立法原则在离婚亲子关系中的具体体现,表明了保障父母离婚自由应以不降低未成年子女福利为前提的理念。

2006年12月修订的作为儿童保护专门立法的《未成年人保护法》第3条规定"未成年人享有生存权、发展权、受保护权、参与权等权利,国家根据未成年人身心发展特点给予特殊、优先保护,保障未成年人的合法权益不受侵犯";第40条规定"学校、幼儿园、托儿所和公共场所发生突发事件时,应当优先救护未成年人"。这两条规定所体现的正是对未成年人的利益予以特殊和优先保护的理念,可以认为是中国立法在法律层次对"儿童优先"的首次明文确认,表明优先原则正式从政策层面进入法律层面,是我国对《儿

---

[1] 1950年《婚姻法》第23条规定"照顾妇女及子女利益和有利发展生产的原则判决",1980年《婚姻法》第31条规定离婚时的夫妻共同财产处理应按照"照顾女方和子女权益的原则判决"。

童权利公约》中最大利益原则的回应，是儿童最大利益原则在法律层面的中国表达。

"儿童优先"原则是根据我国的基本国情、社会经济发展状况、文化传统和儿童权利保护的实际需要而提出的，儿童优先的内容包括儿童应当优先享有的各项权利：生存权；发展权；受保护权；参与权等。其中，生存权是指未成年人享有其固有的生命权、健康权和获得基本生活保障的权利。具体包括未成年人享有生命权、医疗保健权、国籍权、姓名权、获得足够食物、拥有一定住所以及获得其他基本生活保障的权利。发展权是指未成年人享有充分发展其全部体能和智能的权利，包括未成年人有权接受正规和非正规的教育，有权享有促进其身体、心理、精神、道德、情感等方面健康发展的生活水平。受保护权是指未成年人享有不受歧视、虐待和忽视的权利，包括保护未成年人免受歧视、剥削、酷刑、暴力或疏忽照料，以及对失去家庭和处于特殊困境中的未成年人的特别保护。受保护权旨在减少未成年人生存和发展过程中的不利因素。参与权是指未成年人有权参与家庭和社会生活、并就影响他们生活的事项发表意见的权利。[1]成年人应当尊重他们的话语权和鼓励他们的参与热情。

"儿童优先"原则是保护未成年人的总原则，贯穿于未成年人保护法的全部规定中，其基本含义是：对儿童的权利，对他们的生存、保护和发展给予高度优先，无论任何机构、任何情况下，都应该把儿童放在最优先考虑的地位。有学者对该原则给出了极高的评价，如果说公约的通过是国际儿童权利保护史上的里程碑，最大利益原则是保护儿童权利的航标，那么，中国在立法和司法中体现的"儿童优先"原则，则是中国儿童权利保护的重要起点。[2]

---

[1] 于建伟："未成年人保护法的修订及其重要意义"，载《妇女人权与社会性别高层研修班资料汇编》，2007年。

[2] 王雪梅："儿童权利保护的'最大利益原则'研究（下）"，载《环球法律评论》2003年春季号。

尽管最大利益原则与儿童优先原则都体现了儿童权利本位的理念，都是保护儿童利益必须遵循的基本原则，但儿童优先原则并不等同于儿童最大利益原则，我们应当看到这两者之间的区别，以确定在亲子关系立法中应采用何种原则。最大利益原则与儿童优先原则主要区别有三：

1. 二者对儿童权利的定位不同。最大利益原则将儿童定位于有独立需求的独立主体，承认其独立的价值、考虑其独立的个体需求，把儿童从成人权利世界的束缚中解放出来，而优先原则只是考虑在儿童与成人的权利发生冲突时对儿童提供优先的保护，"并未超出父母权利的规制，只是在父母权利的框架下考虑儿童权利的优先地位"[1]。

2. 二者对儿童权利所确定的范围不同。最大利益原则比优先原则的适用范围更广，内容更丰富，它不仅强调儿童与成年人，未成年子女与父母之间发生利益冲突时要优先考虑儿童或子女的利益，保护他们权利的优先实现，而且更加强调广义上的儿童权利的利益最大化，注重儿童作为人类社会的成员所应享有的各项权利的实现。

3. 二者对儿童权利所确定的内涵不同。最大利益原则从儿童的身心发展和实际需求出发，主张在涉及儿童的所有事项上都应考虑对儿童的需要予以最大限度的满足，其实际的效用既可发生在儿童与成年人权益冲突时，也可发生在不同的儿童个体之间或者儿童群体之间权益冲突时，以及不存在明显冲突的场合。从本体的角度来考虑儿童最大利益，难免产生不确定性和模糊性并在具体适用中造成相应的困难，但对儿童所提供的保护却是根本性的、深刻的、全面的。而儿童优先原则更为具体、明确，其内涵也相对受限，它

---

[1] 窦丽萍、曹培忠："论国际人权法条件下的儿童权益的保护——以最大利益原则为基点"，载http://www.dffy.com.

只是中国在特定背景下新生成的一项保护儿童权利的准则。[1]

最大利益原则全面确认儿童的权利主体地位、对儿童人权所提供的保护范围更加广泛、内涵更为深刻。为了更好地履行我国的国际义务，贯彻实施"国家尊重和保障人权"的宪法规定，我国对儿童的保护不应停留在"儿童优先"的层面，而应将其作为我国相关立法的基本原则。首先，应在《宪法》中确定"儿童最大利益原则"，并将该项原则贯穿于涉及儿童权利保护的各个法律部门，在包括《未成年人保护法》、《妇女权益保障法》、《婚姻法》、《收养法》、《义务教育法》、《残疾人保障法》等在内的一系列有关儿童生存、保护和发展的法律中进一步确认该原则的最高指导性地位并进行具体的法律制度设计。在修订现行《婚姻法》时，应将最大利益原则作为指导和制定亲子关系的基本原则，并据此对相关制度和具体规定进行修改、补充，从而保证最大利益原则具有较强的可操作性，能够良好的运作，并在实践中发挥应有的作用。

## 第二节　共同监护在离婚亲子关系中体现了子女最大利益原则

世界范围内的离婚率上升现象使子女最大利益原则能否体现及如何体现在离婚亲子关系中成为具有世界意义的论题。

各国的研究均表明，离婚不利于未成年子女身心健康。婚姻的本质或它的社会属性决定了离婚并不是一个个人行为，它不仅会给对方造成一定的影响，更会对未成年子女在心理、行为模式等方面产生重大影响。无论是何种原因导致夫妻离婚，都意味着家庭的冲

---

[1] 王雪梅："儿童权利保护的'最大利益原则'研究（下）"，载《环球法律评论》2003年春季号。

突、解体与重构,意味着未成年子女要接受并适应因父母变更婚姻关系所产生的继父母子女关系或生活在单亲家庭中。这些变故对未成年子女的影响是长期且难以消除的。因此,如何做到尽可能减少离婚对子女的负面影响,使离婚后的子女能够最大限度地得到父母双方的关爱和照顾,以实现子女的最大利益,是现代各国亲属立法的重要内容。

## 一、保障父母离婚自由与子女最大利益之间的关系

当父母离婚时,孩子有没有受到伤害?如果有,是否应当限制父母终止婚姻的权利?在保障父母离婚自由的前提下,如何保障子女的最大利益?这些问题是研究离婚自由的学者无法回避的问题。

许多研究都表明,经历了父母离婚的子女在各个方面与父母未离婚的子女相比,在心理、生理、生活与社会交往等各个方面均存在着较多的问题。根据美国学者斯蒂芬对20世纪最后10年有关离婚对子女影响的相关研究的综述,与生活在婚姻关系稳定的由父母双方共同抚养的子女相比,经历了父母离婚的子女心理调适能力更差、健康问题更多、在学校表现不够好、更容易卷入各种反社会活动和违法行为中、生活在贫困中的可能性更大、更易有性行为、更有可能同居、婚前生育的可能性更大、结婚后离婚的可能性更大。当父母离婚的孩子长大为成人时,他们会比较赞成离婚,不太忠于婚姻,自身离婚的可能性更大。而且,他们与父母联系较少,也不觉得与父母很亲密,尤其是与他们的父亲,他们从父母那里得到的经济支持也更少,父母离婚的孩子比那些完整家庭中的孩子出现情绪性的忧虑、学业困难、犯罪和早期性交往的比率要大1倍[1]。

---

[1] Stephen J. Bahr, "Social Science Research on Family Dissolution: What It Shows and How It Might Be of Interest to Family Law Reformers", *Journal of Law & Family Studies*, 2002, p. 4.

对此，社会学家一直在争论着应以对离婚的选择来解释离婚家庭中的孩子与完整家庭中孩子之间的差别，还是以离婚的压力来解释这一差别。换言之，离婚家庭中的子女与完整家庭中子女之间的差别，主要是应归因于离婚，还是应归因于离婚前父母之间的激烈冲突。根据选择解释论，对子女的负面影响应归因于婚姻变故，如父母之间的人身攻击，离婚前的婚姻冲突或遗传的影响。压力解释论则认为这些差别应归因于离婚本身，而非离婚前的因素，是离婚的结果而非离婚前的冲突造成了两者之间的差别。在美国1990年以前的研究中，研究者总是将父母离婚的子女与完整家庭中子女的区别最小化，因为大多数研究者还不能充分掌握离婚前因素。现在的研究表明，离婚影响孩子的因素是多方面的，包括离婚前夫妻间的冲突、离婚后一方与前配偶之间持续的冲突，一方再婚后父母子女关系的混乱、子女失去情感上的支持，单亲家庭的经济困难和其他不良生活事件增多，比如随父母一方不断搬迁等[1]。

离婚对未成年子女状况的影响与其父母在婚姻存续中的冲突程度[2]有密切联系。父母的婚姻具有高度冲突的子女，其父母离婚后的生活状况要比他们的父母维持婚姻时更好。而父母结束低度或中度冲突的婚姻（占离婚的大多数），其子女状况的所有指标均低于平均值——既比父母维持低度冲突婚姻的子女要差，也比父母结束高度冲突婚姻的子女要差，其他研究者也证实了这一发现。这就可以推导出一个结论，即相当大比例的离婚对子女有负面影响，而在父母决定结束婚姻具有最小正当性的情况下，这种负面影响最大。社会科学研究向曾经有助于社会普遍容忍关系到子女的离婚的

---

[1] Elizabeth S. Scott, "Divorce, Children's Welfare, and the Culture Wars", *Virginia Journal of Social Policy & the Law*, 2001, p.9.

[2] 美国学者将父母离婚前的状态分为三种，即高度冲突、中度冲突与低度冲突，以此确定双方的婚姻状况及对子女的影响。

两个安慰性的假设提出了挑战。首先，根据一些社会学者的调查，绝大多数的父母只是在他们的婚姻确实难以忍受的情形下迫不得已作出了离婚这个艰难的决定，而且他们这么做时已经仔细考量过子女利益的这一假设前提并不确定。那些终结"足够好"婚姻的父母也许对子女适应离婚事件的能力过于乐观，也许他们相信子女的境况同他们自己的快乐是一致的。其次，第二个假设——当相处不欢的父母离婚时子女的状况会随之改善——根据堆积如山的研究证据，似乎再也不可信了。根据这项研究所能得出的理性结论是，相当多的孩子在其父母离婚后遭受负面影响，如果他们的父母维持婚姻，则对他们有利。阿马托和其他社会科学家的研究表明，许多、也许是绝大多数离婚事件，对子女有持久的不良影响，而且似乎在父母决定离婚最欠缺合理性时这种不良影响最大。这一证据会削弱现行规范，而对那些以缄默表示不赞成对有子女的婚姻实行宽松政策的人来说也许是一种鼓舞，对那些婚姻不欢的父母的行为预期也许会改变。社会学家认为，在亲子关系中将出现一种新的社会规范：如果夫妻已经有了孩子，他们就不应该轻易放弃婚姻，除非婚姻关系实在是很糟糕而且他们已经作了长久而艰苦的试图使之正常起来的努力未果。[1]

笔者认为，我们必须明白，婚姻不够美满和幸福的代价应当是由父母承受，而不应当由子女承受。子女不能对父母的快乐负责，但父母则必须为子女的利益负责。因此，一方面，在父母离婚时法律应充分考虑到子女的利益，由婚姻登记机关或人民法院设置相应的程序阻止父母未经认真考虑轻率离婚，另一方面，对于父母处于高度冲突当中必须解除的婚姻，在确定离婚后的监护人、子女抚养费数额、交付方法、父母一方的探视权等问题时也必须充分考虑子

---

[1] Elizabeth S. Scott, "Divorce, Children's Welfare, and the Culture Wars", *Virginia Journal of Social Policy & the Law*, 2001, p. 9.

女的最大利益,即使当事人自行达成协议,也必须由婚姻登记机关或人民法院做合法性审查后才能产生法律效力。许多国家的研究和司法实践表明,在父母离婚后,对子女实行共同监护符合子女的最大利益。

**二、共同监护符合父母离婚后的子女最大利益**

父母离婚不改变父母与子女的权利义务关系,子女仍然是父母双方的子女。但离婚后父母抚养子女的形式会发生变化,传统的亲子法将之称为亲权或监护权[1]行使方式的变化。综观世界各国的亲属立法,离婚后父母对子女行使监护权的方式可以概括为单方监护与共同监护,部分监护与完全监护,身心监护与法律监护。

1. 单方监护与双方监护。单方监护是指离婚后父母一方取得对子女的亲权或监护权,子女与父母一方共同生活,另一方仅行使探视权。这种方式简便易行,符合离婚父母分别居住的状态,曾经是许多国家确定离婚后父母亲权或监护权的首选。在20世纪80年代以前的英美法国家,法院大多将单独监护权判由母亲担任,父亲仅有会面交往权。大陆法系的许多国家也有类似规定。如1979年修订的《法国民法典》在"离婚对子女的后果"一节中,第287条规定:根据未成年子女的利益,对子女的照管可托付于夫妻一方或他方。在特别情形,或子女的利益所要求,前项对子女的照管得托付于其亲属中优先选定的一人,如有可能,亦得托付于教育机构[2]。1947年修正的《日本民法典》第812条规定:协议离婚者,不能以其协议确定子女的监护人的,由父任监护人;父因离婚离其家时,由母任子女的监护人。但是,这种方式几乎剥夺了一方对子女照顾和教育的权利,在现代社会遭到普遍诟病。双方监护是指尽

---

[1] 大陆法系称之为亲权,英美法系称之为监护权,我国《民法通则》亦称之为监护权,为避免赘述,以下统称为监护权。

[2] 《法国民法典》,马新育译,北京大学出版社1982年版,第31页。

管一方取得了子女日常生活照顾权,但与未取得该权利的一方在其他权利和义务上具有平等的地位,有关子女教育、生活方式等一切与子女利益相关的问题必须经过双方协商同意,由双方分享对子女的亲权或监护权。如 2004 年《意大利民法典》第 317 条第 2 款规定,由父母双方共同行使的亲权不因分居、婚姻被解除、宣告无效、丧失民法效力及子女由一方抚养而终止。

2. 部分监护与完全监护。部分监护是指离婚后由一方主要行使监护权,与子女共同居住,照顾子女日常生活起居,决定日常生活的安排与教育,但在涉及子女重大利益如升学、出国、重大医疗决定时必须经过协商,达成一致协议。如 1987 年修订的《法国民法典》第 288 条规定,不行使亲权的父、母一方,保留对子女的抚养与教育进行监视的权利,因此,对涉及子女生活的重大选择,均应通知该方。不行使亲权的父、母一方,对子女的抚养与教育,应视其本人与另一方的财力情况,按比例分担费用。完全监护是指离婚后由一方全面行使监护权。子女在父母离婚后与有监护权的一方共同生活,子女的日常生活及其教育、生活方式等一切与子女利益相关的问题均由有监护权的一方决定,他方无权过问。完全监护割裂了子女与父母一方的关系,使子女在父母离婚后无法感受另一方的父母之爱,违反了子女最大利益原则精神,已被现代社会亲子法所淘汰。

3. 身心监护与法律监护。身心监护是指父母分享与子女做伴,共同生活并负责日常生活与教育,也称之为轮流监护。即未成年子女在父母离婚后轮流随父母一方共同生活一段时间,由父母双方分享与子女共同生活的时间。身心监护强调父母双方都有与子女共同生活的权利,并有权在与子女共同生活期间对子女的日常生活安排等问题单方作出决定。法律监护是指凡涉及子女重大利益的决定必须由父母双方共同作出,否则该决定不产生法律效力,以保障子女的最佳利益。美国一些州就规定不享有监护权的一方对有关子女的长期利益，包括教育、医疗、出国、宗教信仰或其他影响子女重大利益有权参与作出决定[1]。

除单方监护与完全监护外，双方监护、部分监护、身心监护与法律监护尽管在监护形式上有所区别，但都强调离婚后无论子女随何方生活，均不改变父母对子女共同行使监护权的实质，为便于表述，笔者姑且将其统称为共同监护。

离婚后由父母双方共同行使监护权符合父母子女关系持续性的理念已被国际社会所认可。早在 1957 年 11 月颁布的《儿童权利宣言》第 6 条原则中就明确规定，儿童为了全面而协调地发展其个性，需要得到慈爱和了解，应当尽可能地在其父母的照料和负责下，无论如何要在慈爱和精神上与物质上有保障的气氛下成长。[2]《儿童权利公约》在序言中强调：深信家庭作为社会的基本单元，作为家庭所有成员、特别是儿童的成长和幸福的自然环境，应获得必要的保护和协助，以充分担负起它在社会上的责任，确认为了充分而和谐地发展其个性，应让儿童在家庭环境里，在幸福、亲爱和谅解的气氛中成长。即使父母离婚，国家的法律和公共政策也应确保子女能够享受到来自父母双方的爱与关怀，而不是隔离与冷漠。因此，《儿童权利公约》在第 18 条明确规定，缔约国应尽其最大努力，确保父母双方对儿童的养育和发展负有共同责任的原则得到确认。

公约的这一原则正逐渐为各国亲属立法所接受。许多国家都倾向于即使父母离婚，也应当由父母双方共同行使对未成年子女的监护权，由父母双方继续共同照顾子女符合子女的最佳利益，不能将父母的恩怨和痛苦让子女承担。如《爱尔兰家庭法》规定，离婚后

---

[1] Olga A. Khazova, "Allocation of Parental Rights and Responsibilities after Separation and Divorce under Russian Law", *Family Law Quarterly*, Vol. 39, Summer 2005, p. 373.

[2] 《人权国际文件汇编》，联合国人权事务中心译，联合国出版物，C.94.XIV.1，第 156 页。

父母双方均是监护人,即使子女仅跟一方居住。父母应当共同决策并承担监护职责以确保未成年子女受到保护、引导和支持。[1]《俄罗斯联邦宪法》和《家庭法典》均规定,照顾并抚养未成年子女是父母双方的权利和义务。离婚后,父母无论是否与子女共同居住,均是子女的法定代理人。因此,离婚后父母的法律地位平等,没有一方是单独拥有监护权的家长,抚养子女是具有父母身份者不可剥夺的权利与义务。法律鼓励父母对子女抚养共同决策,通常法院的任务仅仅是解决涉及子女居住地点的纠纷。[2] 德国、英格兰和威尔士、瑞典以及澳大利亚的家庭法都规定,父母对子女的监护权是由父母身份自动产生的法律事实,无须法院另行确定。《法国民法典》也强调,离婚后以父母共同监护子女为常态,以一方单独监护子女为例外(《法国民法典》第287条)。1989年《英国儿童法》以父母责任代替以往的父母权力,表明儿童作为履行义务的对象,而非权力施受者,以减少权力带来的敌意和歧义。父母的权利来源于父母的义务,虽然父母在现代社会仍对子女拥有权利,但不再是至高无上或是绝对的,实则是子女拥有权利,父母承担责任。父母责任对已婚的父母是自动产生的,父母离婚时也不发生转移,只是有常住方父母和非常住方父母之分,但双方的法律地位平等。[3] 因此,《英国儿童法》以居住裁定取代了监护裁定。法官不再对离婚后的父母对子女的监护权作出裁定,法官所要作出的只是父母离婚时子女随何方居住的生活安排的居住令,而且这一安排是可以随情

---

[1] D. Marianne Blaer & Merle H. Weiner, "Resolving Parental Custody Disputes — A Comparative Exploration", *Family Law Quarterly*, Vol. 39, Summer 2005, p. 274.

[2] Olga A. Khazova, Allocation of Parental Rights and Responsibilities after Separation and Divorce under Russian Law, *Family Law Quarterly*, Vol. 39, Summer 2005, p. 373.

[3] [英] 凯特·斯丹德利:《家庭法》,屈广清译,中国政法大学出版社2004年版,第250~258页。

势变更而变更的。

共同监护强调的是父母双方基于身份关系而产生的抚养义务与持续责任,而不是父母的权力与愿望。毋庸置疑,让离婚的父母共同协力照顾、保护、教育子女,共同参与子女的生活,对子女的重大利益作出共同的决定,最接近子女内心的自然需求和愿望,这种需求和愿望是由血缘亲情关系所决定的,是自然产生与生俱来的,在一般情况下当然符合子女的最大利益。[1]

### 三、共同监护中父母责任分担之要素

共同监护意味着离婚后父母双方均承担对子女的义务和责任,但离婚后父母各自居住的状态又必然导致共同行使监护权的形式会发生变化。无论是身心监护与法律监护,还是轮流监护与部分监护都强调子女在与父母一方共同生活期间,另一方应当承担的相应责任和义务。事实上,不容否定的是,无论各国法律如何规定,都必须在离婚的夫妻双方中确定一方与子女共同生活,照顾子女日常生活起居,另一方通过给付抚养费,参与作出涉及子女重大利益的决定,以及保持与子女的沟通联络、探视、看望来履行抚养子女的义务和责任。因此,在共同监护中首先应确定的是与子女共同生活的一方,即《英国儿童法》所称的居住令,德国、美国家庭法中所称的照顾子女方。

确定与子女共同生活一方的基本准则是符合子女最大利益,最大限度地有利于子女的健康成长。如何确定子女最大利益,许多国家的亲属法或相关法规作出了进一步明确的规定。如《英国儿童法》、《加拿大家庭法》、《美国统一结婚离婚法》、《澳大利亚家庭法》、《德国民法典》、《法国民法典》等对此都有具体规定。概其要者,主要有以下因素:

---

[1] 父母有侵害子女利益等违法犯罪行为的除外。

1. 子女的意愿。子女在确定父母对其的监护权时有权参与对监护人的选择，表达自己的意愿非常重要。《儿童权利公约》第12条规定："缔约国应确保有主见能力的儿童有权对影响到其本人的一切事项发表自己的意见，对儿童的意见应按照其年龄和成熟程度给以适当的看待。为此目的，儿童特别应有机会在影响到儿童任何的司法和行政诉讼中，以符合国家法律的诉讼规则的方式，直接或通过代表或适当机构陈述意见"。子女被《儿童权利公约》确认为独立的权利主体，有权表达自己的意见，子女享有居住权，父母离婚后，子女有权选择与父母何方居住。但由于未成年子女身心、智力等尚有待成熟，各国的立法和司法实践一方面允许子女表达意愿，另一方面，对子女的意愿大多采相对承认主义，认为子女的意愿在确定直接抚养人时只起参考作用，不能作为决定因素。[1] 通常而言，所谓"有主见的儿童"是指儿童应成熟到可以分辨判断、可以表达自己选择父母的想法的年龄[2]，而且"儿童年龄越大，法院对其观点越为重视"[3]。儿童的意愿在决定其未来居所中是否应成为决定性因素必须视每个案例的具体情况而定，儿童的意愿必须加以考虑，而且可以（但不是必须的）随儿童年龄的增加获得更多的重视。[4]

---

[1] 例如在美国，儿童达到一定的成熟程度时，法官通常会对儿童的意愿予以适当考虑。参见［美］哈里·D. 格老斯：《家庭法》（第3版），法律出版社1999年版，第298页。

[2] 具体的年龄界定并不一致。例如，《罗马尼亚人民共和国家庭法典》规定应听取10周岁的子女的意见，《澳门民法典》第1756条规定为"须听取12岁以上子女之意见"，《埃塞俄比亚民法典》第304条规定为"年满15周岁"，《意大利民法典》第316条规定为"年满14岁"，日本家事审判规则规定为"子女满15岁以上"。

[3] 《家庭法》（最新不列颠法律袖珍读本），徐妮娜译，武汉大学出版社2004年版，第156、157页。

[4] N. V. Lowe, "The Allocation of Parental Rights and Responsibilities—The Position in England and Wales", *Family Law Quarterly*, Vol. 39, Summer 2005, p. 267.

2. 幼年推定。基于幼年子女的自然需要和母爱的不可替代性，一般情况下大都推定婴儿与母亲共同生活符合其最大利益。自摒弃父权优先之后，"幼年推定"一直为各国所遵循。所谓幼年推定理论，是指子女在年幼时从天性和自然属性上对母爱的需要超过父爱，且母亲比父亲更适合担任年幼子女的养育和保护。这一心理学上的预设，强调母爱在子女年幼时具有不可替代性。1839 年英国《孩童监护修正法》给予衡平法院自由裁量权，可判令将 7 岁以下孩童归其母亲监护。1873 年该法修正后又授权法院可将 16 岁以下子女判由母亲担任监护。这些成文法是英国法上"幼年原则"的渊源。受其影响，美国 19 世纪末期，也开始采用幼年推定。[1] 直到 1972 年宾夕法尼亚州高等法院还仍然认为幼年子女的最大利益就是由母亲给予看管照顾。[2] 20 世纪后期，幼年推定受到越来越多的质疑，不仅父亲们开始为争取子女的监护权而抗争，而且，女权主义也因幼年推定强化了妇女作为家庭主妇的社会角色而予以抨击，加之不少心理学、社会学者不断指证其不科学性，以致现代美国法院普遍认为，以儿童敏感年龄的性别需求作为抚养的依据，并不符合子女的最大利益，认为其不应是监护的基础而只是一个因素而已。尽管如此，各方的努力并未使结果有所改变，法院大多仍将子女的监护权判归女方，根据美国国家健康统计中心（NCHS）1990 年的统计资料，有 53% 的离婚案件涉及子女的问题，在所有涉及到监护的判例中，由母亲获得单独监护的占 72%，9% 的判例中由父亲获得单独监护，16% 判决共同监护，而分离监护和分裂监护的情形不足 5%。这就是说，即使"性别中立"的以子女最佳利益原则判断子女的监护权，结果仍然与"母亲优先"的理论相吻合。[3] 因此，尽管目前幼年推定遭到很多质疑，但实际上，许多

---

[1] 高凤仙：《中美离婚法之比较研究》，台湾商务印书馆 1985 年版，第 96、97 页。
[2] 夏吟兰：《美国现代婚姻家庭制度》，中国政法大学出版社 1998 年版，第 283 页。
[3] 曹诗权：《未成年人监护制度研究》，中国政法大学出版社 2004 年版，第 216 页。

国家仍采取幼年推定作为子女最大利益的重要考虑因素。

3. 主要照顾者与性别认同推定。主要照顾者是指在离婚前的日常共同生活中父母一方对子女承担了主要照顾责任，考虑使子女目前、将来受到照料的状况保持一致性、连贯性，在离婚后由该方父母直接抚养子女符合子女的最大利益。1992年美国法律协会在"离婚法原则"中指出，主要照顾者一方是指：呆在家里全职照顾子女的一方；兼职工作但有时间照顾子女的一方；父母双方均全职工作的，负责为子女安排日常生活、上学、看病等各种琐事，并为子女提供咨询和感情支持的一方。[1] 这一标准的最大好处，是取消了法官对子女最佳利益的价值判断，尽可能地将最主要照顾者作为考虑的重点。相对其他因素而言，对最主要照顾者进行判断是较为容易的，只需单纯举证日常生活与子女接触最多、对子女承担最主要义务即可，但各国的实践也证明，运用这一原则的结果，同样会导致幼年推定的结果，因为主要照顾者在各国都依然为母亲。依据精神分析学派及社会学理论的观点，较为年长的儿童，对于同性别父母的认同是极为重要的一件事情，并认为儿童与同性别父母间的互动，较为有利且自在，有利于孩子个性的发展。事实上，"最主要照顾者"的标准存在很多问题，如其只注重照顾子女的表面事实，而很有可能会忽略亲子关系的深层质量，忽略子女的身心需求会随年龄而有所改变以及忽略父母的行为和心理会因离婚而发生变化等。再有，家庭生活大多存在一定分工，如一方照顾饮食起居，另一方照顾学习教育时的判断标准该如何行使，诸此种种，都是最主要照顾者无法回避的缺陷。但主要照顾者之所以得到广泛认同和运用是因为：如果让法官综合各种因素判断子女的实际需求，很有可能最终又将回到对子女最佳利益价值判断的争议原点上来。[2]

---

[1] 夏吟兰：《美国现代婚姻家庭制度》，中国政法大学出版社1999年版，第288、289页。

[2] 孙若军："父母离婚后的子女监护问题研究"，载《法学家》2005年第6期。

4. 父母抚养子女的能力与行为。直接抚养子女的一方，其自身条件应能够支持其较好地照顾子女、促进子女的身心健康发展。对父母能力进行判断时需要综合考虑多种因素，如经济能力与职业状况、个人品行、生活条件与环境、身体健康状况、与子女的感情及相互关系状况等。一般而言，父母能力越强，子女最大利益之实现可能性越大。父母有家庭暴力、虐待子女、恶意不履行抚养义务、不让子女接受义务教育或自身有违法犯罪行为等不良记录的不适宜与子女共同生活。

5. 子女生活环境的稳定性、持续性及子女的适应情况。法院应当考虑生活环境的变化以及儿童的适应能力对孩子身心健康的影响。一般而言，法院倾向于尽量使子女于父母离婚后的成长环境维持与父母离婚前相类似或一致[1]，使子女目前以及未来的生活、教育、发展获得一致。需要考虑其稳定性与继续性的环境因素较多，主要的如子女的居住条件、社区环境、家庭关系状况、就读学校及伙伴情况等。例如，《德国民法典》第1671条规定，家事法院在决定亲权归属，考虑子女利益时，应考虑子女对父母及其他兄弟姐妹间的联系关系，斟酌子女上学、受教育环境、朋友圈子及对祖父母的关系。

在确定何为子女最大利益时，许多国家都规定应综合考虑上述各种因素，而非某一种因素。有些国家还明确规定各种因素原则上具有同等重要的意义，法官应在不同案件中根据个案情况确定其中的重要因素[2]综合决定。

共同监护与单独监护的重要区别就在于对涉及子女利益的决定由何方作出，共同监护强调对涉及子女重大利益的决定必须由父母双方共同作出，以符合子女的最大利益，与子女共同生活的一方仅可以就子女的日常生活起居自行作出决定。但何谓涉及子女重大利

---

[1] 王洪："论子女最佳利益原则"，载《现代法学》2003年第6期。
[2] 夏吟兰：《美国现代婚姻家庭制度》，中国政法大学出版社1999年版，第281页。

益,各国的规定有所不同,在法国、俄罗斯、瑞典和墨西哥,这一范围就相当广泛。俄罗斯学者指出,抚养、照顾并教育子女是父母不可推卸的责任。这一责任并不因父母离婚而解除,因此,父母离婚后双方仍应平等地享有权利并承担养育子女的义务。父母双方均有责任照顾并培养子女,父母双方均有责任关注子女的健康以及身心发育及道德培养。家长权利不得损害子女利益,不能因家长的情感问题使子女的利益受到伤害,法律鼓励父母在考虑子女利益与愿望的基础上,就子女养育及教育的所有问题达成一致。[1]《俄罗斯联邦家庭法典》[2]规定,父母离婚后,不与子女共同居住的父母一方有权参与子女的培养和可以解决所有与子女相关的问题,如子女居所、抚养费、教育及其他双方认为重要或有可能出现状况的问题。不与子女共同生活的父母一方有从培养机构、医疗机构、居民社会保护机构和其他类似机构获得自己孩子信息的权利。[3]《法国民法典》在2002年修订时废止了原《法国民法典》所有关于离婚对子女的后果的规定,而强调父母离婚后对子女的权利义务不变,所有涉及子女利益的决定均须经过双方协商,一致决定。[4]换言之,在法国,父母离婚后,即使子女生活中最一般的事情,一方都须征得另一方的同意,因为这是父母双方的责任与义务。而《德国民法典》则规定,所谓子女重大利益仅涉及"非常重要的"事件,即永久性的或不太易更改的事件。在决定对子女有重大意义的事务时,父母必须取得相互一致的意见。子女经过一方允许或根据法院裁判而习惯地在一方处居住时,该方有在日常生活事务中单独作出

---

[1] Olga A. Khazova, "Allocation of Parental Right and Responsibilities after Separation and Divorce under Russian Law", *Family Law Quarterly*, Vol. 39, Summer 2005, p. 373.

[2] "俄罗斯联邦家庭法典",鄢一美译,载《外国家庭法汇编》,群众出版社2000年版,第465页,下文所引俄罗斯联邦家庭法典条文均引自此版本,不再标注。

[3]《俄罗斯联邦家庭法典》第66条。

[4]《法国民法典》第286条。

决定的权能。日常生活事务中的决定，是指原则上经常发生并对子女的发展没有难以改变的影响的决定。只要子女经该方允许或根据法院裁判而在另一方处居住，另一方就有在事实上的照管事务中单独作出决定的权能。[1] 但父母的单独决定权，必须符合子女的最大利益，凡其决定与子女最大利益相违背的，法院可以作出限制或排除其权能的裁定。[2] 而在阿根廷，法律只要求父母双方在诸如子女是否离境这样的重大问题上达成一致。在英国，所谓涉及子女重大利益的决定，包括如子女离境、收养、教育、姓名及医疗等问题，对于其他日常生活问题，与子女共同生活的一方父母可以单独作出决定。[3]

显然，尽管共同监护符合子女的最大利益，但在具体行使其职责时，大多数国家的规定还是考虑到方便生活，有利于对子女的日常生活安排与照顾，将日常生活照管责任交给了与子女共同生活的一方，而将对子女重大利益的决定责任交给了父母双方，如子女的姓氏、教育就学、收养、出境、医疗等重大决定一方不得单独做出。这不是基于父母的权利，恰恰是基于父母的责任和考虑到子女的最大利益。尽管因父母离婚发生了在具体监护分支内容上的分离，但这种分离不影响监护作为整体而存在，只是监护职责具体履行方式发生了改变。父母双方共同监护强调的是父母对于子女责任义务的持续性，在这种模式下，子女能够继续处于父母双亲的抚养教育之下，与父母双方保持密切的联系和交流，有利于其生理、心理和情感的健全发展。同时，凡是与子女重大利益相关的决定必须由父母双方协商一致，也确保了这些决定能够最大限度地符合子女的最大利益。

---

[1] 《德国民法典》第 1687 条第 1 款。
[2] 《德国民法典》第 1687 条第 2 款。
[3] D. Marianne Blaer & Merle H. Weiner, "Resolving Parental Custody Disputes —A Comparative Exploration", *Family Law Quarterly*, Vol. 39, Summer 2005, p. 274.

## 第三节 中国离婚亲子关系立法之观念变革与制度完善

### 一、父母本位理念在我国离婚亲子关系中之残留痕迹

新中国成立后制定和修订的 1950 年《婚姻法》、1980 年《婚姻法》和 2001 年《婚姻法（修正案）》都在离婚亲子关系中确认了父母对子女的共同监护模式[1]：父母与子女的关系，不因父母离婚而消除。离婚后，子女无论由父或母直接抚养，仍是父母双方的子女。离婚后，父母对于子女仍有抚养和教育的权利和义务（2001 年《婚姻法（修正案）》第 37 条）。最高人民法院《关于贯彻执行〈中华人民共和国民法通则〉若干问题的意见（试行）》第 21 条规定："夫妻离婚后，与子女共同生活的一方无权取消对方对孩子的监护权，但是，未与该子女共同生活的一方，对子女有犯罪行为、虐待行为或者对该子女有明显不利的，人民法院认为可以取消的除外。"我国《婚姻法》将离婚后对子女的抚养分为直接抚养和间接抚养，体现的正是共同监护的理念，任何一方在离婚后均有监护子女的权利，只是监护的方式发生变化，由婚姻关系存续期间的共同生活、共同监护，改为离婚后的一方与子女共同生活，另一方通过行使探望权、支付抚养费与直接抚养方承担对子女的共同监护责任。这些规定一方面体现了我国婚姻立法在离婚后亲子关系中强调父母双方均对子女有抚养教育的权利与义务，与现代各国采共同监

---

[1] 1950 年《婚姻法》第 20 条规定："父母与子女的血亲关系，不因父母离婚而消灭。离婚后，子女无论由父方或母方抚养，仍是父母双方的子女。离婚后父母对于所生的子女，仍有抚养和教育的责任。"1980 年《婚姻法》第 24 条规定："父母与子女的关系，不因父母离婚而消除。离婚后，子女无论由父或母直接抚养，仍是父母双方的子女。离婚后，父母对于子女仍有抚养和教育的权利和义务。"

护之立法理念相一致。另一方面，在立法技术与法律用语上也反映了我国在离婚亲子关系立法中仍保有"父母本位"立法的痕迹，与真正体现子女最大利益原则的立法尚有一段距离。原因如下：

1.《婚姻法》及其相关司法解释的规定在体系和用语上仍表明离婚时确定离婚后父母与子女的关系是以父母为主导的。离婚后的父母子女关系作为离婚的效力之一，放在《婚姻法》的离婚一章规定，表面上确定的是离婚后由父母何方担任直接抚养方，行使与子女共同生活，直接抚养教育子女的权利，何方作为间接抚养方，行使探望权、履行支付抚养费义务的共同监护问题，实际上确定的是子女的归属问题，谁有权与子女共同生活，担任子女的直接抚养人。既然离婚后的亲子关系不变，它就不应是离婚问题，而是亲子关系问题，应当作为亲子法的内容，而非离婚法的内容，否则就会出现体系混乱，具体规定相互矛盾，不具有可操作性的状况；既然子女是法律上的独立主体，具有独立的法律地位，子女也就应当是离婚亲子关系的主体，而不应成为离婚时被确定归属的客体；既然父母与子女的关系是责任和义务，而非仅仅是权利，在法律用语上也应尽量与这一理念保持一致，如将离婚后探望子女作为父母一方权利的规定本身就是典型的亲子关系父母本位主义立法的体现。

"父母本位"的立法理念是中国传统子女观的体现，中国传统的子女观是从社会和家庭整体利益的角度认识子女价值的，子女的价值似乎主要在于承载成年人特别是父母对于家庭和社会的期望。因此，在成年人的眼中子女必须依附于父母或其他成年人，他们的自我意识和独立人格完全被忽视，家长的决定就是最终的决定，无须征求子女的意见，更谈不上作为独立主体享有相应的权利了。这种观念在我国影响深远，至今仍未完全退出历史舞台。我国 21 世纪的离婚亲子关系立法应当明确树立子女本位的指导思想，彻底摒弃父母权利本位思想，将"子女最大利益"置于"父母在法律上的权利"之上，使焦点从"谁有权担任直接抚养人"转变成"由谁担任直接抚养人对子女最为有利"。只有彻底摒弃父母本位的立法思想,才有可能真正转变法律规定中的共同监护与司法实践中的单独监护相互矛盾的尴尬,并引导社会转变观念,不再将子女视为父母的私有财产和附属物。

2. 婚姻法在确定离婚亲子关系时,没有充分考虑子女的意愿。在我国,未成年子女是无行为能力或限制行为能力人,其表达意愿的能力受到限制。《婚姻法》对涉及离婚亲子关系中未成年子女利益的规定更多的是保护,而且大多是从父母的视角审视子女利益,对子女利益的保护是以间接方式实现的,尚未考虑到尊重子女权利的层面。因此,《婚姻法》对子女在确定离婚后的直接抚养方时的作用只字未提。尽管最高人民法院《关于人民法院审理离婚案件处理子女抚养问题若干具体意见》第5条规定,父母双方对10周岁以上的未成年子女随父随母发生争执的,应考虑该子女的意见。但这一规定:①预设了限制性前提,即父母未能就确定直接抚养方达成一致协议的,如父母双方已经达成协议,自然无须征求子女的意见,但父母所达成的意见是否符合子女的利益,是否考虑了子女的意愿,显然是司法解释没有考虑的;②仅适用于诉讼程序,通过行政登记程序离婚的父母也无须征求子女的意见。我国《婚姻法》第31条规定婚姻登记机关查明双方对子女问题"已有适当处理"时就可以发给离婚证,而对怎样处理才算适当并没有明确规定。而2003年《婚姻登记条例》第11条和第13条则将要求进一步降低为对子女抚养"协商一致"、"达成一致处理意见"。在这样的规定下,涉及子女利益的离婚亲子关系完全交给父母协商解决,既无须征求子女的意见,也没有任何监督审查机制。根据《婚姻法》和最高法院司法解释的上述规定,实际上只有很少一部分的父母在离婚确定子女直接抚养方时需要征求子女的意见,考虑子女的意愿。这显然还是立法理念的问题,是"父母本位"立法思想的反映,将离婚子女直接抚养方的确定视为与父母利益攸关的子女归属问题,而没有将其视为与子女利益攸关的亲子关系问题。

联合国《儿童权利公约》第 12 条明确规定:"缔约国应确保有主见能力的儿童有权对影响到其本人的一切事项自由发表自己的意见,对儿童的意见应按照其年龄和成熟程度给以适当的看待。为此目的,儿童特别应有机会在影响到儿童的任何司法和行政诉讼中,以符合国家法律的诉讼规则的方式,直接或通过代理人或适当机构陈述意见。"子女在父母离婚后只能与父母一方共同生活,与何方生活更有利于子女的身心健康,这当然关乎子女的最大利益,是影响到其本人的事项,许多国家都明确规定应当征求子女的意见。如《俄罗斯联邦家庭法典》第 57 条规定子女有表达自己意见的权利。在家庭中任何涉及子女利益的问题时,子女有权表达自己的意见,有权在任何法庭审理和行政审理过程中被听取意见。《美国统一结婚离婚法》第 402 条规定,在作出离婚涉及子女利益的裁决前,应当听取未成年子女的意见。关于听取子女意愿的场所、方式,该法在 404 条注释中也作出了规定,法庭可以在法庭议事室会见子女,以听取子女在监护和探视方面的愿望。法庭可以允许律师在听询时在场。法庭应当将听询情况加以记录并作为案卷的一部分。同时,该注释还特别强调,法官了解子女的态度和愿望常常是非常重要的,但是没有理由让子女面对法庭上的肃穆气氛和不愉快地反复审问,所以法官可以在法庭之外的场所听询其意见,例如法庭议事庭、法官的办公室等,在子女不必出庭的情况下会见子女听询其意见。[1] 以避免子女在法庭上面临父母必须作出选择的尴尬。我国的离婚亲子立法应当明确规定,无论父母是通过行政程序离婚还是诉讼程序离婚,在确定子女直接抚养方时,都应当征求子女的意见,考虑他们的愿望,对于 10 周岁以上子女的意见应当作为确定子女直接抚养方的重要参考因素。此外,对于行使共同监护的间接

---

[1] 北京政法学院民法教研室编:《外国婚姻家庭法典》,校内用书 1981 年,第 57 页。

抚养人的责任和义务的具体内容法律也应作出明确的规定，以确保在涉及子女利益重大问题上，应由父母双方作出决定，而且这一决定是符合子女最大利益的。

3. 在确定直接抚养方的诸多因素中没有将子女最大利益放在优先考虑的位置。1980年《婚姻法》第29条第3款规定，离婚后哺乳期内的子女，以随哺乳的母亲抚养为原则。哺乳期后的子女，如双方因抚养问题发生争执不能达成协议时，由人民法院根据子女的权益和双方的具体情况判决。2001年修订的《婚姻法》延续了这一规定，其结果是将子女利益仅仅作为与父母利益具有等同地位的考虑因素之一。1993年的《最高人民法院关于审理离婚案件处理子女抚养问题的若干具体意见》第3条第1、3项更是对丧失生育能力或无其他子女的父母一方直接抚养子女的要求进行优先考虑，而完全放弃了子女利益的衡量。而"实际情况是丧失生育能力而伴有巨大身心压力很可能不利于子女身心健康"[1]。这些规定可以从一定意义上表明，我国《婚姻法》在离婚后的亲子关系问题上对子女的保护实际上存在着立法上的倒退。

在我国第三次国内革命战争时期各革命根据地的有关规定已经体现了子女利益的原则，例如，辽宁省规定："子女未满5岁者，归谁抚养，由双方当面解决。遇有争执时，应判归对子女最有益的一方抚养。5周岁以上者，由子女选择决定。"旅大市（今大连市）规定如双方发生争执"由法院根据环境及孩子的利益（如父母的行为，两方的物质条件，教育子女的能力，及孩子个人的意见），酌情解决。"[2] 这些规定考虑了子女的意愿，以符合子女的利益作为确定子女由谁直接抚养的决定标准，并明确了确定子女利益时应考虑的因素。新中国成立后的1950年《婚姻法》第20条第3款规

---

[1] 张学军："论离婚后未成年子女的抚养"，载《法制与社会发展》1996年第6期。
[2] 张希坡：《中国婚姻立法史》，人民出版社2004年版，第375～378页。

定:"离婚后,哺乳期内的子女,以随哺乳的母亲为原则。哺乳期后的子女,如双方均愿抚养发生争执不能达成协议时,由人民法院根据子女的利益判决。"此处将"子女的利益"作为对哺乳期后的子女抚养进行判决的唯一根据。但是1979年2月2日颁布的《最高人民法院关于贯彻执行民事政策法律的意见》第11条规定"子女由谁抚养主要根据子女的利益来确定",子女利益就降低为主要标准,不再是最高的、唯一的标准。而1980年《婚姻法》则更将子女利益与父母利益并驾齐驱、等同考量,没有将子女的利益放在首位。1979年之后相关法律规定的变化,使得父母离婚后对亲子关系中子女利益的判断与衡量逐渐丧失了应有的地位与作用,客观上造成对离婚后子女的法律保护力度逐渐减弱,与对未成年子女保护的现实需要、国际上加强对儿童权利保护的立法趋势严重背离。

4.《婚姻法》有关父母探望权的规定背离了子女最大利益原则。我国《婚姻法》第38条规定:"不直接抚养子女的父或母,有探望子女的权利。"这一规定存在以下不足:①在确定探望权的问题上,完全没有考虑被探望者的意愿,既未规定探望权的行使需征求子女的意见,也未就探望的时间、地点、方式等考虑子女的需求,被探望者只有被动接受探望的义务。②探望权的主体过窄,仅限于离婚后不直接抚养子女的一方,将子女作为探望权的客体而非探望权的主体,仍然是"父母本位"立法思想的反映。我国学界的通说认为,探望权的规定既可以满足不直接抚养子女的父母一方思念子女的情感需求,有助于实现其抚养子女的权利和义务,也有利于子女的健康成长,同时,依法行使探望权还可以预防、减少纠纷,有利于家庭秩序、社会秩序的稳定。从上述有关探望权的规定和解读来看,都是以家长的视角和社会的视角来定位探望权及其意义,而没有从子女的视角考虑他们的感受和愿望。其结果就是背离了子女最大利益原则,不符合《儿童权利公约》中关于"缔约国应尊重与父母一方或双方分离的儿童同父母经常保持个人关系及直接联系的权利"的规定。《德国民法典》第1684条明确规定，子女有权与父母的任何一方交往，父母的任何一方有义务和权利与子女交往。父母离婚不应影响子女这一权利的实现。《俄罗斯联邦家庭法典》第55条也明确规定：子女有与父母双方、祖父母、外祖父母、兄弟、姐妹和其他亲属来往的权利。父母离婚、确认婚姻无效或者父母分居不影响子女的权利。因此，从儿童最大利益原则和子女本位的现代亲子法理念出发，应当确认子女是探望权的主体，不直接抚养子女的父母一方有探望子女的责任。探望权的设立不应当仅从父母利益考量，更应当考量子女的权利和需求。

## 二、中国离婚亲子关系立法之完善

我国离婚亲子关系之立法完善应从理念始。我国离婚亲子立法首先应当明确树立子女本位的立法思想，以子女最大利益作为指导离婚亲子关系的基本准则，确立子女在亲子关系中与父母平等的主体地位和权利意识，并将其贯彻至《婚姻法》的体系、具体制度甚至是法律术语中。

### （一）将离婚亲子关系的内容列入父母子女关系的体系中

我国《婚姻法》的体系将婚姻法分为婚姻关系、家庭关系两大部分，又将婚姻关系分为结婚制度与离婚制度两大部分；家庭关系分为父母子女关系、夫妻关系和其他家庭成员关系三大部分。离婚后的父母子女关系自1950年《婚姻法》颁布以来即作为离婚效力的一部分放在离婚制度中，1980年《婚姻法》，2001年修订的《婚姻法》均未改变这一体例。

离婚后的父母子女关系应属于离婚法范畴还是亲子法范畴，不仅是《婚姻法》的体系问题，而且也反映了亲子立法指导思想问题。以父母为本位的亲子关系立法，自然视离婚后的亲子关系为离婚的效力，因为父母离婚后对子女监护权决定的是子女的归属问题，而非子女的利益问题。以子女为本位的亲子关系立法，就会视离婚后父母对子女的监护不是父母的权利而是父母的责任和义务，离婚所改变的仅仅是抚养形式而已，离婚后的亲子关系仍然是父母子女间的权利义务关系，所要解决的只是父母之间权利义务的重新分配，由婚姻生活中的共同生活共同行使监护权改为离婚后分别居住，共同行使监护权，或一方行使直接监护权，一方行使间接监护权，或仅由一方行使监护权。但无论如何，他们与子女之间的权利义务关系并未发生变化，因此，在逻辑上离婚后的亲子关系应属于亲子法范畴，而非离婚法范畴，在体系上当然也应当由亲子关系法规定。近年来，一些大陆法系国家在修订亲属法时对离婚后亲子关系的体系作出了调整，如1979年修订的《法国民法典》还沿袭传统将离婚后的亲子关系作为离婚的后果作专节规定，到2002年修订时即废止了这一规定，将其作为亲子关系的一部分，适用亲子关系之规定处理。

因此，笔者认为，今后修订我国婚姻法时，应对婚姻法的体系作出修改，在确定将子女最大利益作为指导亲子关系的基本准则之后，将离婚亲子关系的内容列入父母子女关系的体系中，以确保子女本位的立法理念在亲子法中贯彻始终，切实保障未成年子女的利益。

（二）充分考虑和尊重子女的意见

离婚确定直接抚养方、探望权等与子女利益相关的问题时，应当充分考虑和尊重10周岁以上子女的意见。按照《民法通则》的规定，10周岁是限制行为能力人。他们虽然不能完全辨认自己的行为及其后果，但他们的体力、智力都达到了一定的发育程度，对社会已经有了一定的识别能力和判断能力，法律允许他们从事与自己的年龄、智力状况相适应的民事活动。离婚后随父母何方生活对子女而言是涉及其自身利益的重大事件，应当允许10周岁以上的子女自己作出选择，以确保他们的身心健康。

联合国《儿童权利公约》第12条规定，缔约国应确保有主见能力的儿童有权对影响到其本人的一切事项发表自己的意见，对儿童的意见应按照其年龄和成熟程度给以适当的看待。为此目的，儿童特别应有机会在影响到儿童的任何司法和行政诉讼中，以符合国家法律的诉讼规则的方式，直接或通过代表或适当机构陈述意见。根据儿童权利公约的这一要求，许多参与缔约的国家对儿童的参与权都相应地作出了规定，如挪威《儿童法案》要求家长高度重视儿童的参与和决定权，倾听子女的意见，重视子女的意见，并适时地扩展子女的决定权。该国的《儿童福利措施法案》在干预问题家庭时，也非常注重保障子女的知情权和参与决定权，甚至会在一定条件下将子女视为具有独立主体地位、拥有独立发言权的一方当事人。[1] 在英国，根据《1989年儿童法案》，法庭就父母离婚后裁定的居所令、联络令、特定问题令或禁制令，必须考虑"儿童明确表达的意愿和感情（根据其年龄和理解力而定）。儿童可亲自进行诉讼或辩护，前提是获得法院许可，或者儿童的代理律师考虑到儿童的理解力，认为儿童能够就诉讼提出建议。在允许儿童上庭之前，法庭必须相信儿童有足够的理解能力作为其中一方参与诉讼。"[2] 当然，对于未成年子女的意见，各国法律大多采取相对承认主义，子女的意愿是必须考虑的因素，而不是决定性的因素。在实践中，子女年龄越大，法院对其意愿越为重视。

2006年12月29日修订的我国《未成年人保护法》第3条明确规定，未成年人享有生存权、发展权、受保护权、参与权等权利。第14条规定，父母或者其他监护人应当根据未成年人的年龄和智

---

[1] 邓丽："儿童最佳利益的保障体系：家庭为主抑或社会为主——挪威儿童保护制度带给我们的思考"，载《中国法学会婚姻法学研究会2007年年会论文集》，第299页。

[2] N. V. Lowe, "The Allocation of Parental Rights and Responsibilities—The Position in England and Wales", *Family Law Quarterly*, Vol. 39, Summer 2005, p. 278.

力发展状况，在作出与未成年人权益有关的决定时告知其本人，并听取他们的意见。笔者认为，《婚姻法》在修订时应考虑法律的相互衔接性，与《未成年人保护法》的原则与规定相一致，保护未成年子女在决定与其有重大利害关系的问题上所享有的参与权，在确定离婚后的子女直接抚养方时，无论父母是通过行政登记程序离婚，还是诉讼程序离婚，均须听取10周岁以上子女的意见，并充分考虑他们的愿望。

同时，考虑到未成年子女的接受能力和理解能力，在听取子女意见的场所和方式上，应当以子女易于接受且不受伤害的场所为佳。如美国《统一结婚离婚法》第404条规定："法庭可以在法庭议事室会见子女，以听询子女在监护和探视方面的愿望。法庭可以允许律师在听询时在场。法庭应将听询情况加以记录并作为案卷的一部分。"同时该条的注释明确指出，法官了解子女的态度和愿望常常是非常重要的，但是没有理由让子女面对法庭上的肃穆气氛和不愉快的反复审问，所以法官可以在法庭之外的场所，如法庭议事室、法官的办公室等，在子女不必出庭的情况下会见子女听询其意见，法官在听询时可以允许律师在场，也可以不让律师在场，但必须将听询情况记录在案，以使各方律师能够了解听询的实质内容。[1]明尼苏达州和伊利诺斯州的法律也作了与此大体相同的规定。[2]我国在作出类似规定时，也应对此作出明文规定。不仅在实体上要保护未成年子女的利益，听取他们的意见，在具体程序和形式上也要保护子女的利益，考虑他们的感受，以确保父母的协议或法院判决的结果有利于子女的最大利益，有利于他们的身心健康。

---

[1] 北京政法学院民法教研室编：《外国婚姻家庭法典选编》，校内用书1981年，第57页。

[2] 夏吟兰：《美国现代婚姻家庭制度》，中国政法大学出版社1999年版，第289页。

（三）将符合子女最大利益作为确定离婚后直接抚养方的准则

对离婚后的父母子女关系，我国《婚姻法》的现行规定采取了共同监护原则，但在具体行使其职责时，考虑到方便生活，有利于对子女的日常生活安排与照顾，将日常生活照管责任交给了与子女共同生活的一方，即直接抚养方，而将对子女重大利益的决定责任交给了父母双方。笔者认为，这一规定既符合子女最大利益也符合我国的实践情况。但在确定离婚后子女直接抚养方时，应明确将子女最大利益作为基本准则。何谓子女最大利益，根据各国的规定及我国的具体情况，应包括以下因素：

1. 子女的意愿和具体情况。离婚后子女随何方共同生活，关涉子女的切身利益，应首先考虑子女的意愿。对于10周岁以上的子女，父母在协商有关离婚后的子女抚养协议时，应当询问其意见。婚姻登记机关在审查协议时应当就此问题进行专门审查。人民法院在审理此类案件时，也应当在考虑子女的意愿后进行调解或判决。同时，确定子女直接抚养人时，还应当综合考虑子女的具体情况，如子女的年龄、性别、身体状况，父母离婚前的生活状态、生活环境等，考虑子女与父母的感情，与其他兄弟姐妹和祖父母的联系，斟酌子女上学、受教育环境、适应能力等诸多因素，以确保子女最大利益的实现。

2. 父母的意愿和具体情况。子女最大利益原则的含义之一，也可以理解为子女利益优先原则。当父母的利益与子女的利益相矛盾时，以子女利益为先。父母是否有抚养子女的意愿，直接关系到今后共同生活中对子女的态度及是否有利于子女的身心健康成长，因而，对父母抚养子女意愿的考虑是以子女利益为出发点的，是以子女利益为本位的。父母一方自愿与子女共同生活的，必然也自愿为子女利益着想，愿意为子女的将来付出爱心、关心、耐心，谋求子女健康成长与幸福快乐，在离婚后就更有可能给予子女体贴的照料、细心的关怀，对子女成长更为有利。

此外，确定子女直接抚养人还应综合考虑父母双方的具体情况，例如：父母双方的经济条件如何，是否有稳定的工作和收入；身体健康状况如何，是否有不利于子女健康的身体或心理疾病；个人品行如何，是否有犯罪前科或其他不利于子女成长的不当行为，特别是要考虑对子女是否曾经有虐待、遗弃、强暴等犯罪或不当行为；与子女的感情及相互关系如何，是否是主要照顾者等等因素。

3. 对双方自行达成的抚养子女协议须进行合法性审查。对于父母自行达成的离婚后子女抚养协议，婚姻登记人员和人民法院的法官均应进行合法性审查，并根据法律的规定，确定该协议是否有利于子女的健康成长，符合子女的最大利益。只有在离婚当事人的协议符合子女利益的前提下，婚姻登记人员才可以进行离婚登记。不符合子女利益的，当事人达成的协议无效，应当通过诉讼程序离婚。在诉讼程序中，对离婚当事人达成的离婚后子女抚养协议，法官也应当进行合法性审查，并依法进行调解或判决，以确保法院的调解或判决符合子女的最大利益。

尽管我们可以推定父母与子女的利益在大多数情况下是一致的，父母对子女的关切是以利他主义为原则的。但不可否认的是，在离婚时，的确有一些父母考虑自己的利益多于子女的利益，他们会以子女的利益为筹码，与对方讨价还价，以换取实现自己的最大利益。因此，当事人自行达成的离婚后子女抚养协议，有可能没有顾及到子女的利益，甚至损害了子女的利益，其结果必然与子女最大利益原则背道而驰。只有通过公权力的介入进行合法性审查，才能确保父母的协议充分考虑了子女的利益，有利于子女的健康成长。

（四）体现子女本位理念，扩大探望权的主体范围

探望权是监护权的延伸，既是父母的权利，也是父母的义

务,更应当是子女天然的、固有的、不可剥夺的权利。[1]子女作为亲子关系中的独立主体,当然应该是探望权的主体,他们有权利要求探望父母,也有权利要求父母探望自己。在我国离婚亲子立法中应当改变设立探望权制度的立法理念,子女作为探望权主体的地位应得到我国《婚姻法》的认可,应当明确规定子女是探望权的主体。

同时,为了有利于子女健康成长,不仅要将子女扩大为探望权的主体,还应将与该子女关系密切的祖父母、外祖父母和兄弟姐妹均扩大为探望权的主体。在确定探望权的具体行使方式和时间时,应当征求子女的意见和愿望,对于10周岁以上子女的意见和愿望应当作为重要的考虑因素。为了保障探望权的实现,父母双方的协议或人民法院的调解或判决对实现探望权的途径,包括探望的时间、地点、方式均应明确规定。

如何在保障父母离婚自由与实现子女最大利益之间实现均衡,是本章所要探讨的问题所在。传统的亲子关系立法以父母为本位,父母有权力决定子女的命运,现代的亲子立法以子女为本位,子女是独立的法律主体,他们有生存权、参与权及发展权,他们有权利就父母离婚后与何方共同生活,是否允许父母一方探望,如何行使探望权表达自己的意愿。父母应当考虑子女的利益,慎重决定是否解除婚姻,即使必须解除婚姻关系,也应当就离婚后子女抚养作出妥善安排。为确保子女最大利益的实现,无论经行政程序离婚还是诉讼程序离婚,父母所做出的离婚后子女抚养协议均应当通过合法性审查。人民法院在确定离婚后的直接抚养方时必须以子女最大利益为基本准

---

[1] 蔡永民、张智渊:"对探望权立法的法理分析及其完善",载《甘肃政法学院学报》2006年第9期。

则。总之，我国的离婚亲子立法应当将"子女最大利益"置于"父母的法律权利"之上，使子女的权利和利益真正成为父母的责任和义务，而不是父母在离婚之后争夺的利益和相互伤害的工具。

# 结　　论

　　纵观人类离婚制度的演进史，离婚自由是人类经过数千年的不懈追求而逐步实现的。在现代社会，它已经为国际人权公约所确认，是重要的人权之一；为各国亲属法所确认，是婚姻自由制度中的重要内容；同时，它也是各国离婚制度的核心价值，许多国家的离婚制度都是以离婚自由为中心来设计具体的离婚理由，离婚的财产分割制度，离婚的子女抚养制度，离婚的救济制度。

　　社会学的实证研究表明，在破裂主义的无过错离婚取代了过错离婚，实现离婚自由的同时，也带来了我们必须面对的社会问题：高离婚率使个人与公众承担了巨大的、长期的社会成本。这包括：离婚妇女及其抚养的子女生活贫困化；离婚对未成年子女在心理与行为模式上的负面影响；离婚对当事人和社会所产生的经济成本以及影响公众对婚姻的信心和对婚姻的投入，最终影响人们对生活的幸福感受。上述问题的实质是离婚自由与社会正义之间关系的定位。相对于过错离婚主义，破裂主义的无过错离婚制度充分体现了当事人的自由意志，保护了公民的离婚自由权利，但不能由此推论绝对的、完全不受法律和社会利益约束的离婚自由是文明的标志，是符合社会正义理念的。

　　自由、平等、保护弱者利益均是社会正义的重要内容，正义连接了自由和平等。同时，自由的限度也是正义，为了保护弱者利益，实现实质平等的正义理念，人类必须对自由作出某种程度的限制。离婚自由作为法律权利，是所有婚姻当事人均享有的平等权利,不因性别而有所区别,也不因一方的过错或责任而受到限制。但离婚自由的范围是由法律来确定的,不是当事人的任意行为,对离婚自由的保护和限制共同构成完整的离婚自由制度内涵。保护弱者的正义观历来是法律的重要价值理念,保护婚姻家庭中的弱者利益,以保证婚姻的社会价值和家庭的社会职能的正常实现是婚姻家庭立法的正义所在。离婚法所要实现的正义就是要在保障离婚自由的前提下,通过设置合理的离婚程序,对离婚当事人中弱者的利益予以救济,所受的损害予以补偿,最终达到各方利益的平衡。只有实现了个体与个体、个体与社会之间的利益衡平,才能实现法律所追求的社会正义。因此,伴随着离婚自由脚步的,是不断发展的离婚衡平机制。

在许多国家正在反思实行彻底的无过错离婚给社会和当事人及其子女所来的不正义的后果时,我国的离婚法及其相关规定却愈加开放自由,可以说我国目前是世界上离婚最自由的国家之一。当我们面对不断升高的离婚率,更多的因父母离婚而受到伤害的儿童以及因离婚而陷入贫困和痛苦的一方当事人时,我们必须有所行动。我们应该建构一套有效的制度和程序,以确保将离婚给当事人及利害关系人的伤害降至最小程度,并切实保障离婚后经济上处于弱势的一方及未成年子女的生活不因离婚而陷入贫困。

研究表明,目前我国的离婚制度呈自由充分,限制与救济不足之势。笔者认为,中国在实现离婚自由的同时,应当建立起相对完善的离婚衡平机制。

首先,应当对离婚自由在程序上予以适当限制,实现程序正义。这包括要坚持与完善我国的离婚调解制度,使之真正起到离婚缓冲与和解的作用;在登记离婚制度中设立离婚考虑期,减少草率离婚;10周岁以下未成年子女的父母应当通过诉讼程序离婚,由法官裁决离婚后对子女抚养事宜,最大限度地保护子女的利益。在诉讼离婚中规定离婚抗辩条款,对于在离婚时当事人一方或子女具有特殊困难情形的，法官有准予暂缓离婚的自由裁量权，以保障离婚时正处于极度困难的当事人及其子女的利益。

其次，在离婚财产分割方法上体现正义理念。法律应当明确规定离婚对夫妻共同财产的分割实行均等原则，并将照顾子女利益、照顾婚姻中处于弱势一方的利益、照顾无过错方的利益，以及一方所从事的家务劳动、婚姻存续时间、双方的健康状况、离婚后的就业能力等均作为离婚分割财产时必须考量的因素，以确保在均等分割的前提下实现法律的正义。

再次，要通过离婚救济保障正义理念的实现。离婚救济制度是法律为离婚过程中权利受到损害的一方提供的权利救济方式，是为弱势一方提供的法律救助手段。离婚救济制度通过离婚损害赔偿强制过错方补偿无过错方的损害，慰抚受害者的精神，达到明辨是非、分清责任的目的，实现法律正义。通过离婚困难经济帮助的方式在一定程度上消除离婚时困难一方在经济上的后顾之忧，以确保其离婚后不致流离失所、生活无着。离婚经济帮助制度与离婚损害赔偿制度因其对当事人的救济功能不同，在中国目前的国情下，不应简单地以外国法的离婚扶养制度取而代之，而应针对存在的问题使之进一步完善。

最后，要实现父母离婚自由与子女最大利益的均衡。子女最大利益是国际社会普遍认可的亲子关系准则，父母离婚后，对子女实行共同监护符合子女的最大利益。我国《婚姻法》对离婚后亲子关系的规定注意到了对子女利益的保护，但没有将子女作为权利主体，保留了一些父母本位立法的痕迹。应当考虑将离婚亲子关系列入父母子女关系的体系中，在离婚确定子女直接抚养方、探望权等与子女利益攸关的问题时应当充分考虑和尊重10周岁以上子女的意见，并将符合子女最大利益作为确定离婚后子女直接抚养方的准则，适当扩大探望权主体的范围。

# 参考文献
（以在本书中引注的先后为序）

## 一、中文文献

### （一）专著类

1. 李银河、马忆南主编：《婚姻法修改论争》，光明日报出版社 1999 年版。
2. 巫昌祯："当代婚姻新潮"，载《当代中国婚姻家庭问题》，人民出版社 1990 年版。
3. ［意］桑德罗·斯奇巴尼选编：《婚姻·家庭和遗产继承》，费安玲译，中国政法大学出版社 2001 年版。
4. 江平、米健：《罗马法基础》，中国政法大学出版社 1987 年版。
5. 周枏：《罗马法原论》（上册），商务印书馆 1994 年版。
6. 李志敏主编：《比较家庭法》，北京大学出版社 1988 年版。
7. 董家尊：《中国古代婚姻史研究》，广东人民出版社 1995 年版。
8. 瞿同祖：《中国法律与中国社会》，中华书局 1981 年版。
9. 陶毅、明欣：《中国婚姻家庭制度史》，东方出版社 1994 年版。
10. ［美］罗德里克·菲利普斯：《分道扬镳——离婚简史》，李公昭译，中国对外翻译出版社 1998 年版。
11. 谈大正：《性文化与法》，上海人民出版社 1998 年版。
12. 王洪：《婚姻家庭法》，法律出版社 2003 年版。
13. 王战平主编：《中国婚姻法讲义》，全国法院干部业余法律大学婚姻法教研组 1986 年。
14. 任国钧：《婚姻法通论》，中国政法大学出版社 1988 年版。
15. ［美］威廉·杰·欧·唐奈、大卫·艾·琼斯：《美国婚姻与婚姻法》，顾培东、杨遂全译，重庆出版社 1986 年版。
16. 曾毅主编：《中国八十年代离婚研究》，北京大学出版社 1995 年版。

17. 江平主编:《民法学》,中国政法大学出版社 2000 年版。
18. 杨怀英主编:《中国婚姻法论》,重庆出版社 1989 年版。
19. [德] 迪特尔·梅迪库斯:《德国民法总论》,邵建东译,法律出版社 2001 年版。
20. [美] 理查德·A. 波斯纳:《性与理性》,苏力译,中国政法大学出版社 2002 年版。
21. 巫昌祯主编:《婚姻法执行状况调查》,中央文献出版社 2004 年版。
22. [英] 安东尼·W. 丹尼斯、罗伯特·罗森编:《结婚与离婚的法经济学分析》,王世贤译,法律出版社 2005 年版。
23. [日] 利谷信义等编:《离婚法社会学》,陈明侠等译,北京大学出版社 1991 年版。
24. 夏吟兰:《美国现代婚姻家庭制度》,中国政法大学出版社 1999 年版。
25. [美] 加里·斯坦利·贝克尔:《家庭论》,王献生、王宇译,商务印书馆 1998 年版。
26. [印度] 阿马蒂亚·森:《以自由看待发展》,任赜、于真译,中国人民大学出版社 2002 年版。
27. 何怀宏:《契约伦理与社会正义》,中国人民大学出版社 1993 年版。
28. [美] 约翰·罗尔斯:《正义论》,何怀宏等译,中国社会科学出版社 1988 年版。
29. [美] 迈克尔·J. 桑德尔:《自由主义与正义的局限》,万俊人等译,译林出版社 2001 年版。
30. [英] 戴维·米勒:《社会正义原则》,应奇译,江苏人民出版社 2001 年版。
31. 沈宗灵:《比较法总论》,北京大学出版社 1987 年版。
32. [德] 黑格尔:《法哲学原理》,范扬、张企泰译,商务印书馆 1979 年版。
33. 赵万一:《民法的伦理分析》,法律出版社 2003 年版。
34. 马起:《中国革命与婚姻家庭》,辽宁人民出版社 1959 年版。
35. 张文显主编:《法理学》,高等教育出版社、北京大学出版社 1999 年版。
36. [法] 孟德斯鸠:《论法的精神》(上册),张雁深译,商务印书馆

1978年版。

37. 马克思："论离婚法草案"，载《马克思恩格斯全集》第1卷，人民出版社1972年版。
38. 巫昌祯：《我与婚姻法》，法律出版社2001年版。
39. 杨大文主编：《亲属法》，法律出版社1997年版。
40. 林秀雄：《夫妻财产制之研究》，中国政法大学出版社2001年版。
41. ［日］栗生武夫：《婚姻法之近代化》，胡长清译，中国政法大学出版社2003年版。
42. 陈小君主编：《海峡两岸亲属法比较研究》，中国政法大学出版社1996年版。
43. ［英］凯特·斯丹德利：《家庭法》，屈广清译，中国政法大学出版社2004年版。
44. 高洪宾：《民事调解理论与实务研究》，人民法院出版社2006年版。
44. 杨润时主编：《最高人民法院民事调解工作司法解释的理解与适用》，人民法院出版社2004年版。
46. 陈琪炎：《亲属基础法基本问题》，台湾三民书局1980年版。
47. 巫昌祯主编：《婚姻家庭法新论》，中国政法大学出版社2002年版。
48. 林秀雄：《婚姻家庭法之研究》，中国政法大学出版社2001年版。
49. 李进之等：《美国财产法》，法律出版社1999年版。
50. 张学军：《论离婚后的扶养立法》，法律出版社2004年版。
51. 《家庭法》（最新不列颠法律袖珍读本），徐妮娜译，武汉大学出版社2004年版。
52. 巫昌祯主编：《婚姻与继承法学》，中国政法大学出版社2001年版。
53. 杨大文主编：《婚姻家庭法》，中国人民大学出版社2001年版。
54. 陈琪炎、黄宗乐、郭振恭：《民法亲属论》，台湾三民书局1990年版。
55. 黄松有主编：《婚姻法司法解释的理解与适用》，中国法制出版社2002年版。
56. ［英］梅因：《古代法》，沈景一译，商务印书馆1959年版。
57. 王卫国：《过错责任原则：第三次勃兴》，中国法制出版社2000年版。
58. 陈明侠等主编：《家庭暴力防治法基础性建构研究》，中国社会科学出版社2005年版。

59. 高凤仙：《中美离婚法之比较研究》，台湾商务印书馆 1985 年版。
60. 曹诗权：《未成年人监护制度研究》，中国政法大学出版社 2004 年版。

（二）论文类

1. 贺卫方："天主教的婚姻制度和教会法对世俗法的影响"，载《世界宗教研究》1986 年第 1 期。
2. 薛宁兰："无过错离婚在美国的法律化进程"，载《外国法译评》1998 年第 4 期。
3. 田岚："中国'厄尔尼诺'离婚潮及其缓解对策"，载《中国法学会婚姻家庭法学研究会 2006 年年会论文集》。
4. 白洁、李富申："试论离婚自由"，载《政法论坛》1997 年第 1 期。
5. 徐安琪、叶文振："中国离婚率的地区差异分析"，载《人口研究》2002 年第 4 期。
6. [美] L. 魏茨曼："离婚法革命——美国的无过错离婚"，载《外国婚姻家庭法资料选编》，复旦大学出版社 1991 年版。
7. 叶文振："离婚标准的国际比较与启示"，载《中国婚姻家庭历程与前瞻》，中国妇女出版社 2001 年版。
8. 程鑫："离婚家庭对子女心理发展的影响"，载《辽宁税务高等专科学校学报》2003 年第 6 期。
9. [美] 柏瑞克·F. 凡根、罗伯特·瑞克特："离婚对美国的影响"，载《交流》2003 年冬季刊。
10. 尚秀云："预防未成年人犯罪，为构建社会主义和谐社会而努力"，载《中国律师与未成年人保护》2005 年 9 月。
11. 段培相："婚姻的经济学解析"，载《婚姻爱情经济学》，湖南文艺出版社 2006 年版。
12. 道格拉斯·W. 艾伦："法律改革对婚姻和离婚的影响"，载《结婚与离婚的法经济学分析》，法律出版社 2005 年版。
13. 顾元："中国传统衡平司法与英国衡平法之比较"，载《比较法研究》2004 年第 4 期。
14. 丁锋："《婚姻登记条例》的新思维"，载《婚姻登记条例知识问答》，法律出版社 2003 年版。
15. 王洪："家庭自治与法律干预"，载《月旦民商法》2005 年第 8 期。

16. 季卫东："程序比较论"，载《比较法研究》1993 年第 1 期。
17. 张学军："离婚诉讼中的调解研究"，载《民商法论丛》第 7 卷，法律出版社 1997 年版。
18. 范瑜："调解的重构（下）"，载《法制与社会发展》2004 年第 3 期。
19. 王亚新："论民事、经济审判方式的改革"，载《中国社会科学》1994 年第 1 期。
20. 王振清："多元化纠纷解决机制与纠纷解决资源"，载《法律适用》2005 年第 2 期。
21. 季卫东："调解制度的法发展机制——以中国法制化的价值分裂为线索（三）"，载《民商法杂志》第 103 卷。
22. 戴东雄："从西德新离婚法之规定检讨台湾地区现行裁判离婚原因"，载《台大法学论丛》第 7 卷第 1 期。
23. 杨大文："法定离婚理由之我见"，载《民主与法制》1998 年第 3 期。
24. 高凤仙："我国现行离婚法与美国统一离婚法之比较研究"，载《法学丛刊》第 113 卷。
25. 樊丽君："中德离婚法定理由比较"，载《法律科学》2005 年第 5 期。
26. 焦淑敏、关淑兰："和谐社会是实现婚姻家庭权益的根本保障——辽宁省婚姻法修改五年情况调研之一"，载《中国法学会婚姻家庭法学研究会 2006 年年会论文集》。
27. 罗丽："论日本的离婚抚慰金制度"，载《法学评论》2002 年第 2 期。
28. 苏力："冷眼看婚姻"，载李银河、马忆南主编：《婚姻法修改论争》，光明日报出版社 1999 年版。
29. 罗丽："日本关于第三者插足引起家庭破裂的损害赔偿的理论与实践"，载《法学评论》1997 年第 3 期。
30. 田岚、何俊萍："论离婚有过错方的精神损害赔偿责任——析因配偶一方婚外恋导致离婚的现状及其民事责任"，载《东南学术》2001 年第 2 期。
31. 孙若军："父母离婚后的子女监护问题研究"，载《法学家》2005 年第 6 期。
32. 王洪："论子女最佳利益原则"，载《现代法学》2003 年第 6 期。

（三）法典、辞典及资料类

1. 《德国民法典》，陈卫佐译注，法律出版社 2006 年版。

2. 《最新日本民法》，渠涛编译，法律出版社 2006 年版。
3. 《法国民法典》，罗结珍译，法律出版社 2005 年版。
4. 《意大利民法典》，费安玲等译，中国政法大学出版社 2004 年版。
5. 《瑞士民法典》，殷申根、王燕译，中国政法大学出版社 1999 年版。
5. 李忠芳主编：《外国婚姻家庭法汇编》，群众出版社 2000 年版。
6. 北京政法学院民法教研室编：《外国婚姻家庭法典选编》，校内用书，1981 年版。
7. 薛波主编：《元照英美法词典》，法律出版社 2003 年版。
8. 牛津法律大辞典翻译委员会编：《牛津法律大辞典》，光明日报出版社 1988 年版。
9. 法学教材编辑部《婚姻法教程》编写组：《婚姻立法资料选》，法律出版社 1983 年版。
10. 刘素萍主编：《婚姻法学参考资料》，中国人民大学出版社 1989 年版。
11. 张贤钰主编：《外国婚姻家庭法资料选编》，复旦大学出版社 1999 年版。
12. 国家统计局人口和社会科技统计司编：《中国社会中的女人和男人——事实和数据（2004）》，中国统计出版社 2004 年版。
13. 联合国人权事务中心翻译：《人权国际文件汇编》，联合国出版物，C. 94. XIV. 1。

## 二、外文文献

1. Vern L. Buongh, Brenda Sheltong and Sarah Slavin, eda, *The Subordinated Sex: A History of Attitudes Toward Women*, Jorzhy University Publishing Limited, 1973.
2. Gwynn Davis and Mervyn Murch, *Grounds for Divorce*, Klalondon Publishing Limited, 1988.
3. S. M. Cretney and J. M. Masson, Principles of Law, Sixth edition, 1997, p. 39.
4. Elizabeth S. Scott, Children's Welfare, and the Culture Wars, *Virginia Journal of Social Policy & the Law*, 2001, p. 9.
5. J. Mark Ramseyer, Law and The New American Family: Response:

Toward Contractual Choice in Marriage, *Indiana Law Journal*, 1998.
6. David G. Schramm, The Public Economic Consequences of Divorce in the United States of America, *Papers for the International Conference on Divorce: Causes and Consequence 2004*.
7. Stephen J. Bahr, "Social Science Research on Family Dissolution: What It Shows and How It Might Be of Interest to Family Law Reformers", *Journal of Law & Family Studies*, 2004, p. 4.
8. Andrew Bainham, "The International Survey of Family Law", 2004 Edition, Jordan Publishing limited, 2004.
9. David G. Schramm, "The Public Economic Consequences of Divorce in the United States of America", *Papers for the International Conference on Divorce: Causes and Consequence 2004*.
10. Lynn D. Wardle, "Divorce Consequences: The American Experience with Unilateral No-Fault Divorce", *Papers for the International Conference on Divorce: Causes and Consequence 2004*.
11. John De Witt Gregory, Peter N. Sheryl and L. Scheible, *Understanding Family Law*, Matthew Bender & Company Incorporated, 1996.
12. "Developments in the law——The Law of Marriage and Family: Marriage as Contract and Marriage as Partnership: The Future of Antenuptial Agreement Law", *Harv. L. Rev.*, p. 116.
13. Matthew R. Hall, "From Contract to Covenant: Beyond the Law and Economics of the Family", 3 *J. L. Fam. Stud.*.
14. Matthew R. Hall, "From Contract to Covenant: Beyond the Law and Economics of the Family", 3 *J. L. Fam. Stud.*.
15. Dennis P. Saccuzzo, "Controversies in Divorce Mediation", *North Dakota Law Review*, 2003, p. 79.
16. Oldham, Tracing, "Commingling and Transmutation", 23 *Fam. L. Q.*, 1989, pp. 219, 249.
17. Allen M. Parkman, "The ALI Principles and Marital Quality", *Duke Journal of Gender Law & Policy*, Spring / Summer, 2001.
18. Catherine T. Smith, "Marital Property", *Journal of Contemporary*

*Legal Issues*, 2000.
19. Harry D. Krause, *Family Law*, West Publishing co., 1997, pp. 430~436.
20. Andrew Bainham, *The International Survey of Family Law*, 2004 Edition, Jordan Publishing limited, 2005.
21. Homer H. Clark, Jr, Carol Glowingsky, *Cases and Problems on Domestic relations*, West Publishing Co., 1990.
22. P. M. Bromley, *Family Law*, Sixth Edition, Butterworth &Co (Publishers) Ltd., 1981.
23. Olga A. Khazova, "Allocation of Parental Right and Responsibilities after Separation and Divorce under Russian Law", *Family Law Quarterly*, Vol. 39, Summer, 2005.
24. N. V. Lowe, "The Allocation of Parental Rights and Responsibilities——The Position in England and Wales", *Family Law Quarterly*, Vol. 39, Summer, 2005.
25. D. Marianne Blaer & Merle H. Weiner, "Resolving Parental Custody Disputes——A Comparative Exploration", *Family Law Quarterly*, Vol. 39, Summer, 2005.

# 后　记

　　一直以来，我都觉得自己是个幸运的人。生活中所有的必然都是由无数的偶然累积而成，而这些偶然，我们称之为命运。

　　感谢命运！让我出生在书香门第，父母自小的谆谆教诲、耳提面命、言传身教，培养了我热爱读书、不甘人后的习性。

　　感谢命运！让我在懵懂之中，选择了法学专业，选择了中国政法大学（前身北京政法学院），成为文革后第一代法大人，无意中接受了中国最好的法学教育，当时给我们授课的老师，大多是现在我的学生们仰望的泰斗巨星。

　　感谢命运！让我能够追随中国婚姻法学界的泰斗、中国女界领袖人物巫昌祯教授，成为她的硕士开门弟子和永远的学生。先生严于律己、宽以待人、坦荡正直的人性魅力，严谨求实、关注社会、关注民生的治学态度，提携后人、温和谦逊、知行合一的高尚品格，成为我今生的榜样。

　　感谢命运！让我在不惑之年后的博士求学道路上，能够师从民法学界的泰斗、法学教育家江平教授，先生追求公平、正义，只向真理低头的治学之道，淡泊名利、海纳百川、奉献社会的为人之道，使我获益终身。在我的一生中能够得到这样两位重量级大师的教诲点拨，幸莫大焉。

　　感谢命运！让我遇见了敦厚宽容的丈夫，在二十多年的相识相知、相濡以沫之中，他对我的事业追求，总是无条件地理解和全力支持。

感谢我的母校和我工作的地方——中国政法大学,是她给了我许多的机会和舞台,任我舞蹈,任我飞翔。

感谢我的同事们长久以来对我的理解和宽容,帮助与支持。

感谢我的学生们,他们的好学、他们的仰慕是我不断前行的动力。

感谢中国政法大学出版社,没有他们的帮助,我的专著难以问世,我的上述感谢也无从表达。

感谢生活,感谢命运,感谢所有关心过我和帮助支持过我的朋友们!!!

夏吟兰

2007年6月28日于北京

图书在版编目（CIP）数据

离婚自由与限制论/夏吟兰著．—北京：中国政法大学出版社，2007.10
ISBN 978－7－5620－3106－2
Ⅰ．离… Ⅱ．夏… Ⅲ．离婚－研究 Ⅳ．C913.13
中国版本图书馆 CIP 数据核字（2007）第 167511 号

----------------------------------------------------------------

| 书 名 | 离婚自由与限制论 |
|---|---|
| 出 版 人 | 李传敢 |
| 出版发行 | 中国政法大学出版社（北京市海淀区西土城路 25 号）<br>北京 100088 信箱 8034 分箱 邮政编码 100088<br>zf5620@263.net<br>http://www.cuplpress.com（网络实名：中国政法大学出版社）<br>（010）58908325（发行部） 58908285（总编室） 58908334（邮购部） |
| 承 印 | 固安华明印刷厂 |
| 规 格 | 880×1230 32 开本 10.5 印张 265 千字 |
| 版 本 | 2007 年 10 月第 1 版 2007 年 10 月第 1 次印刷 |
| 书 号 | ISBN 978－7－5620－3106－2/D·3066 |
| 定 价 | 26.00 元 |
| 声 明 | 1. 版权所有，侵权必究。<br>2. 如有缺页、倒装问题，由本社发行科负责退换。 |
| 本社法律顾问 | 北京地平线律师事务所 |